人脈黃金法則

成功的 85% 取決於人際關係
用良好的社交能力推動你的事業和生活

劉惠丞，姜得祺 著

人脈無限，最有效的社交管理技巧
打造高效人際圈，提升事業與生活，成就卓越人生
本書將引導你如何建立、經營、拓展和善用你的人脈資源，助你在人生道路上獲得更多的成功與財富。

目錄

前言

第一章　認識人脈，人脈是一生中最重要的財富
　　人脈是每一個人的財脈　　12
　　每個人都是你的潛在金礦　　14
　　你的朋友決定你的一生　　17
　　成功的人都是善於借助朋友之力的人　　19

第二章　珍惜人脈，人脈是立足當下的根本
　　人脈創造機遇　　24
　　人脈改變時運　　26
　　人脈，施展才能的舞台　　27
　　人脈，延伸你能力的有利武器　　29
　　良好的人際關係是成功的捷徑　　33

第三章　依靠人脈，人脈是改變命運的決定力量
　　找對能給你指明方向和道路的人　　38
　　人脈，是一種取之不盡的資源　　40
　　人脈，推動你的事業不斷前進　　43
　　人脈，帶來你事業發展的資訊　　47
　　命運並不完全掌握在自己手裡　　49
　　尋找你生命中的貴人　　51

第四章　開啟人脈，建立你的人脈圈

用心編織你的人脈網路 ... 56
建立高品質的「人脈網」... 59
充分利用你的人脈 ... 63
禮尚往來需要技巧 ... 65
人際交往中，細節對你至關重要 ... 70
對危難中的朋友及時施以援手 ... 74
用幽默釋放你的魅力 ... 77
投其所好更能贏得好人緣 ... 81
遵守自己的承諾 ... 88

第五章　初涉人脈，消除交際的心理阻力

克服你的自卑心理 ... 92
擺脫孤獨的困擾 ... 94
交際中要充滿自信 ... 98
用自信掃除前進道路上的陰霾 ... 101
用誠懇去感動對方 ... 104
調整好心理期望值再去交際 ... 106
讓朋友意識到你的重要性 ... 108
懂得付出，才有收穫 ... 110
不要讓害羞成為你交際中的絆腳石 ... 114
主動出擊才能累積更多的人脈 ... 117
用肢體語言讓雙方的關係更密切 ... 119

第六章　呵護人脈，把握人際交往的潛規則

人際交往有時候也要「難得糊塗」... 124
三分話決定你一生的財富 ... 126

目錄

學會保持沉默 128

朋友，也需要你去「投資」 132

時常聯絡感情 134

注意細節 135

以和為貴，避免孤立 136

尊重對方，不揭人短 139

要有自知之明 142

虧，要吃在明處 144

必須知道的交際誤區 146

不要苛求完美 150

注意與人交談的語氣 152

交淺不宜言深，話說三分留七分 154

天下沒有免費的午餐 156

交際要獨善其身 158

注重提升自我價值 160

第七章 拓展人脈，多個朋友多條路

拓展人脈的七大策略 166

世上沒有陌生人，只有未結識的朋友 168

打造親和力，拉近和陌生人的距離 170

人脈也需要互動 173

抓住時機、抓住場合溝通 174

不怕欠人情，只怕忘恩情 177

給予別人適時的關心 179

廣交朋友，成就大業 180

朋友多了，路好走 184

同學資源不能白白浪費……………………………………186
　　同事是每個人最大的人脈財富…………………………187
　　忘年之交也是你的一筆重要財富………………………190
　　把握現在的人脈資源……………………………………193
　　拉攏潛在的人脈資源……………………………………195
　　保持好奇心，不放過任何一個交朋友的機會…………198
　　交朋友要懂得謙虛………………………………………200
　　交朋友要學會換位思考…………………………………203

第八章　親近人脈，找到你生命中的貴人

　　貴人是成功的一大籌碼…………………………………208
　　讓貴人為自己的成功鋪路………………………………209
　　不是懷才不遇，是沒找到貴人…………………………212
　　留意身邊的長者和智者…………………………………214
　　與尊貴者加深友情………………………………………217
　　讓貴人助你一臂之力……………………………………219
　　靠自己的實力結交貴人…………………………………223
　　結交貴人，多多益善……………………………………225
　　增加自己的曝光率，讓更多的貴人認識你……………228

第九章　淨化人脈，淘出你的黃金人脈

　　與優秀、傑出的人共事…………………………………232
　　找幾個名人做朋友………………………………………234
　　深交可靠的朋友…………………………………………236
　　抓住職場中的核心人脈…………………………………238
　　朋友也是可以分等級的…………………………………241
　　跟社會關係總量大的人交往……………………………243

最優質的人脈：大家好才是真的好 245
　　　多交對自己有益的人 247
　　　「含金量」越高的朋友越值得交 248
　　　人脈中的庸才須及時剔除 250

第十章　經營人脈，好人脈需要精心維護
　　　畫出你的人脈網路圖 254
　　　名片是交際的一種工具 255
　　　管理名片，就是管理你的人脈 257
　　　和朋友多保持電話聯絡 259
　　　不要報復，化敵為友 262
　　　好關係也需要保護 264
　　　經常問候你的朋友 267
　　　好朋友也需明算帳 268
　　　尊重朋友的個性 269

第十一章　活化人脈，有關係才有業績
　　　客戶是上帝，也可能是你的貴人 274
　　　激發顧客的購買慾 278
　　　吸引行業人脈需要細緻 281
　　　技術型人脈最佳化你的產品 283
　　　智慧型人脈有助於提升你的業績 285
　　　血緣人脈成就你的輝煌 287
　　　用握手拉近彼此間的距離 289
　　　善用網路活化人脈 292
　　　談生意先談交情 295
　　　超越客戶的期望值 297

利用自己的優勢吸引客戶 ⋯⋯⋯⋯⋯⋯⋯⋯⋯⋯⋯⋯ 299

　　像朋友般關心你的客戶 ⋯⋯⋯⋯⋯⋯⋯⋯⋯⋯⋯⋯⋯ 300

第十二章　善用人脈，攀登財富之巔

　　累積的人脈越多，聚集的財富就越多 ⋯⋯⋯⋯⋯⋯⋯ 304

　　朋友多了，財路也就多了 ⋯⋯⋯⋯⋯⋯⋯⋯⋯⋯⋯⋯ 305

　　朋友可以幫你創造財富 ⋯⋯⋯⋯⋯⋯⋯⋯⋯⋯⋯⋯⋯ 307

　　處處留心皆貴人，人情練達即財富 ⋯⋯⋯⋯⋯⋯⋯⋯ 310

　　用一個人的百分之百，不如用一百個人的百分之一 ⋯ 312

　　人情千萬不可透支 ⋯⋯⋯⋯⋯⋯⋯⋯⋯⋯⋯⋯⋯⋯⋯ 314

前 言

　　這個社會是一個誰都能成功的社會,關鍵是看你怎麼做,怎麼去努力。

　　成功學大師戴爾·卡內基曾經說過:「一個人的成功,百分之十五取決於專業知識,百分之八十五取決於人際關係。」紅頂商人胡雪巖也曾說過:「一個人的力量到底是有限的,就算有三頭六臂,又辦得了多少事?要成就大事,全靠和衷共濟,說起來我一無所有,有的只是朋友。」的確,我們在這個社會上認識的人越多,可以選擇的發展道路也就越多。從某種意義上來說,人脈就意味著機會。

　　人脈是一個人通往財富、幸福、成功的入場票。有良好的人際關係,你的發展道路上就會通暢很多,在遇到困難的時候就會有人伸出援助之手。成功需要借助別人的力量,而不能只是單單靠一個人硬撐。一個人能有多少成功,關鍵是要看他身邊有些什麼樣的人,看他和哪些人交往。他所交往的人決定了他成功的大小。所有的成功人士都有一個共同點,那就是他們擁有大量的人脈,有良好的人際關係。

　　其實,對於每個人來說,構建人脈網路,並不只是在有困難的時候才需要,而是每天都需要這樣去做。每個人應該時時拓展、維護自己的人脈,只有這樣在你危難的時候才會有人幫助你。當你有困難的時候再去構建自己的人脈網路為時已晚。人是群居動物,每個人所從事的歸根究柢都是人的事業。人的成功也只能來自他所處的人群以及所在的社會,只有在這個社會中游刃有餘、八面玲瓏,才可以為事業的成功開拓寬廣的道路。這就展現了一個鐵血定律:「人脈就是財脈!」

　　人脈資源是一種潛在的無形資產,是一條潛在的財脈。表面上看它雖不是實質的財富,但是沒有它,你又很難獲得財富。即使你擁有很扎實的專業技能,而

且是一個彬彬有禮的君子，還具有雄辯的口才，也不一定能夠成功的促成一次商談。然而，如果有位關鍵人物協助你、支持你，那麼你的出擊一定會完美無缺、百發百中。這也就是說，如果你懂得如果以極自然的、有創意的、互利的方式來經營人脈，絕對會強化你的競爭力。善用人脈，一分耕耘，數倍收穫。

　　社會就是一張由每一條人際紐帶編織成的人脈網路，身在網中的人，只有充分利用其中的各種資源，才能得到機會，才能賺到金錢，也才能實現自己的理想與抱負……這便是培養人脈的重要性。

　　這種重要性正如一位成功的商人所說的一樣：「人際關係就像播種一樣，播種得越早，收穫越早；播下的種子越多，你收穫的也越多。」當然，人際關係能否給自己帶來收益和回報，完全取決於自己是否能夠精心播種與培育。那些培養人脈的技巧，就變成了我們不得不去面對的重要課題。

　　這個課題，並不是一蹴而就的事情，而是一個漫長的過程。我們不會一下子就擁有了人脈，人與人要在長期的相處中互相磨合，有時甚至會發生衝撞與誤會，最後才會相互了解與認同，成為彼此的人脈。

　　本書透過向廣大的讀者介紹開拓人脈、維護人脈、經營人脈的技巧與重要性，進一步闡述「人脈就是財脈」這個主題。希望本書能幫助讀者打開視野，幫你編織一張高能量的人際關係網，多開通一條通往財富的道路！

第一章
認識人脈,人脈是一生中最重要的財富

CONNECTIONS
LEDGER

人脈是每一個人的財脈

　　善於結交朋友，建立有效的社交圈，尋求前輩們的指導，對每個人來說都是基本的生活技能。你必須和主流文化的人群自然和諧的相處。你必須充滿自信的參與社交活動，接受人們對你表示出的友好；最重要的是，向別人主動展示你的善意。許多人抱怨沒有機會，實際上他們有許多機會，只是機會藏在他們周圍的種種關係裡面，而他們還沒有充分去開發罷了。

　　在當今這個要求人際關係達到最大效果的現代商業社會裡，人脈是每一個人越來越重要的資源。在許多聚會上、社群團體或培訓班裡，有很多人會竭盡全力的想認識每一個在場的人。但是，值得我們注意的是，人脈網的建立並不是一蹴而就的。它是我們悉心經營的結果，所以我們不要幻想一下子就擁有了豐富的人脈資源；引用一家大型生產企業的一位行銷經理的話來說明這點：「建立人脈網是一輩子的功課。」

　　孫正義是軟銀集團公司的創始人，現在是該公司的總裁兼董事長。他在不到二十年的時間內，創立了一個無人可與之媲美的網路產業帝國。

　　受儒家文化影響至深的日本也是一個注重人脈的國家。孫正義的成功與他善於利用人脈有極大的關係。從創業之初，孫正義就有意識的擴充自己的人際關係網，尤其是那些可以幫助他推銷新產品、辦活動的人。他會經常翻一翻高中、大學同學錄或者同一個健身房、同一活動社團的名單，以便發現能夠幫忙的人。他的人脈網面積很大，上至美國總統，下到一般的市場小販，從日本到世界各地，可以說遍布海內外，這些都是他長期累積而成的。

　　一九八一年十月，日本軟銀公司獲得了在大阪召開的電子技術展的展位，這就是孫正義撒下的網。當時，孫正義的公司，資金只有一千萬日元，卻把寶貴的八百萬日元一下子全部投了進去，租到了距離會場入口最近、最大的展場。在這次電子技術展覽會上，孫正義遇上了一個重要人物，那就是掌握著世界上最大的

第一章　認識人脈，人脈是一生中最重要的財富

電腦雜誌出版機構齊夫戴維斯出版公司的展示會部門的總經理威廉‧羅西。威廉‧羅西當時作為一家美國軟體公司的工作人員，參加了電子技術展，在這裡他結識了孫正義。後來他進了齊夫戴維斯公司做編輯，還成了總經理。利用展示會這個平台，孫正義培養了自己擴大關係網的技巧。

對孫正義來講，展示會不僅僅是個陳列產品讓人參觀的場所，它背後還隱藏著一種強大的社交力量。後來孫正義一直十分重視展示會的這種功能。

在走向世界時，孫正義在美國同樣使用了自己創業時的做法：他用兼併的方式整個買下了世界最大的展示會部門電腦經銷商博覽會。世界上許多人都參加電腦經銷商博覽會的展示會，這裡雲集著像微軟公司的比爾蓋茲這樣的大企業老闆。從此孫正義毫不費力的就能將他希望結交的人物聚集一堂。透過展示會這個平台，孫正義「抓」住了對於他來說最為重要的人物，從而得到了他們所掌握的資訊。

資訊中蘊含著龐大的價值，出售資訊便能從其價值中生出錢來。從這一個意義上講，孫正義是最了解展示會所具有的價值的人之一。

在孫正義的關係網中，處於中心位置的是在他創業時期曾支援過他的人們，這些人中有的已經離開了人世。為了不忘記從這些人那裡得到的恩惠，為了下一次合作，孫正義將每年的五月二日定為「大恩人日」。

回顧孫正義的經歷，你會覺得他很幸運的遇上了不少一流人物，但這並不只是幸運。孫正義為了得到人才，首先會考慮為了什麼目的去尋找關係人，關係人應該是什麼樣的人物，這種人物哪裡有，要得到這一人物該如何去做。深思熟慮之後他才會行動。這可稱為「策略性人才保障法」。一旦策略決定以後，再去考慮確保人才的具體戰術。孫正義使用他獨特的「七步法」來築造自己的關係網。

第一步，首先確認自己為了什麼，尋找什麼樣的人物。確認目的，做到心中有數，明白自己在找什麼樣的人，他是做什麼的。為此，孫正義參加各種行業交流會、研討會、學習班。那裡集聚了不同職業的人，擴大了他的視野。

第二步，調查一下自己所尋找的人物哪裡有，所謂「魚群探知法」。孫正義尋求人才所使用的最早的方法是查閱電話本。厚厚的電話本被其稱為「資訊的寶庫」。在他製造多國語翻譯機的試製品時，柏克萊大學教授的家就是從電話本上查到的；在日本推銷這一專利產品時，孫正義打了電話給大阪的專利代辦人協會。

第三步，主動去那些要找的人可能出現的地方，即「撒網撈魚」。孫正義捨得在這些方面投資。他採取了有七分把握就拍板決定的策略。他認為要是等到有百分之百的把握了，想要的關鍵人才就已經被競爭對手搶走了。

第四步，從進入網中的人物中選擇出所尋找的人物，即「單鉤釣魚」。他時常注意培養自己對人的觀察、鑑別能力。

第五步，積極的接近一流人物，努力打動他們的心，使其成為自己人。

第六步，和一流人物結成合夥關係。孫正義很善於利用別人的智慧和力量來推進自己的事業。對於第一次見面的人，只要對方能用，他就會單刀直入地提議「一起做吧」，與之結成夥伴關係。

第七步，螺旋式擴充自己的「關係網」。從結成夥伴關係的人那裡得到最有價值的資訊，並透過這種資訊尋找其他的人，螺旋式擴充自己的「關係網」，以此蓄積起人、物、財、資訊的財產。

孫正義就是用這七個步驟建立起了自己的關係網。

人脈就是財脈，結識更多的人，就等於增加了更多的財產。現代經商，關係是十分重要的。要結識各路朋友，說不定什麼時候就會對你有所幫助，而且也許是很大的幫助。有效的人際關係網能使事業突飛猛進。

每個人都是你的潛在金礦

我們每個人都有著自己的人脈圈子。只要你善於開發，每一個人都會成為你的金礦。

第一章　認識人脈，人脈是一生中最重要的財富

　　人脈圈可以為你帶來龐大的財富。世界一流人脈資源專家哈維‧麥凱就是巧妙利用圈子中的人脈資源找到他的第一份工作的。

　　數年前麥凱寫了一本書叫《攻心為上》，曾被翻譯成三十五種語言，在八十多個國家銷售。在寫完了這本書後，麥凱找了一家最大的出版社來出版發行，他先後跟出版社的社長、副社長、銷售經理洽談過，但經過多次交涉，出版社總是猶豫不決。要知道，在美國從來沒有寫過任何書籍、第一次出書的人，要想出版一本書是很難的。麥凱寫的是一本有關商業的書籍，出版社認為第一版只能印一萬本，麥凱則要求出版社第一版要印十萬本。出版社的人聽到這個數字覺得不可思議，覺得麥凱先生是個瘋子。出版社社長說：「麥凱先生，你認為你是誰呀！找到我們出版社，第一版就要求印十萬本，我們這裡可沒有這個先例。」

　　麥凱這時從自己的大公事包裡，拿出他所有認識人的名單出來，擺在了社長的辦公桌上──六萬五千位朋友名單。這是從他十八歲的時候開始記錄的他所認識的每一個人。

　　然後他開始念他的名單：「可口可樂公司，十五萬名員工，他們向我買信封；這些向我買信封的人背景是什麼，我都有記錄。也許他們會讀我的書《攻心為上》，然後把它分享給很多的員工。下一個是美國運通公司，七萬五千名員工……美國富比士公布的五百強企業中，我都有朋友，這是我認識的每一個人的名單，你們看看，也許他們會把這本書介紹給所有的人看。」

　　然後麥凱拿了另一本檔案夾，這是他時常旅遊世界各地而記錄的檔案，他說：「在法國我跟他們有往來，也許他們會讀我的書《攻心為上》，然後介紹給所有的人看。還有德國、西班牙、日本等等，靠我的這種人脈資源，我認為我的這本書也許會成為世界級的暢銷書。」

　　三週內，出版社開過三次會議之後，決定第一版發行十萬本。後來，這本書讓麥凱取得了空前的成功。

　　麥凱成功的例子告訴我們，人脈資源裡隱藏著財富金礦。

每個人都是你的潛在金礦

在這裡，我們再來分享一下世界一流人脈資源專家哈維‧麥凱的另一個經驗，看他是如何利用人脈來推銷自己，找到一份好工作的。

哈維‧麥凱從大學畢業那天就開始找工作。當時的大學畢業生很少，他自以為可以找到最好的工作，結果卻徒勞無功。好在哈維‧麥凱的父親是位記者，認識一些政商兩界的重要人物，其中有一位叫查理‧沃德。查理‧沃德是布朗比格羅公司的董事長，他的公司是全世界最大的月曆卡片製造公司。四年前，沃德因稅務問題而入獄服刑。哈維‧麥凱的父親覺得沃德的逃稅案有些失實，於是赴監採訪沃德，寫了一篇公正的報導。沃德非常感激那篇文章，他曾經滿面淚痕的說：「在許多不實的報導之後，哈維‧麥凱終於寫出公正的報導。他是我的大恩人。」

出獄後，他問哈維‧麥凱的父親是否有兒子。

「有一個，他在上大學。」哈維‧麥凱的父親說。

「何時畢業？」沃德問。

「他剛畢業，正在找工作。」

「噢，那正好，如果他願意，叫他來找我。」沃德說。

第二天，哈維‧麥凱打電話到沃德的辦公室，剛開始，祕書不讓見。後來他三次提到他父親的名字，才得到跟沃德通話的機會。

沃德說：「你明天上午十點鐘直接到我辦公室面談吧！」第二天，哈維‧麥凱如約而至。沒想到招聘會變成了聊天，沃德興致勃勃的談到哈維‧麥凱的父親的那一段獄中採訪，整個談話過程非常輕鬆愉快。

聊了一會兒之後，他說：「我想派你到我們的『金雞母』公司工作，就在對面街道上」

為了找工作奔波了一個月的哈維‧麥凱，如今站在鋪著地毯、裝飾得富麗堂皇的辦公室內，不但頃刻間有了一份工作，而且還是得到到絕佳的工作的機會。品園信封公司是沃德的所有公司裡薪水和福利最好的公司。

第一章　認識人脈，人脈是一生中最重要的財富

這不僅是一份工作，更是一份事業。四十二年後，哈維・麥凱仍在這一行繼續勤奮的開採著「金雞蛋」，他已成為全美著名的信封公司——麥凱信封公司的老闆。

哈維・麥凱在品園信封公司工作期間，熟悉了經營信封事業的流程，懂得了操作模式，學會了推銷的技巧，累積了大量的人脈資源。這些人脈成了哈維・麥凱成就事業的關鍵。

事後，哈維・麥凱說：「感謝沃德，是他給我的工作，是他創造了我的事業。」

你所認識的每一個人都有可能成為你生命中的貴人，成為你事業中重要的顧客。沃德，一個曾經身穿囚衣的犯人，都有可能成就一個人的人生和事業。

人們成功機遇的多少與其交際能力和交際活動範圍的大小幾乎是成正比的。因此，我們應把運用人脈圈子與捕捉成功機遇連結起來，充分發揮自己的交際能力，不斷建立和擴大自己的交友圈子，發現和抓住難得的發展機遇，進而擁抱成功！

你的朋友決定你的一生

你相信在職場上和生活中你的幾個朋友決定你的一生嗎？

有一次，在一個著名的論壇上，主持人說：「請大家寫下和你相處時間最多的五個人，也就是與你關係最親密的五個朋友，記下他們每個人的月收入，從他們的收入我就知道你的收入。為什麼？因為你的收入就是這五個人月收入的平均數。」

在場的很多人都覺得這是一個玩笑，自己的月收入怎麼會由朋友決定呢？但是，當他們寫下最親密朋友的財務狀況時，很快發現自己的收入真的和他們差不多。月收入兩千多塊錢的人，他的朋友們月收入也大多是兩千多塊錢；資產一百萬的人，他的朋友們大約也是一百萬左右；而使用信用卡分期付款的人，他的朋

你的朋友決定你的一生

友們也幾乎都處於負債的邊緣狀態。

其實，這並不是什麼奇怪的巧合，而是正應了那句古話「物以類聚，人以群分；近朱者赤，近墨者黑」。稍微細心一點，你就會發現在現實生活中，醫生的朋友，通常也都是醫生；計程車司機的朋友，通常也都是計程車司機；當老闆的人，他們的朋友通常也都是老闆；億萬富翁的朋友通常也都是億萬富翁……。

想想看，你的很多決定或者想法，甚至是一些生活方式和習慣是不是都和你親密的朋友有關？我們永遠無法否認朋友對我們的影響力，有句話說，你想成為什麼樣的人就和什麼樣的人在一起。想成為健康的人，那你就和健康的人在一起，因為他會告訴你如何保養身體；想成為快樂的人，就和快樂積極的人在一起，因為他會告訴你如何擁有快樂積極的心態。而如果你想減肥，千萬不要和一個胖子在一起，因為除了遺傳因素，一個人之所以胖是因為他從來不知道節制食慾，而且他通常會有一種不在乎胖的理論，你跟他在一起，就會不知不覺中受到他的影響，那你的瘦身計畫就不可能成功了！

可以說，是你身邊的朋友們決定著你的人生。

一個生活在窮人堆中的人，要想成為富人，很多時候必須和自己這個階層說拜拜。這絕不是背叛，而是一種自我發展和改造。

有句話說，你想成為什麼樣的人就和什麼樣的人在一起。但是，大多數窮人都喜歡跟窮朋友在一起，排斥與富人交往，久而久之，心態成了窮人的心態，思維成了窮人的思維，做出來的事也就是窮人的模式。同樣，如果一個窮人，生活在富人堆裡，他耳濡目染了富人的思維方式和處世方式，慢慢的就會脫離貧窮這個階層。

曾經有人認為，保羅・艾倫是一位「一不小心成為了億萬富翁」的人。其實，這是一種誤解，真正的原因是艾倫年輕時就與蓋茲在一起，他們志趣相投，一起拚事業。當初他們在波士頓註冊了一家名為微軟的電腦軟體開發公司，總經理比爾蓋茲，副總經理保羅・艾倫，這就奠定了他的未來。

第一章　認識人脈，人脈是一生中最重要的財富

現在微軟公司已成為世界上的一個巨人，總經理比爾蓋茲已成為眾所共知的世界首富。副總經理保羅‧艾倫在蓋茲的巨大光環下，雖然略有些暗淡，但在《富比士》富豪榜上也榜上有名，個人資產達到兩百一十億美元。

這就是窮人朋友與富人朋友對一個人的影響力。猶太經典《塔木德》中有一句話：「和狼生活在一起，你只能學會嗥叫。和那些優秀的人接觸。你就會受到良好的影響，耳濡目染，潛移默化，成為一名優秀的人。」

所以，你要想成為什麼樣子的人，就和什麼樣子的人在一起吧。如果你想成為一個有錢人，那麼無論你多窮，都要堅持站在富人堆裡。窮人只有站在富人堆裡，汲取他們致富的思想，感染他們成功的狀態，才能真正實現致富的目標。

成功的人都是善於借助朋友之力的人

大家都知道，每個人的力量都是有限的，甚至有時候我們不得不承認自己是渺小的，力量是微弱的，在這種情況下，我們如何才能實現自己發展壯大的願望呢？

猶太人的成功無論是在商界還是在科技界都毋庸置疑，而這眾多的成功者都擁有著同一個本領，那就是善於借助別人之智。

猶太人米歇爾‧福里布爾可以稱得上是一位成功的商人，但他在經商剛起步的時候不過是一家小食品店的老闆，後來他之所以能夠成為世界最大的穀物交易跨國企業的老闆，主要因為他善於借助先進的通訊設備和科技以及一批懂得高級技術的人才。為了得到最先進的通訊設備，他可以開出高於別的公司幾十倍的薪水去聘請世界頂級的管理人員和技術人員。

或許有人會說：「像他這樣獲得成功的人真是少如牛角，平凡又普通的我不可能獲得像他那樣的成功。」然而事實上，作為一個普通人正是你需要借力的原因。

一位名叫艾布杜的阿拉伯年輕人，他原本身無分文，窮困潦倒，可是後來因

成功的人都是善於借助朋友之力的人

為自己的一個小點子，他的命運就開始發生了轉變。

原來，他一直都有個喜好，那就是收集世界名人的照片及簽名簿，而且他還特別擅長模仿別人的筆跡，於是他就想到了一個賺錢的好方法。

他先是整理了一些自己收集的名人照片，並在照片上簽上名字，然後艾布杜便決定帶著自己的這幾本簽名相簿去走訪工商鉅子和一些名聲較好的富翁。

每拜訪一位鉅子或是富翁，他都會說：「因為仰慕您的名聲，我千里迢迢從阿拉伯過來拜訪您，希望您能在這本世界名人錄上提供一張帶有簽名的照片，之後我們會幫你加上簡介，這本世界名人錄出版後，我們會免費寄贈一冊給您……。」

能得到和世界名人排名在一起的機會，那些有錢人都特別高興，在高興之餘為了表示自己的感謝，他們通常都會毫不吝惜的提供給艾布杜一筆為數可觀的報酬。

就這樣，原本出版以後價值不過幾美元的簽名簿所獲得富人的報酬，卻常常會超過上千美元。艾布杜花了六年的時間，拜訪了很多個國家的兩萬多名富人，他們付給他的酬勞總共竟然達到了五百萬美元，甚至有些人一次就支付給他兩萬美金的酬勞。跑遍了大半個地球之後，艾布杜已經從一名一文不值的窮小子變成了百萬富翁。

成功有時候就是這麼簡單，想方設法的借助一下別人的感情、力量或是幫助，我們很快就能改變現狀，而不會因為個人能力的局限性而局限了自己的發展。

或許大家早就對三國時代諸葛孔明草船借箭的故事耳熟能詳了，的確，我們不得不承認孔明是一位善於借勢借力的能手。沒有「草船借箭」，沒有「萬事具備，只欠東風」，大概也就沒有三國故事裡著名的赤壁之戰了。

美國前國務卿季辛吉也是一個善於借勢借力的能手。他有一個習慣，就是所有下級呈上來的工作方案或議案，他都不會當天去看，而是會先壓幾天，期間，

第一章　認識人脈，人脈是一生中最重要的財富

　　他會把提交這些東西的人叫過來，問他們：「你所提交的方案是最成熟的嗎？」被他這麼一問，下屬一般都不敢肯定的回答，於是他們只好回去繼續思索自己的方案的漏洞和不足。

　　等到過了一段時間下屬認為自己想的方案基本成熟了，就會再去提交方案，這次季辛吉會當面看方案，然後問他們：「你確定這是最好的方案嗎？還有沒有更好的呢？」於是，下屬回去之後繼續深入思索這個方案，直到他們提交出最好的方案。季辛吉就是透過這種方法借助屬下的智慧、時間和精力來完善他的各種工作的。

　　所以說，懂得借勢借力是一種智慧，實際去運用借勢借力是一種策略。凡是成功之人必定是一個懂得並善於借勢借力的人，而具有理論知識的人，則是很有發展潛質的人，如果你渴望成功，渴望尋求更快的發展，那麼你不妨也去尋找一些可以供你借助的力量，來幫你實現騰飛的願望。

成功的人都是善於借助朋友之力的人

CONNECTIONS
LEDGER

第二章
珍惜人脈，人脈是立足當下的根本

人脈創造機遇

　　《唐吉訶德》中有一句經典對白：「有關著的門就有開著的門。」那扇為我們敞開著的大門，就是機遇。

　　學會把握機遇，這是為人處世的一門重要學問。要知道，機遇並不是隨處可見的。機遇很寶貴，你應該像珍惜你的生命一樣的去珍惜它，因為它來之不易而且稍縱即逝；機遇很富饒，你應該像開發你的人生價值一樣的去開發它，因為它創造機緣而且前程似錦。

　　機遇的出現是難以捉摸的。善於抓住機遇的人，處處是機遇；輕視機遇的人，即使良機來敲門，也會錯過。所以，面對機遇，我們要主動創造機遇、尋找機遇，千萬別錯過機遇，讓自己後悔一生。

　　你是否注意到你身邊現有的機遇呢？其實，你的人脈就是你的機遇，俗話說，一個人要想成功，「天時、地利、人和」必須具備。「天時」、「地利」這些非人為的因素我們難以去把握，但「人和」，只要我們去與人進行良好的溝通，這種機緣隨時可以光顧你！

　　凌航科技董事長許仁旭，就是一個靠人脈尋找到適合自己的發展機遇的例子。從偏僻的彰化縣鹿港小鎮隻身到竹科闖天下，他成功了。外界估計他目前的身價值數億元，並身兼十幾家科技公司董事長，但他沒有顯赫的學歷，更沒有可以讓自己無憂無慮的家世背景做屏障。那是什麼成就了他的成功呢？

　　問他成功的祕訣在哪裡？他說：「就是靠朋友。朋友越聚越多，機會也越來越多。很多的機會當初自己沒想過，也沒看到。這些都是機緣。」

　　出身於台積電業務人員的許仁旭回憶「憑我這樣的學歷（中山大學畢業），要進台積電，或任何一家科技公司做業務，談何容易？一切都是靠朋友的介紹。」許仁旭在台積電時，負責凌陽的接單業務的同時也與凌陽董事長黃洲傑建立了深厚的感情，也就給自己創造了更多的機會。現在，他是凌陽集團轉投資業

第二章　珍惜人脈，人脈是立足當下的根本

務的重要顧問。

「天大的面子，地大的本錢」，說的就是這回事！人脈來了，機遇還會遠嗎？成功還會遙不可及嗎？編織人際關係的同時為我們引來了很多的可能，你不僅認識了別人，別人也了解了你，彼此間形成了一種很好的溝通、互換，這種交往會讓你喜獲豐收，甚至一舉兩得，既加深了友誼又獲得了發展的機遇。交際活動是機遇的催產術。善於開發人脈資源，捕捉機遇，成功的彼岸便離我們更近了。

人在職場，身不由己，但有一點可以做到，就是你可以經營自己的好人脈，選擇幫助自己的關鍵人物，給自己創造更多的機遇。

二〇〇二年百富榜上的三十位左右的企業家提到最看重的十大財富品質中，「機遇」排在第二位；而在工商管理碩士眼中，「機遇」則是十大財富品質的首選。現在流行說「機遇」的潛台詞「關係」，對於它的理解就是人際關係越好，機遇相對就越多。近年來所興起的工商管理碩士熱潮就是一個佐證，讀書不僅為了「充電」，更為了搭建高品質的人際關係，並從中尋找商機，尋找成功的機遇。即使是哈佛商學院的畢業生，在總結讀書的收穫時，也把「建立朋友網路」放在第一位。

哈佛商學院建院九十多年來，有超過六萬名的校友，這些校友多半已是各行業的菁英，在團結精神的凝聚下，織成了一張強固的人脈網路。在外國創業的哈佛工商管理碩士體會尤其深，他們在沒有其他背景的情況下，靠的就是哈佛工商管理碩士這塊金色敲門磚，這張龐大的人際網。在華爾街，在幾大風險投資基金中，對哈佛工商管理碩士來說，找到校友，就是找到了信任，找到了成就自己事業輝煌的機遇。

但這並不意味著建立人脈、經營人際關係就是要認識成千上萬的一塊兒吃吃喝喝的朋友，就是善於利用利害關係牽動許多人幫你做事；更不意味著要費盡心機的去拉關係。健康的人脈在於用自己的真心和他人建立一種相互交流和提攜的關係。夾雜太多的勢力和利害關係的人脈就變味了。

人脈改變時運

　　然而，有些人在建立人脈網路的過程中，往往表現出虎頭蛇尾的傾向。人脈建立之前，他們竭盡全力，絞盡腦汁，勇於付出，從不懈怠。可是，一旦人脈的橋梁搭建好了，他們就沾沾自喜，以為萬事大吉，便鬆懈下來。如此不珍惜人脈，也就放棄了成功的機會，其結果可能導致前功盡棄。

　　總之，要想脫穎而出，你就要用你閃亮的眼睛捕捉每一次能成就你的機遇，善於利用你的人脈網路。

人脈改變時運

　　美國著名雜誌《人際》在二〇〇二年的發刊詞中有這樣一段話：

　　「如果不相信，你可以回憶以往的一些經驗，就會發現原本你以為是自己獨立完成的事，事實上背後都有別人的幫助。因此，在社交場合你應該盡量表露真正的自我與自己真正的才華，它們將會給你許多有用的建議。絕不可低估人脈的力量，否則將白白失去許多有利的幫助之力。」

　　一個人的發展道路不可能一帆風順，有些坎坎坷坷是自然的事。但要如何將跨過這些坎坷？假設沒有運氣，那可能要重複愚公移山的作法；但如果有運氣的愛戴，那你的路則可能又是另一番風景，不能說平步青雲也至少走了捷徑。那這個運氣又是誰所賜給你的呢？

　　人脈的力量是巨大的。任何一個人不管能力有多強，如果在他的人生道路上，沒有幸運女神的光臨，要想辦成一件事會比登天還難，其中會有很多的不如意是你想都不敢想的。

　　如果你希望自己在成功的路上快馬揚鞭，毫無疑問，人脈必不可少。實際上，所謂的「走運」多半是由暢通的人脈帶來的。一個能認同你的做法、想法與你的才華的人，一定會在將來的某一天為你帶來好運。

　　究竟誰會對你伸出援助之手？這個問題沒有人能夠猜得到答案。只能這麼說：「任何人都有可能成為對你施以援手的友人，他可能是你工作上的夥伴或上

第二章 珍惜人脈，人脈是立足當下的根本

司，可能是學校裡的同學，甚至有可能是一位從不曾相識的陌生人。但一般來說，人脈的範圍愈廣，則開創成功未來的機率愈大。」

就人脈這方面來看，運氣往往是從你意想不到的地方降臨的，比如說你的顧客、同事，或朋友的朋友等等。

人生的路上，有些運氣是送你的，例如中樂透，但那是一種不值得提倡的博弈，它只有幾十萬分之一的機率或者可能更少；有些運氣是時勢造就的，但這需要具有超人的眼光；而有些運氣則是你自己造就的，這就需要你在日常生活中廣施善行，廣結善緣！相比之下，哪一種運氣我們更能抓得住呢？

運氣不是時時刻刻都有的，我們不能把它當作我們的守護神。在遇到麻煩時，有的人常常嘆息自己的運氣不好，因此，許多人學會了用祈禱的方式來達到寄託自己精神的目的。而少數的強者卻學會了征服，巧用人脈，斷開纏繞在腳上的「倒楣」鎖鏈，最終獲得了成功的機遇。

現在，你還會否認人脈是你時來運轉的關鍵嗎？

人脈，施展才能的舞台

俗話說：「心有多大，舞台就有多大。」而今日我們不得不承認「人脈有多大，你的舞台就有多大」。你能力的支援，魅力的展現，就算有通天的本領也難以憑藉你自己一個人的力量去好好實現，而如果你廣結善緣，說不定到處都會給你創造發展的機遇，給你成功的捷徑。

當很多年輕的女孩剛剛走出大學準備進入職場的時候，王菀菲已經是晶華酒店的公關部經理了。她可謂是第一批被選定的公關人才，但當時的她並不理解自己的真正職責。每天都是在忙碌中度過的，「比如說我們要把臺灣文化介紹給外國客人，聖誕節的時候舉辦餐會，舉辦各種記者招待會」，工作的跨度很大，從舉辦各類宴會到媒體聯絡，從企業關係維護到政府關係。但是幾年風風雨雨的歷練使王菀菲對當初自己的角色、對今後的目標不再懵懂。她變得成熟、自信了，

人脈，施展才能的舞台

她變得善於交際了，她擁有一張無所不包的關係網。

王菀菲擁有一大幫記者和編輯朋友，娛樂、經濟、體育記者面面俱到，辦宴會展覽會，她的人脈資源可以一直從主持人、明星延伸到諸如食物安排等等的所有流程，還有政府部門上上下下的工作人員，王菀菲也都很熟。人生中的第一份工作，為王菀菲打開了一扇通往成功的門，也為她累積了第一桶「金」——人脈的無形資產。

不過真正體會到人脈資源的價值，還是由於一件小事。「當時有一個朋友在策劃一個記者招待會，發布新聞，但是他自己和媒體不熟悉，就找我幫忙聯絡相關的記者。」王菀菲說，這是她第一次強烈感受到市場對於公關服務的需求，有需求就有市場，這令她萌發了創業的念頭。

她的公關公司逐漸步入正軌之後，被王菀菲稱為「轉折點」的客戶是美國的家用電器巨頭惠而浦。外國公司對公共關係是非常重視的，而且也有請公關公司服務的習慣。當時惠而浦進入亞洲市場沒幾年，幾乎是一年換一家公關公司，但一直沒有找到一家滿意的。一九九七年底，眼看著上一家公關公司的合約即將到期，王菀菲的一位在惠而浦工作的朋友向老闆引見了她。

對於這次早已期待的見面，王菀菲做了充分的準備。短短的十幾分鐘內，她妙語連珠般的講述恰到好處的解釋了她的公司能為惠而浦提供的服務。對方負責人隨即決定，沒問題，就用妳們吧！

之後就一發不可收拾了。聯合利華旗下的諸多品牌，比如麗仕、多芬、凡士林，還有其他世界五百強公司像三菱電機、通用磨坊等，都成為王菀菲的客戶；而且最令她驕傲的是，這些客戶的「忠誠度」極高，至少到現在還沒有放棄和她的合作。而隨著經驗的豐富，她們的業務也從原來簡單的媒體聯繫，發展到策劃活動、政府關係和公共事務、社區關係、危機公關、全球新聞發言人等等。

曾經有人說過：「完整的人際關係包含三個階段，發掘人脈、經營交情、出現貴人。」其實說起來，等待「出現貴人」的階段，除了人緣關係處理的藝術外，

第二章　珍惜人脈，人脈是立足當下的根本

更重要的還是內涵。如果王菀菲不是一個值得幫助的人，想來那些曾經幫助她的人也不會提供這樣的機會。

無論做什麼都是向別人傳遞資訊的機會，一個懂得把握機會，同時又能善於經營人際關係的人，最後才能依靠人脈開創事業的舞台。

人脈，延伸你能力的有利武器

人與人的能力總有高低之分，而能力的大小不是一個有限值，如果利用得好，它可以無限發揮，所以關於「能力」的「利用」也就成了一個大家永遠都關心的話題。如果你夠細心，你會發現其實人脈也是延伸你的能力的一大法寶。

有的人可能覺得自己天生就沒什麼能力，所以只能天天勞碌奔波，擠公車上班，坐捷運回家，然後到菜市場買菜，有時為了幾塊年和菜販斤斤計較。其實他也想住豪宅、開豪車，但他覺得自己沒有能力去賺取這麼多的錢。天下真有笨得賺不到錢的人嗎？如果有，你願意那個笨蛋是你嗎？相信每個人都會回答「不」！

那為什麼人脈能延伸你的能力呢？

首先，透過人脈你能了解你的競爭對手，從而修正進化自己。

所謂知己知彼，方能百戰不殆。你必須掌握競爭對手的特點、動向。了解了這些，你才會跟上別人的步伐，甚至超越他們，了解了這些，你的智謀才能得到真正的印證，你的策略才能真正的實施。

你的人脈網是了解這些資訊的最佳管道，而且大部分真實可靠。因為你的朋友只會幫你，而不會去幫你的競爭對手。

了解競爭對手的情況很重要，但更重要的是截長補短優勢要保持，存在差距就應該追趕。

其次，人脈可以讓你了解這個世界，進而提高你的能力。

也許你有許多次走出國門的機會，當你「身在異鄉為異客」時，你會深切感

人脈，延伸你能力的有利武器

受到，沒有什麼比身在外國一個人也不認識的感覺更空虛、更無聊了。

你獨自一個人走在外國的土地上，卻沒有一個人可以幫助你體驗這個國家真正的文化，沒有一個外國朋友邀你到他們家了解一下他們的實際生活，這是非常糟糕的事。

如果你身邊有許多不同膚色的朋友，那你對這個世界的存在就會充滿希望，有了希望你自然會想方設法提升自己。

我們以安東尼的名言作為座右銘：「人生中最大的財富便是人際關係，因為它能為你開啟所需能力的每一道門，讓你不斷成長，不斷貢獻社會。」

人脈，為你的人生鍍金的人脈，是無法用顏色來定義的，它五顏六色，不管人脈屬於哪種顏色，只要你善用它，它絕對會讓你的人生變得金黃燦爛，就像鍍上了金！

在現代，任何巨額財富的起源，建立在借貸基礎上是最快捷的。就是說，要發大財先要借貸。而這種借貸意義千萬不能限定在某一特定的金錢上，我們同樣可以在人脈上進行借貸，俗稱「借勢」。沒有本錢怎麼發大財呢？別忘了借貸是行之有效的成功的手段。當然，借錢就得付出利息，借人也得欠個人情，但你不要害怕，你利用別人的錢來賺錢，借用別人的勢來鍍金，你贏得的部分，可能遠遠超出了你所付的利息。

史特龍在十八歲時，找到了工作，節省下了一點錢，除此之外，他並不比其他十幾歲的孩子更富裕。他每星期六都定期到一家銀行存款，該銀行的一位職員對他有了興趣，他感到這個十八歲的年輕人有能力，也懂得錢的價值。因此，當史特龍決定做文化傳播生意時，這位銀行職員就貸款給他。這是史特龍第一次使用銀行貸款，當然它不會是最後一筆。於是，他明白了銀行家這個朋友的重要性，後來，事實證明他是對的。

後來史特龍成了影視經紀人，一年後他又成了書刊商人。他做了書刊商人幾年後，有一個人找到他，請他為自己工作。這一位人士原是個成功的保險推銷

第二章　珍惜人脈，人脈是立足當下的根本

員，因此他受到鼓舞，開了一家保險公司，可惜他不是很優秀的商業管理人員，他開的保險公司總是賠錢。見到史特龍時，他對史特龍說：「我們是優秀的推銷員，但現在我明白了應當堅持自己的專長——銷售。史特龍，你有良好的經營理念和豐富的人脈資源，我需要你，我們合作一定能成功。」

他們就這樣開始了合作。

幾年後，史特龍購買了那個推銷員所辦的公司的全部股票，靠的仍然是銀行貸款。他首先想到的是州立德拉斯銀行。在德克薩斯州，大家都知道這個銀行願意幫助建設當地，而貸款給史特龍這樣正直、有計劃又懂得如何執行計劃的成功人士也是這個銀行的業務範圍。他得到了貸款。這一事實更加堅定了史特龍關於人脈的理念，因為它再次證明了人脈的力量。

由於充分借助於信貸制度，史特龍在八年間把保險公司的營業總額從五十萬美元發展到五千萬美元以上。正是因為他在投資活動中善於動用人際關係、借用他人資金，他還擁有了對若干企業利潤的控股權。

資金或信貸是那些原來貧困的人誠實致富的手段，僅有這些還遠遠不夠，而社會關係則是打開成功之門的密碼。

一個成功的企業家必須培養自己的商業和社會關係網。沒有人可以在真空中取得成功。企業家需要建立一個廣泛的關係網，包括銀行家、律師、顧問、會計師、分析師、投資人、政客、記者，以及最重要的——顧客。建立並發展關係網就像種樹一樣——如果成功，分枝會不斷延伸，而且枝枝交錯相連。這是每個人成功的第一要素。

有了人脈就有了利潤，有了利潤也就有了財富，這是一連串的、不可間斷的。人脈資源在你人生財富的創造過程中首當其衝。

由於社會生產力的限制，真正的公平、地位的平等還難以實現，所以無形之中，就有了老闆和員工之差，但不管你屬於哪一階層，人脈都是一視同仁的。

對於更多的員工尤其是銷售人員來說，被其他業務員所遺漏的顧客，就是一

人脈，延伸你能力的有利武器

個金礦，只要你願意並且能夠使用它，你就有享受不完的資源。

失敗的銷售人員放棄一個客戶時，他們丟掉的不只是一個客戶，還有看不見的東西。在他們的後面是什麼？他們的金礦。

很多人之所以在銷售上失敗，是因為他們不知道追蹤跟進。第一次碰了一鼻子灰，那就意味著又有第二次了，這種觀念在當今銷售行業是萬萬行不通的。聰明的銷售人員會發現在你公司裡，那些失敗的銷售員所放棄的客戶可能成為你的客戶群。

日本近二十年來唯一連續名列「世界富豪排行榜」前一百名左右的大亨糸山英太郎白手起家，憑自己的能力，三十歲即擁有幾十億元資產，經營十八家公司，三十二歲投身政治，成為日本歷史上最年輕的參議員。除了具備在金錢、股票、政治及黑白兩道中打滾的精彩人生經驗外，他也坦誠的表示，他能夠成為一個成功的事業家、政治家以及投資家，是因為他擁有幫助他、支持他的廣大人脈。是啊，只靠個人的力量是難以成大事的，就算個人再有能力，如果孤注一擲，那麼也只能是付之東流；相反的，若有了人脈做靠山，那他離成功就不遠了。

他說，帶他踏入財經界的關鍵人物，就是前富士銀行的總經理岩佐凱實。當他促銷別墅公寓，引進長期購屋貸款時，也獲得了岩佐凱實的鼎力協助。他能與財經界維持廣闊的溝通管道，全拜岩佐所賜。而他從政的恩師，則是田中角榮。雖然他是中曾根康弘的祕書，但田中還是很照顧他，因為田中就是那種胸襟開闊、敢於重用敵對派系人才的人物。他從田中身上學到，即使對方是敵對陣營的人，也還是要以尊重人才的心態與他交往。

糸山英太郎的事實告訴我們，人脈是形形色色的，不是單調的，裡面什麼樣的人都要有，因為說不定什麼時候就可以助你一臂之力，甚至包括仇人。

第二章　珍惜人脈，人脈是立足當下的根本

良好的人際關係是成功的捷徑

　　如果你渴望成功，渴望擁有高生活品質，那麼，千萬別忽略你財富存摺中的寶藏——人脈。擁有良好的人際關係，是你獲得成功的一條最簡單的捷徑。或許你沒有去過好萊塢，但是絕不會不知道在好萊塢最流行的一句話——「成功，不在於你知道什麼或做什麼，而在於你認識誰。」美國石油大王洛克斐勒也說過：「我願意付出比得到天底下其他本事更大的代價來獲取與人相處的本事。」所以，快將人脈這個寶藏挖掘出來並好好利用吧！

　　沒有一個人是不渴望成功的，但是真正的成功者卻總是屈指可數，難道是命運的安排嗎？還是因為他們都擁有高人一等的出身、顯赫的社會地位、優越的家庭條件或是堅不可摧的信念？其實，即使有了這樣優越的外在條件，也不一定就能鍛造出一位傑出的成功者。

　　仔細想來，但凡成功者，都有一個共通之處，那就是他們都懂得有效儲存並利用人脈這個財富存摺。

　　美國總統西奧多‧羅斯福在回憶自己的成功歷程時如此說過：「成功的第一要素是懂得如何打好人際關係。」

　　曾經身經百戰的投資專家、臺灣所羅門美邦財務顧問董事長杜英宗說：「人脈，或者說人際關係，這是一門人生的大學問，很重要。」

　　在這裡，說起有效利用人脈成就事業的典型人物，便不得不提到李嘉誠的次子李澤楷了。

　　想要找到李澤楷在商界游刃有餘的答案，不妨從他家中餐廳裡掛滿的相框中去一探究竟。那些照片多是李澤楷與一些政界要人的合影。其中還包括新加坡前總理李光耀以及英國前首相柴契爾夫人等。李澤楷善於結交上層人士，為自己廣植人脈，這也為他在商界打拚奠定了堅實的基礎。

　　一九九九年三月，李澤楷憑藉著廣泛的人脈資源，成功爭取到獨家投資興

良好的人際關係是成功的捷徑

建香港政府的「數碼港」專案，此後，他再次利用人脈這個寶貴的資源，一舉收購了上市公司得信佳，同時將原來的盈科集團更名為「盈科數碼動力」。由於「數碼港」這個專案的刺激以及盈科的收購行動，使得李澤楷公司的股市市值由四十億港元一躍上升到六百港億元，成為香港第一一大上市公司，而五百多億港元利潤也印證了人脈資源的報酬率有多驚人了。

隨後，在二〇〇三年一月，李澤楷應邀出席了舉辦於瑞士達佛斯的世界經濟論壇，這個頂尖的商界論壇讓他有機會與索尼的董事長兼首席執行長出井伸之、微軟的比爾蓋茲等傑出的企業家討論商界沉浮，為他的個人形象的樹立又添上了錦繡的一筆。更為重要的是，這個機會再一次豐富了他的人脈存摺，形成了人脈資源的良性循環。有了如今這樣的地位，他想不成功都難了。

或許有人會說，李澤楷是什麼人？他是李嘉誠的兒子，他本身擁有的機會就是別人可望而不可即的了。可是有著這樣心理的人，恰恰忽略了最重要的一點，那就是，機會是永遠留給有準備的人的！

不要忽略身邊的每一個人，說不定哪一天，他就會成為你人生轉折路口上的一根指南針，帶你走向鋪滿鮮花的成功之路。

另一位香港成功商人吳橓華，在談到自己的成功之路時也說，他有今天這樣的成就是離不開朋友幫助的。他的成功也不是偶然的，在別人向他請教成功祕訣時，他深有感觸的說道：「我的事業之所以如此順利，那是因為有朋友們的幫助啊！包括開公司、推薦客戶和介紹業務等，各種朋友都會照顧我，有什麼生意都會馬上想到我。」

在一九九九年到二〇〇〇年的時候出現了房市熱，那時很多的房地產都被一搶而空，即使排了很久的隊，買房的人還是會出現失望而歸的情況。在這種大環境下，吳橓華接受了朋友的推薦，看準時機涉足房地產行業，他不僅可以透過朋友買到多處房產，還能拿到折扣的價位。二〇〇四年，隨著房地產行業出現了各種限制政策。這時，吳橓華的朋友建議他將手上的房產及時變現，他也因此收

第二章　珍惜人脈，人脈是立足當下的根本

益頗豐。

那麼，他的朋友為什麼總是會想起他、幫助他呢？其實，這與他善於管理自己的人脈存摺有著必然的聯繫。他直言自己的朋友多達兩三千人，而且每年都會見三、四次的就有一千五百人之多，在這其中，有三、四百人是屬於經常聯繫的。這下你明白了吧，他為什麼會比別人有更多的機會，因為他在機會來臨前，已經作好了充分的準備！

在如今這個講究雙贏、多贏的時代裡，一個孤軍奮戰的英雄是難以成就大業的，只有透過強大的人脈平台，才能造就傳世的偉業。因此，為財富存摺累積人脈資本，就成為了每一個想要獲得成功的人，不得不修的一門「功課」了！

良好的人際關係是成功的捷徑

CONNECTIONS
LEDGER

第三章
依靠人脈，人脈是改變命運的決定力量

找對能給你指明方向和道路的人

有人說:「想要獲得成功,方向比速度更重要。選對了領路人,你就成功了一半。」的確,在個人的發展中,方向比速度更重要。一個正確的領路人所起的作用就好比是黑夜裡的指路明燈,有了他們的存在,被指引的人就不會誤入歧途,就會順利走上正確的道路,從而獲得一個更好的發展,收穫更大的成就。

在通常情況下,一個在社會上打拚的年輕人,常常找不到方向,看不清目標,有時被撞到的一些機遇所牽絆,然而這些機遇又往往沒有太大的發展前途,或是讓人得不到太多收穫。所以,如果想要獲得更好的發展,我們就必須在自己的人際關係圈裡找到一個領路的朋友來給我們的人生引航。

一個合格的領路人不僅能夠發現我們身上的優點,能夠分析出我們在哪些領域可以發揮出更大的潛能,最重要的是他們更具有發現先機的慧眼。他們擁有比我們要豐富得多的經驗,他們更懂得什麼樣的人才更適合什麼樣的領域。一個合格的領路人不僅僅是伯樂,還是成功的助推器。得到了他們的青睞,我們的成功無形中便有了不少的保障。

聞名世界的科學家達爾文年輕的時候在劍橋大學基督學院學習神學,達爾文在成名之後回憶起那段經歷時認為,學習神學對他來講簡直是浪費時間,人生的一大憾事。然而,達爾文之所以能夠走上科學道路,就必須要提到一個人,他就是約翰·史蒂文斯·亨斯洛,他對達爾文整個人生起到了十分重要的作用。

約翰·史蒂芬·亨斯洛是一個精通植物學、昆蟲學、化學、礦物學和地質學的專家,達爾文在劍橋就讀的時候,他剛好在劍橋教授植物學。

一天下午,達爾文的表哥約他去參觀劍橋大學植物園,就在兩個人並肩走在通往植物園的路上時,他們遇到了亨斯洛教授,並從此相識,在與亨斯洛教授的交往中,達爾文對自然科學產生了濃厚的興趣。

亨斯洛教授常在家中舉辦一些小型的學術聚會,這種聚會深深吸引了達爾

第三章　依靠人脈，人脈是改變命運的決定力量

文，並對達爾文產生了重要影響。後來達爾文對這種聚會作了這樣的描述：劍橋大學很多有名的人也偶爾參加那些交誼會；當到會人數不多的時侯，我曾經傾聽過當時的偉人們用多方面的、極其卓越的才能談論各種問題。因為這些談話可以啟發青年人的思想，可以激發青年人的雄心。

也就是透過這種聚會，亨斯洛把達爾文引入了自然科學，並發現了他這方面的天賦。後來他又把達爾文介紹給了三一學院院長、天文學和哲學家休厄爾、教育學家理查·道金斯、動物學家詹寧士，還有其他一些知名人士，他們在會上的發言和會下的交談都對達爾文產生了深遠的影響。當然，這些著名的人物願意與當時的無名之輩達爾文交流學術問題離不開亨斯洛教授的美言。

後來，亨斯洛教授和達爾文的友誼越來越深厚，達爾文最終突破了父親的阻攔，毅然選擇了自然學科。他常常和亨斯洛教授一起散步，一起討論學術上的問題，透過長時間的交流，亨斯洛教授預見達爾文會成為一名非比尋常的科學家，之後，他便推薦達爾文擔任了小獵犬號探險航程的博物學家。此外他還因勢利導，鼓勵達爾文努力鑽研地質學。達爾文聽從他的意見，讀了好幾本地質學著作，並且在短時期內考察了家鄉附近的地質情況，繪製了一套彩色地圖。在達爾文快畢業時，亨斯洛教授又介紹他跟隨劍橋大學地質學教授去北威爾斯旅行，考察了那裡的古岩層地質。在這次旅行考察中，達爾文學會了發掘和鑑定化石，學會了整理和分析科學調查的資料，並且總結出許多有益的經驗。

從達爾文的這段經歷中，我們不難看出，從某種意義上來說，是亨斯洛教授成就了達爾文的《物種起源》。如果沒有亨斯洛教授對達爾文的引導、激勵和推薦，達爾文就很難走上自然科學的道路。

在達爾文漫無目的的跟隨潮流投身神學時，是亨斯洛給了他指引，及時的把他引入了自然科學的世界，從而啟發了達爾文的思想，激發了他的雄心。可以說達爾文遇到了亨斯洛，就像哥白尼遇到了諾瓦拉，牛頓遇到了巴羅一樣。如果沒有這些獨具慧眼的「領路人」及時發現和引導這些有才華、有抱負的青年，那麼

人脈，是一種取之不盡的資源

我們當今的社會將是另外一種不可想像的景象。

當然，在生活中或許我們是平凡的、不起眼的，在我們身邊更不存在像亨斯洛這樣優秀的人，但是這不代表我們的身邊沒有能夠欣賞我們的優點、發掘出我們的潛力、對我們有幫助的領路人。要知道每一個能夠正確評價、幫助過我們的人都可以說是我們的一種領路人，人生是由一段一段的道路連接而成的，不同的領路人或許只能引導我們走上很短的一段路，但是也許就算是一段很短的轉彎的路，對我們來說也許卻意義非凡。

所以，每一個想要獲得成功的人，都應該結交一些有能力為自己指路的朋友，如果方向搞錯了，我們做再多的努力也只能和成功背道而馳。只有找準了領路人，找對了方向，我們才能一步步走向成功。

人脈，是一種取之不盡的資源

人脈對現代人而言，已經成了成功與否的最大關鍵，因為誰也無法預知自己的下一步會如何。工作上的協助、生活中的資助、團隊間的互助，就連最簡單的日常生活中的細節，也能瞧出一個人的「關係」好壞！

有一則寓言故事，主角是一個小國的國君，他要出門到遠方去。臨行前，他把自己身邊的三位得力臣子召集起來，按照各人的才幹，給了他們一些銀子。

後來，國王回國了，就把大臣叫到身邊，了解他們經商的情況。

第一個大臣說：

「陛下，你交給我三千兩銀子，我已用它賺了四千兩。」

國王聽了很高興，讚賞的說：

「好，你既然在賺錢的事上對我很忠誠，又這樣有才能，我要把許多事派給你管理。」

第二個大臣接著說：

「陛下，你交給我一千五百兩銀子，我已用它賺了一千五百兩。」

第三章　依靠人脈，人脈是改變命運的決定力量

國王也很高興，讚賞這個大臣說：

「我可以把一些事交給你管理。」

第三個大臣來到主人面前，打開包得整整齊齊的手絹說：

「尊敬的陛下，看哪，您的五百兩銀子還在這裡。我把它埋在地裡，聽說您回來，我就把它挖了出來。」

國王的臉色沉了下來，說道：

「你這又愚又懶的大臣，你浪費了我的錢！」

於是收回他這五百兩，給了第一個大臣，並說：「凡是能賺錢的人還要多給他；不能賺錢的，連原來的也要收回來。」

這是歷史上流傳下來的有名的「馬太效應」，第一位大臣很會利用手中現有的資源，使其實現增值；第二位大臣也不錯，使手中資金翻倍；而第三位大臣一葉障目，認為手中的動了就不是原有的了，小心翼翼藏著，卻不知手中資源的潛力。這三位大臣手中的錢就像我們自己所擁有的人脈資源一樣，形不同而質同。

把「馬太效應」放到我們現實生活中，在你剛剛開始準備創業、準備展開一個事業的時候，你可能沒有錢、沒有設備、沒有技術。不要緊，只要你擁有掌握這些資源的人就行。

有的人用五十元只能買一斤蘋果，偏偏就有人能五十元買一斤半蘋果還帶一個橘子，或許有人會說那只是貪小便宜，也對，但是請仔細思考，得到便宜不是人人能做得到的！

這很簡單，因為這個人和賣蘋果的人關係很好，這個人擁有了人脈資源，那他自然而然要比別人得到的多。

睜開你的眼睛，用心看看你周圍的人群，也許他們中很多就是你可獲得的人脈資源，最貼近我們的有朋友資源、職場資源、親戚資源，還有當今流行的網路資源。

人脈，是一種取之不盡的資源

一、朋友資源

「朋友」正是志同道合才能走到一起，他們之間有種天然的吸引力，或者是共同的愛好，或者是共同的志向，或者是共同的追求。正是有了朋友的互相幫助，才有了許多場合的和諧，有了許多人士的成功。

有一個由「金融投資家進修班」學員組成的同學會，僅有二百餘人，控制的資金卻高達一千兩百億台幣。

一位創業者在接受雜誌採訪時說，他創立公司前，曾經花了半年時間到「大企業家特訓班」上學、交朋友。他最開始的十幾單生意，都是在同學之間做成的，或是由同學幫忙做成的。同學的幫助，在他創業的起步階段起了很大的作用。

同鄉因具有共同的人文地理背景，而使彼此之間有一種天然的親近感，自然而然也就很容易變成朋友了。歷史上，曾國藩喜用湖南兵；而徽商和晉商不管在哪裡，都拉幫結派。正是同鄉之間的互相支援，才成就了徽商和晉商歷史上的輝煌。在很長一段時間內，中國幾乎所有商業繁盛之地，其最惹眼、最氣派的建築都是同鄉會館。如今，一個人要外出創業，比如，在地故鄉之友眾多仍然是最有利的條件之一。

二、職場資源

效用最明顯的應屬職場資源。職場資源即是指創業者在創業之前，為他人工作時所建立的各種資源，主要包括專案資源和人際資源。創業有不成文的「不熟不做」的教條。在目前還沒有像美國或歐洲國家一樣，普遍認同和執行「競業避止」法則的情況下，職場資源恰好可以彌補創業者創業案子缺乏的困難。

從利用職場資源入手進行創業，已經成為許多人創業成功的捷徑和法寶。據調查，現在離職自己創業的人士，九成以上都是利用了原先在工作中累積的資源和關係。

第三章　依靠人脈，人脈是改變命運的決定力量

三、親戚資源

親戚資源是與生俱來就形成的，也是每一個創業者發展的基石。它是人脈資源中最穩定也是最牢固的資源。

利用親戚資源創業者大有人在。「打虎親兄弟，上陣父子兵」，李澤楷作為李嘉誠的二公子，一天就賺了他老爹一輩子賺的錢。但不可否認的是，李澤楷的成功無疑也是借助其家族豐厚的人脈資源，才一舉成為香港首富之一的。

四、網路資源

網路可謂是近年來提升人氣最時尚快捷的工具，透過網際網路，真正讓世人體會到了地球村的魅力，「海內存知己，天涯若比鄰」不再是人們的幻想。太多的人利用網路聚集人脈，走上致富之路。

「在家靠父母，出門靠朋友」，一個創業者若能廣交朋友、善交朋友，往往在意想不到的時候就會派上用場。親戚、同學、同鄉、同事、朋友猶如資本，對創業者來說是多多益善。人脈，從這個意義上來說，真正是個人成功路上的可再生資源。

某些正人君子會認為只要自己行得正，坐得端，一切按照準則行事，哪裡會需要靠任何關係？原則上沒錯，但從取得支持的角度而言，經常會讓自己被潑冷水，中冷箭；換句話說，自恃才華過人，但人緣奇差無比，行事作風缺乏協調性，平日又很少與人交往，這就擺明了要讓自己與世隔絕的心態，既然如此，「局外人」又憑什麼對你伸出援手呢？

「生時靠人帶，死時靠人拜」，人際關係的重要再明白不過如此。傳統社會注重「人情關係」，如果能以情感性的人情維繫人際關係，必然會出現人生中用之不竭的資源！

人脈，推動你的事業不斷前進

在我們的人脈意義裡，包含了許多人，有上司、有下屬、有同事、有朋友、

人脈，推動你的事業不斷前進

有家人、有親戚，這些全部都是我們的人脈，而一個成功的人就是利用這些人脈來推動自己事業發展的。在許多的人脈資源中，人才無疑是一個不可忽視的關鍵。

常言道：「人才猶如金子，是事業發展的推動器。」成功創富的老闆們更離不開各種人才的鼎力合作。只有把優秀的人才精心組織成一張高效的網路，發揮他們的長處，才能推動事業的發展。從這個意義上講，真正的帥才也是老闆們夢寐以求卻不是輕易可得的。

俗話說：「兵熊熊一個，將熊熊一窩。」

西諺有云：「一隻綿羊率領的一群獅子，鬥不過一隻獅子率領的一群綿羊。」

可見，無論是商戰、經濟戰，還是政治戰爭等，起決定作用的是人的因素，人是其中最活躍的因素，而尤為重要的是，人才的因素。而那些管理者，正是有著慧眼，找到了時代畫卷中濃墨重彩的主角──人才。

對於真正的人才，不少老闆都有類似「蕭何月下追韓信」、「三顧茅廬」這樣的事例，簡直舉不勝舉。

大家都知道王永慶這個大人物吧，他被稱為「塑膠大王」，而他事業成功的推動力就是靠人才，他曾經為了事業的發展上演了現代的「三顧茅廬」，被企業界傳為美談。一九九六年，王永慶看中了一項很有前途的事業，就是把山林廢棄的樹梢殘材，經化學處理後變為高價值的纖維。這可是一本萬利的好買賣，可是他手中的資金周轉不過來，而這時他的朋友銀行董事長陳逢源獨具慧眼，看好化學纖維的前途，果斷的把在金融圈很有地位的丁瑞央介紹給王永慶。最初丁瑞央婉言謝絕了王永慶的邀請。王永慶不灰心、不氣餒，先後五次盛邀丁瑞央，終於打動了丁瑞央，同意到台塑任職。丁瑞央到台塑後，經過他的策劃與奔忙，使台塑企業開創了民營企業直接向國外銀行取得長期貸款的先例。

這就是人才帶來的效益，無可厚非！

在我們今天這樣的社會裡，可以下一個定論：「人才決定了你事業的發展

第三章　依靠人脈，人脈是改變命運的決定力量

方向，決定了你事業的成功。或者換一句話說，對於成功，人才的作用是絕對的。」沒有人才，哪有發展！所以，人才創造了自己事業的發展，同時也創造了自己的對手──失敗者。這種道理不言而喻、不用細說，大家都會明白，這樣的事例古今中外信手拈來。

在中國五千年的發展史上讓我們追溯到漢朝看一下：「劉邦，一個吃喝嫖賭無所不為的混混，竟然成了漢朝的開國之君。」

劉邦在取得天下後總結成功的原因，他問他的大臣說：「各位心裡覺得，我得天下的原因是什麼？」有人就說，劉邦打了勝仗，利益和大家共享，項羽卻嫉妒有功之臣，懷疑有才之士，這就是一成一敗的原因。

劉邦卻說得明白：「你們知其一不知其二，我的成功在於能善用人才。論運籌帷幄之中，決勝千里之外，我不如張良；鎮守後方，穩定百姓，供應前方糧餉，使轉運糧草的道路暢通無阻，我不及蕭何；統率百萬大軍，戰必勝攻必克，我不如韓信。這三位人中豪傑，我卻能用他們，這是我能得天下的真正原因。項羽有一個范增，卻不能善用他，這就是他被我消滅的原因。」真是一語道破天機。

這只是字面的解釋，要想真正品嚐它的滋味，你還得親身實踐。

可見有人才則成功！無人才則失敗！

大家都知道比爾蓋茲，都羨慕他的成功，都把比爾蓋茲作為人生奮鬥的目標。可是光是看表面的東西你還只是「鸚鵡學舌」，要想真把比爾的本事學到家，下面的故事讓你大開眼界。

創業之初的微軟公司基本上都是年輕人，搞業務、搞推銷個個都是人才。可是做起內務和管理方面的雜事，沒有人能有耐心。蓋茲的第一任祕書是個年輕的女大學生，她除了自己分內的工作，對任何事情都是一副不聞不問的冷漠樣子。蓋茲深感公司應該有一位熱心爽快、事無巨細的把後勤工作都能攬下來的總管式女祕書，不能總讓這方面的事情分他的心。他要求總經理伍德立即解雇現任祕

書,並限時找到他要求的那種類型的祕書。

幾天後的早上,一個四十二歲的女人露寶成為比爾蓋茲的第二任女祕書。

露寶到公司不久,發現蓋茲工作很辛苦,為軟體設計傾注了大量的心血,經常躺在地板上就睡著了。剛開始露寶還以為是蓋茲暈過去了,沒想到是他太累了,後來她就像母親呵護兒子一樣給他蓋好衣服,悄悄掩上門。關心蓋茲在辦公室的起居飲食,成為露寶日常工作的一項內容。這使蓋茲感到了一種母性的關懷和溫暖,而蓋茲也像對母親一樣對待他的這位員工。

露寶在工作是一流能手。蓋茲是談判的高手,不過第一次會見客戶時,也常會使人產生小小誤會。客戶見到蓋茲時,總不免懷疑眼前這個年輕人是不是微軟公司的董事長。他們常常偷偷打電話到微軟公司核實,露寶接到這些電話,總是和藹可親的回答:「請您留意,他是一個年紀看上去只有十七歲、一頭金髮、戴眼鏡的男孩。如果見到的是這樣的形象準沒錯。自古英雄出少年嘛。」露寶的話化解了對方積壓在心頭的疑問。

露寶把微軟公司看成是一個大家庭,她對公司的每個員工,對公司裡的工作都有一份很深的感情。很自然,她成了微軟公司的後勤主管。

慢慢的,她成了公司的靈魂,給公司帶來了凝聚力,蓋茲和其他員工對露寶有很強的依賴心理。當微軟公司決定遷往西雅圖,而露寶因為丈夫在的事業原因不能同去時,蓋茲對她依依不捨留戀不已。蓋茲、艾倫和伍德聯名為她寫了一封推薦信,信中對露寶的工作能力予以很高的評價。臨別時蓋茲握住露寶的手動情的說:「微軟公司永遠給妳留著空位置,隨時歡迎妳。妳快點過來吧!」三年後,露寶先是一個人來到西雅圖,後來又說服丈夫舉家遷來。

事實證明,比爾蓋茲知人善任,從工作需求出發,他選擇了露寶,也同樣選擇了事業的成功。

如果沒有露寶的盡心盡責,那蓋茲就不可能全部身心投入到工作中,那他的事業可能就不會如日中天了。

第三章　依靠人脈，人脈是改變命運的決定力量

人脈，帶來你事業發展的資訊

　　現在是一個資訊化的社會。資訊化社會是從工業化社會轉換過來的，引發這一轉換的不是土地或是資本，而是資訊。

　　在未來激烈的競爭中，誰擁有資訊誰就能成為贏家。

　　在古代科舉時代，人們推崇「一心只讀聖賢書，兩耳不聞窗外事」。在今天卻不行了。因為窗外的世界每時每刻都在發生變化。如果兩耳不聞窗外事，那麼，很有可能你讀的某些書在社會上根本無用武之地，更別說發展了。

　　富豪們之所以成功，是因為他們的收入管道有很多種，既有主動收入，也有被動收入。當然，他們生命中大部分財富都是來自於被動收入，而資訊是產生被動收入的主要來源。

　　他們知道兩條真理。

　　第一條真理：擁有多個收入管道的必要性。

　　聰明的人皆認識到有必要維護多個收入管道——不是一個或者兩個，而是來自完全不同的多種管道的收入。如果其中一個管道枯竭了，還有另一個管道，這也就是資訊的靈活性。

　　第二條真理：被動收入的力量。

　　比如，當你在銀行戶頭裡的資金為你賺取利息的時候，那種收入就是被動收入。它會每天二十四小時不斷匯入你的戶頭，而不需要你額外付出任何精力與努力。

　　關於資訊的重要性，在商場中更為突出。

　　商場上稱人際資訊為「情報」。一個生意人怎樣獲得工作上急需的情報呢？最可靠的方法是養成讀書的習慣、經常看報並與人建立良好的關係。但是生意人最重要的情報來源是「人」，對他們來說，「人的情報」無疑比「印刷情報」重要得多。

人脈，帶來你事業發展的資訊

　　越是精明的經營人才，越重視這種「人的情報」。日本三洋電器總裁龜山太一郎被同行譽為「情報人」。對於情報的彙集他獨出心裁，最有趣的是他自創的「情報槽」理論。他說：「彙集情報，一般有從人身上、從事物身上兩個來源。我主張從人身上加以搜集。如此一來，資料建檔之後隨時可以活用，對方也隨時會有反應，就好像把活魚放回魚槽中一樣。把情報養在情報槽，它才能隨時吸收到足夠的營養。」把人的情報比喻成魚，簡直恰如其分。一位有名的評論家也說：「我每一次的訪問都像煮一條魚一樣，什麼樣的魚可以在市場買到，應該怎麼烹調最好，我得先搞清楚。」對於生意人來說，從人身上得到情報並及時處理情報，其實是和做編輯一樣。許多記者都知道，在沒有新聞時，設法找個話題和人聊聊。生意人也是如此。也許沒有辦法隨時外出，那就利用電話來向朋友們討教吧！

　　日本前首相宮澤喜一有一個聞名的「電話智囊團」。宮澤在碰到記者窮追不捨時，往往會要求記者給予一個小時的時間考慮。如果碰巧在夜裡，則只要一通電話就可以得到滿意的答覆，這些答覆就源於他的十名智囊團成員。

　　一個人打拚的時代已經過去了，建立品質優良的情報網，成了決定事業成敗的關鍵。或許你會說「我已經有很多朋友了」，我們這裡所說的「朋友」不是年幼時的朋友、同學或同事就能涵蓋的，彼此間的交情也不是建立在快樂和利害關係上。嚴格一點說，我們所指的朋友應該是人生旅途中可以同舟共濟、同患難共甘苦的朋友或工作夥伴。

　　而我們的「情報站」裡儲存的就是這樣的資訊。

　　在化學公司工作的席柯羅博士，就強烈贊同建立個人通訊網路的做法。「如果同事之間因為沒有內部通訊系統而導致彼此缺乏溝通，許多研究計劃都可能因為重複而白白浪費掉時間。」

　　溝通是一種接觸運動。具備溝通與建立人際網路的能力可以增進經營成果。敞開胸懷融入人群，並與人分享資訊，是個人成功的基本要素。

第三章　依靠人脈，人脈是改變命運的決定力量

認識的人越多，獲得資訊的過程也越快，資訊也就越多。

廣泛的人際關係網路對我們的工作與事業的好處是很多的。

讓我們回顧一個洗髮精的廣告：「我告訴了兩個人，他們又告訴了另外兩個人……」接下來的畫面便是數不盡的女性，個個擁有漂亮而乾淨的秀髮。

與人溝通、獲得資源並建立人際關係網路，不僅使我們有能力管理自己的生活，更讓我們能充分享受生活並應付其中的變動情況。在決定選擇這條路之前，仔細評估建立人際網路的好處。潛在的好處便是常說的「資訊就是力量」，我們因此有東西可以與人分享。一方面，我們透過公司的公告、報告與自己所做的研究獲得正式的資訊；另一方面，透過同事、朋友和閒聊所獲得的非正式情報，也同等重要。

命運並不完全掌握在自己手裡

美國老牌影星寇克・道格拉斯年輕時落魄潦倒，包括許多知名大導演在內，沒有人認為他會成為明星。有一天，寇克・道格拉斯乘火車去某地，與他同座的是一位女士。由於旅途漫長，難以打發時間，於是他便主動地與身邊的女士攀談起來，沒想到這一聊就聊出了一個重大機會。沒過幾天，寇克・道格拉斯被邀請到製片廠報到。原來，這位女士是位知名製片人。

從此，道格拉斯的事業有了一個新的起點。在這位女製片人的幫助和提攜下，他很快獲得了更好的發展。不久之後，他因在《冠軍》一片中扮演殘酷無情的拳擊手而一舉成名。後來，他又出演了《梵谷傳》、《自古英雄多寂寞》等電影。

這位女製片人就是道格拉斯生命中的貴人，因為她的出現，道格拉斯的人生得以徹底改變。

好萊塢流行一句話：「一個人能否成功，不在於他知道什麼，而在於他認識誰。」一個人的能力終究是有限的，更何況即使有足夠的能力，也不一定會有展現才華的機會。當一個人確立了自己的奮鬥方向，並朝著正確的方向努力奮鬥

命運並不完全掌握在自己手裡

時,如果他費盡心思、耗盡心力都無法取得成功,那麼這時,他就需要一位貴人來指點他、幫助他、提攜他。這正應了那句俗話「萬事俱備,只欠東風」。在人生中,「貴人」就是這「東風」,借助他的力量,你可以更好的實現自己的夢想。

每個人的生命中,都可能存在著許多貴人,他可能是你並不在意的朋友、你的上司、你的同事,甚至是你的下屬。不管有道理、沒道理,是好人、是壞人,只要能教導你領悟一些事情的人,能夠讓你發生正向變化的人,其實都是你命中的貴人!

名人的故事在普通人的眼裡總是有幾分傳奇色彩,道格拉斯遇貴人而成名這樣的事看似難以置信,其實卻在現實生活中確確實實存在著。每個人的生命中都有無數的貴人,關鍵在於你能否找到他們、發現他們、讓他們來幫助自己。

雷麗是台大外語系的學生,她來自南部,家境貧寒,但學習十分刻苦用心,大學期間屢次獲得獎學金。大三的時候,同學們都開始為畢業後的工作做準備,但雷麗心裡特別希望能夠出國深造。因為她感覺到如果能夠出國,一來可以開闊眼界,學習到所讀專業的世界最前線知識;二來到外語環境中薰陶幾年,自己的外語程度一定能更上一層樓。但是苦於囊中羞澀,這幾年勤工儉學的薪水也只是勉強夠她的生活費用而已,至於出國的費用,那對她來說簡直是天文數字。她為此一籌莫展,幾乎要放棄這個念頭。

週末的時候,她和往常一樣去做家教。這份家教她已經做了兩年,學生的母親是個女強人,不到四十歲就已經擁有了一份豐厚的家業。她事務繁忙,無暇照顧孩子,但雷麗卻幫助她的孩子成績取得了進步,所以這位母親很感激雷麗。也許正因如此,有一天,當她知道了雷麗想要出國的想法之後,主動提出資助雷麗,這是雷麗沒有想到的。她說:「你幫我的兒子提高了成績,我本來就希望能有一個機會表示一下我的感謝。何況,這筆錢對我來說只是一個小數目,對你的意義卻十分重大。我就當成是一種投資,他日你學成歸來,或許還可以助我一臂之力呢!即使不能,我也算是做了一件好事。」雷麗十分感動,她抓住了這個千

第三章　依靠人脈，人脈是改變命運的決定力量

載難逢的機會，靠這位家長的資助在國外完成了學業。

這位家長就是雷麗的貴人。類似的事例還有很多：一個乞丐被一個商人的話語點醒，從此發憤圖強，成為大企業家；一個小職員由於盡職盡責的小細節感動了前來視察的總裁，從此步步高升，成為領導人物；一個小偷被慈祥的長者所感化，從此改邪歸正，為社會謀福……

無數事實證明：貴人確實能夠改變人的命運；貴人確實就在我們身邊。

既然如此，我們是不是只要坐等貴人的降臨，整天做著白日夢，就能麻雀變鳳凰呢？抱著這種心態的人就大錯特錯了。

「不要先問別人能為我做什麼，而是問問自己能為別人做什麼。」這是暢銷書《別自個兒用餐》的作者啟斯・法拉利摸索出的最重要的結識貴人之道。

事實上，提升自我、廣結善緣，就是為結識貴人而做的最好的準備。

基於此，我們應該：「懷有渴望之心。若你是一個願意去相信他人的人，貴人就有可能真的會從天上掉下來。」

懂得欣賞他人的優點，以謙卑的心向他人請教，貴人自然會靠近。

學習欲望強烈。先不要判斷貴人對你是不是有所幫助，而要問自己，是不是能耐下心性多方學習，吸納消化他人的智慧。不要讓自己的腦袋成為別人思想的賽馬場。

不斷提升自己、充實自己。只有自己的能力強了，成為一匹真正的「千里馬」，在貴人到來之時，才有展現才華、脫穎而出的機會。要知道：「貴人不會幫助一個一無是處的人。」

尋找你生命中的貴人

人際關係網對一個人事業的成敗及工作的好壞具有極大的影響，所以說成功在很大程度上取決於你擁有多大的權力和影響力。與合適的人建立穩固的關係至關重要。成功建立關係網的關鍵是選擇合適的人建立穩固的關係。良好的人

尋找你生命中的貴人

際關係能開拓你的視野，讓你隨時了解周圍發生的事情，並提高你傾聽和交流的能力。

在全球壽險界，談到壽險銷售業績的時候，人們常常說：「西有班‧費德雯，東有柴田和子。」

柴田和子出生於日本東京，從東京新宿高中畢業後，進入「三洋商會株式會社」就職，後因結婚辭職回家做了四年家庭主婦。

一九七○年，三十一歲的柴田和子進入日本著名保險公司——「第一生命株式會社」新宿分社，開始了其充滿傳奇色彩的保險行銷生涯，創造了一個又一個輝煌的保險行銷業績。

一九七八年，柴田和子首次登上「日本第一」的寶座，此後連續十六年蟬聯了日本保險銷售冠軍，因此榮登了「日本保險女王」的寶座。

一九八八年，她創造了世界壽險銷售第一的業績，並因此而榮登金氏世界紀錄。此後她逐年刷新紀錄，至今無人能打破。她的年度業績能抵上八百多名日本同行的年度銷售總和。

雖然她從一九九五年起擔任了日本保險協會會長，但業績依然不衰，早已超過了世界上任何一個推銷員。柴田和子說話機智幽默，衣著奇特，已經成為當今行銷菁英們心中的頂級偶像。

柴田和子是如何取得這樣輝煌的成就的呢？答案潛藏在她的人際關係之中。銷售行業離不開大幅度鋪開的人脈網和眾多支持她的客戶。

柴田和子善於處理與客戶之間的關係，她能讓所有的客戶都成為她的貴人，一方面支持她的事業，一方面幫助她結識新的客戶和朋友。而隨著人脈網越來越大，她的生意當然也越來越好做。具體來說，她在以下兩個方面表現得十分出色。

第一，總給客戶留下一個好的第一印象。

柴田和子雖然一說話便顯得神采飛揚，但她認為自己的身材比較肥胖，沒有

第三章　依靠人脈，人脈是改變命運的決定力量

明顯的特徵，在初次會面時無法吸引對方的目光。因此，她一般會藉由「服裝」給人清新而明朗的第一印象。

第二，人情練達造就成功行銷。

柴田和子絕不拖延與別人的約會時間，也絕對不帶給別人不愉快的感覺。即使是自己的祕書，她也認為讓他在嚴寒或是酷熱的地方等候是不對的，如果必須讓某個人受熱或受凍，她寧可自己來遭受。

柴田和子說：「保險行銷要成功，必須要懂得體諒別人，即人情練達。」

行銷絕不是一個人唱獨角戲、單打獨鬥的埋頭苦幹。如何使對方打開心扉，使對方依賴自己，這才是最重要的。而要達到這個目的，就要體諒對方，要有為對方著想的心意。

一個人的成功並不是我們想像中的那麼簡單，在他的背後肯定有堅強的後盾，而柴田和子的後盾就是她的客戶——也是她的貴人。

柴田和子成功的關鍵就在於她的客戶就是能夠幫助她擴大人脈網的貴人，每一位客戶都能為她發展新的客戶，結果她的客戶數量以倍數的速度成長，最後終於到了讓人驚訝的程度。

對於柴田和子來講，擁有廣大的「客戶網」是十分重要的；而對於從事其他領域工作的人來說，高品質的「人脈網」也必不可少。建立人脈網的關鍵在於找到人際關係的交點，這個交點聯結著人際網上的各個方向。抓住了它們，就抓住了不斷結識新朋友的關鍵。貴人就是充當這一交點的最好人選，透過貴人你往往能夠認識許多新的朋友和新的貴人，而且這些新朋友和新貴人都會對你有所幫助，這也是「貴人」作用的一個重要方面。

湯姆斯的女朋友就是他的貴人，她幫助湯姆斯規劃週末的社交生活，並且透過她的關係圈讓他結識了她朋友的母親，那也是對他有幫助的人。她還介紹了一個女性朋友的丈夫給湯姆斯，後來，那人成了湯姆斯的合作夥伴和新朋友。湯姆斯本來是一個很內向的人，朋友不多，而他的這個女朋友讓他認識了許多朋友。

尋找你生命中的貴人

最後在越來越多的朋友的幫助下，他的事業打開了新局面。

每個人的具體情況、社會關係都有不同方面的不足，這些不足一般都可以透過「貴人」的作用得到彌補。社會關係的不足表示人的能力出現了漏洞，而貴人就是那個助你一臂之力、幫你堵住漏洞的人。能夠幫助你拓展人際關係的貴人特徵比較明顯，你可以根據一些特徵判斷他們的所在：

一、這類貴人一般是很有影響力的人物

你會發現，在一些聚會中，無論他們的社會地位、薪資狀況如何，他們都是眾人關注的核心和焦點；他們往往是各種非正式聚會和社團活動的發起者；在群體的各種大討論中，他們也經常成為所謂的「意見領袖」。

二、這類貴人往往熱衷於幫助別人建立關係，從而起搭橋牽線的作用比如當他發現他認識的兩個人在某些方面有許多共同之處，便有可能創造機會，如組織秋遊或足球賽，讓他們互相認識並交流感想。

三、重視那些在新環境中最先跟你打招呼的人

他們往往樂於結交朋友，性格外向，人緣極好。認識他們，會對你擴大交際網有所裨益。

CONNECTIONS
LEDGER

第四章
開啟人脈，建立你的人脈圈

用心編織你的人脈網路

蜘蛛大多生活在屋簷下或草木中。牠的肛門尖端的突起能分泌黏液，這種黏液一遇空氣即可凝成很細的絲。蜘蛛以昆蟲為食，牠常在不易被破壞的樹梢、草叢以及昆蟲時常出沒的地方結出一個八卦形的網。比如金圓蛛的體形較大，牠的網黏性極強，連重量輕一些的鳥都會被牠的網粘住。平時，儘管蜘蛛不在網上，但網上的細絲總有一根連通著蜘蛛休息的地方，昆蟲只要一觸網，蜘蛛就會獲得資訊。

蜘蛛是透過牠織的網來獲得資訊的，那麼人是如何獲得自己想要的資訊的呢？如果你還沒有想好確切的答案，不如學著像蜘蛛一樣結網。人是群居動物，人的成功只能來自於他所處的人群及所在的社會，只有在這個社會中游刃有餘、八面玲瓏，才可為事業的成功開拓寬廣的道路，沒有非凡的交際能力，免不了處處碰壁。這就展現了一個鐵血定律：「人脈就是錢脈！」所以，你想要成功，就一定要營造一個適於成功的人際關係網，包括家庭關係和工作關係。

約翰是美國一家大公司的職員，做的是初級會計的工作。在公司內部幾經職位調動後，他感到對各方面的工作都能應付自如了。他希望能從西部調到佛羅里達州去，以便擁有更好的前途。

不過，他與那個州的各家公司都沒有任何聯繫，所以只能透過寫信和職業介紹所來和他所知道的一些公司聯繫。但是，他並未獲得滿意的結果。

於是，約翰決定透過關係網來辦這件事。他動腦筋搜尋了一下自己所能利用的各種關係後，列出了一個分類表。從這個分類表中，他選出可能幫忙的一些關係。

然後，他記下了這些人，他們直接或間接的與他想去的佛羅里達州都有聯繫，並且和會計公司有關。

最後，他又進一步考慮，這些人中哪些人和會計公司的聯繫更加密切？他最

第四章　開啟人脈，建立你的人脈圈

終選中了兩個人：一個是他的老闆史密斯先生；另一個是他妹妹的好朋友布克。

約翰下一步的行動，也是最重要的一步，就是想辦法讓幫助自己的對象先獲得自己的幫助。一旦做到這一步，那麼對方就會以報答的方法來幫自己實現願望。

約翰透過妹妹得知，布克對參加一個女大學生聯誼會很感興趣。於是，他就找到了自己的一位好朋友富蘭特莉蒂，因為這位好友的妹妹愛麗絲正是這個聯誼會的成員。

約翰結識了愛麗絲，透過愛麗絲的介紹，布克見到了聯誼會的主席，並順利的成為該會的委員。

布克為此專門舉行了一個慶祝晚會，並在晚會上把約翰介紹給了她的父親。儘管她父親與在佛羅里達州的任何公司都沒有直接聯繫，但作為律師，他在那裡的律師圈子裡是很有聲望的。

不久之後，透過布克父親的一位朋友的幫助，約翰找到了佛羅里達州一家職業介紹所的總經理。在那位總經理的熱情推薦下，約翰終於如願以償，不僅順利調到了佛羅里達州，而且得到了一個十分滿意的職位。

從以上這個事例可以發現，我們應該廣泛的與各式各樣的人交往，並充分發現和發揮每個人的特殊價值，使不同的人際關係都能給自己帶來幫助。

人際關係之所以影響力巨大，很重要的一點在於它可以避免個人價值在人力市場中處於被人「待價而沽」的尷尬劣勢，提高個人做選擇的決定權。有調查數據顯示，在職場中工作超過五年以上而需要換工作的人中，依靠人脈資源調動工作的超過了百分之七十。

有句古話叫做「家和萬事興」。你與配偶的關係如何，決定了你與子女的關係，而家庭關係為我們與別人的關係定下一樣的模式。同樣，我們與同事、上司及下屬的關係是我們的事業成敗的重要原因。一個沒有良好的人際關係的人，即使再有知識，再有技能，那也得不到施展的空間。

用心編織你的人脈網路

如果你想獲得事業的成功，儘早建立自己的人脈資源網吧。如果你的人脈上有達官貴人，下有平民百姓，而且，當你有喜樂尊榮時，有人為你搖旗吶喊，鼓掌喝彩；當你有事需要幫忙時，有人為你鋪石開路，兩肋插刀，你就能感到人脈的力量！專業知識在一個人成功中的作用只占百分之十五，而其餘的百分之八十五則取決於人際關係。興衰成敗源於人脈。

廣結人緣，其實就是在給自己製造良好的人際關係網。不管什麼人，只要在社會中生存，就離不開與別人交往合作。楊飛在一家大公司做銷售經理，兩年後他辭了職，提出的唯一請求是：允許他繼續使用公司分配的手機號碼。「在這家公司工作兩年，人脈是我唯一的資源。如果換了手機號，原來的朋友、客戶很可能找不到我，那我就真是一無所有了。」楊飛這樣說。

多年來，楊飛以人脈和政府關係為資源，為地方政府招商引資，贏得豐厚的報酬。

楊飛辭職後，搖身一變成為某一個工業園區的高級顧問，月薪二十萬元。他的目的當然不在於此，所謂顧問，其實就是向那些有興趣到這個工業園區投資的商家宣傳，介紹合適的專案，最終說服其在工業園區投資設廠，並為他們爭取盡可能優惠的條件，從而賺取不菲的傭金。

在這家公司工作的第一年，楊飛就結交了很多企業老闆和政府要員，他和該市的一位副市長的交情就是從那時開始的。

楊飛的經歷相對簡單，這在政府眼裡無疑是一個很好的政治保障。漸漸的，楊飛成了有名的熱心腸人士，經常有新到的廠商慕名找上門來，這當然會消耗他一些時間和金錢，但他說：「對於我這種靠人脈吃飯的人，這是必要的投資。」

短時間內，楊飛就為工業園區陸續引進了幾個大投資專案。後來，他還同時兼任附近幾個工業園區的顧問。他名片上的顧問頭銜每增加一個，收入就成長一倍。

一份領導能力調查問卷的調查結果顯示：

第四章　開啟人脈，建立你的人脈圈

（一）管理人員的時間平均有四分之三花在處理人際關係上；
（二）大部分公司的最大開支用在人力資源上；
（三）管理者所定的計劃能否執行與執行成敗，關鍵在於人。

擁有好的人際關係是現代生活不可缺少的部分，多了一層人際關係，路便會越拓越寬。但是人緣不是鳥兒，不會自己飛來。要建立一個好人緣，支起一張人際關係網，你必須積極主動。光有想法是不夠的，必須將它化為行動。

每個人都有獨特的優點。所以，在構建人際關係網時，一定不能太單一，也不要完全局限於自己的同行或具有共同愛好與興趣的人中間。最關鍵的是要能做到優勢互補，既能使自己的優勢為其他人提供必要的幫助，也能使其他人的優勢對自己發生作用和影響。

商界有句名言說：「一流人才最注重人緣。」其實這句話倒過來應該說：「最注重人緣的人，才能成為一流人才。」確實，人緣是很微妙的東西。我們平時的一舉一動，所接觸的大小人物都很可能影響到以後的工作。假如你能和許多人建立良好的人際關係，使他們成為在事業上幫助你的朋友，在生意上照顧你的顧客，這樣一來，相信你的事業也一定非常成功。

建立高品質的「人脈網」

港商吳樴華曾擔任上海香港商會理事兼公共事務副會長、香港體育會會長、上海市公共關係協會副會長、上海利苑金閣餐飲有限公司董事、上海威順康樂體育諮詢有限公司董事長等。

吳樴華是一九九三年去上海的。他在上海的第一年是擔任一家珠寶公司的總經理，負責在上海籌建業務，開設零售店。這份工作是他的香港朋友推薦的。

利用在同一個商業大樓辦公的便利，吳樴華逐漸認識了他來上海的第一批朋友。這些朋友中，做各種生意的都有，其中有很多都是在上海的香港人。在這些香港朋友的介紹下，吳樴華加入了上海香港商會。後來香港商會一位任副會長的

建立高品質的「人脈網」

朋友由於工作調離上海，推薦吳樾華做了香港商會的副會長。而利用香港商會這個平台，吳樾華又認識了一大批在上海工作的香港成功人士。

之後不久，吳樾華辭去了珠寶公司的職務，因為一家美資菸草公司請他擔任上海的首席代表。當時吳樾華手下只有二個人，推廣、市調、制定策略，他都要親自行動，最後終於把市場從起初的一小塊拓展到了整個華東地區。

直到集團被收購，公司將他派駐其他地區，他才猛然發現，他已經離不開上海了。他的絕大部分朋友都在上海，他覺得要是離開上海，自己辛苦建立起來的人脈就浪費了。於是，他決定離開菸草公司。二〇〇〇年，在朋友的引見下，他擔任了一家外資諮詢公司的高級副總裁，手下有一百多名員工，但是幾個月後，他又辭職了。

由於自小就喜歡體育運動，吳樾華參加過許多體育培訓班，還拿到過風帆教練的資格，並開班教授過人。另外，受父親的影響（吳樾華的父親曾經是香港東方體育會的會長、東方足球隊的領隊），在香港商會的時候，吳樾華還組織過足球隊等體育活動，進一步促進了商會成員的感情。這期間，吳樾華有了創辦一個體育會的想法。

吳樾華說：「那個時候，我來上海也有六年了，對上海也比較熟悉，知道來上海的香港人都很忙碌，又沒有合適的團體一起做運動、休閒。」於是，一九九七年吳樾華創辦了香港體育會並擔任會長。這是一個自發的群體性體育組織，最初才二十多個成員。為了能夠做運動、進行休閒活動，大家經常湊在一起。大家漸漸的在玩樂同時成為了好朋友，有些自然就成了生意上的夥伴。結果，朋友介紹朋友，這個圈子越來越大。而作為會長的吳樾華，更是花費了更多的時間和精力來經營這項「工程」，這也給他帶來了更多的朋友。

「我們不光是在一起進行體育鍛煉，玩的過程中也促成了資訊的交流。」吳樾華說，「這幾年來，我們已經發展到了二百多個會員。幾乎每個會員的名字我都叫得出。」即使在大家都很忙的情況下，吳樾華組織大家活動的時候，每次也

第四章 開啟人脈，建立你的人脈圈

都有五十多人參加。

為了「寓商機於休閒」，吳樅華成立了上海威順康樂體育諮詢有限公司。在吳樅華的名片背面，印著公司的經營範圍：「會所專案前期策劃諮詢及管理；餐飲專案策劃諮詢管理；會員卡銷售策劃諮詢管理；康樂體育相關專案之投資諮詢及策劃管理……」

吳樅華曾經說過：「其實透過我手上的人際關係，做什麼事情都會比較輕鬆。然而我認識這些朋友以來，我從來沒有以什麼商業或者生意上的目的去找過朋友，都是朋友主動幫助我的。朋友有什麼生意，會馬上想到我並且通知我。」

就拿利苑金閣來說，就是一個朋友看到吳樅華擁有如此廣闊的人脈，力邀他加盟投資成為董事的。「開餐廳人脈是最重要的。我的一些朋友有什麼聚會或者公司聚餐，會馬上想到去吳樅華的那家餐廳。」

俗話說：「在家靠父母，出外靠朋友。」朋友猶如鳥之羽翼、車之四輪，能夠助你輕鬆飛上高空，快速駛向成功的頂點。

吳樅華的成功就得益於他高品質的人際關係網。在現實生活中，很多成功人士的成功都是靠「人脈網」網住的。

普通人如果想要取得成功必須在平時重視人脈的累積，並且需要重點強調「高品質」三個字。雖然說任何人都可能幫你的忙，但是不同的人能給你的幫助也是不同的。「人脈網」的高品質就展現在網中的人大部分是能人，也是能意識到人際關係的重要性並樂於助人的人。也就是說，在「人脈網」中「貴人」的含金量越高，對你就越有利。

一天，有一大群人圍在一起議論一個名叫約翰的人。

「約翰的朋友真多啊！出入他家裡的那些人都那麼氣派！」

「那是因為他事業有了起色，生意上的朋友當然會敬重他了。」

「是啊！工人們都對他很忠心，還有他那些朋友和他就像親兄弟一般。」

「依我看，他這個人真不錯，每次碰到他，他都會主動跟我打招呼！」每天

建立高品質的「人脈網」

都會給約翰家送牛奶的工人也微笑著說道。

這時一個蓬頭垢面的乞丐向他嘲諷道：「你再喜歡約翰，他也不會邀你到他家喝香檳酒的！我看你還不如他家的那條狗呢！」

乞丐撥了波蓬亂的頭髮，冷笑著繼續說：「他人緣好，會交朋友？簡直就是睜眼說瞎話！他的朋友也不過都是這個小鎮上的人。我每天都在鎮上，他還不認識我呢！要比朋友，他比我可差遠了。我認識倫敦的好多人，約翰他有嗎？」

停了一下，這個髒亂的乞丐又接著說道：「在倫敦時，只要是有點善心的人都會主動靠近我。說到氣派的朋友，倫敦市長夠體面了吧！我每天都和他打交道，以至他穿什麼顏色的襪子我都一清二楚。還有……」

可是沒人理會他，因為大家都知道他又在胡言亂語了，他以前只是一個跪在倫敦市街邊上乞討的人，現在整天遊蕩在小鎮上。

為了不犯故事中那個乞丐的錯誤，我們必須在自己「人際關係網」的品質上下工夫，這就需要我們遵循八十／二十法則。此法則最初是猶太人經商的智慧經驗，意思是關鍵的少數往往是決定整體成敗的主要因素。

一、在交往的程度方面，有些人沒有必要深交

人來人往中有很多是遠離你生活的人，也有很多人是人走茶涼的人，還有很多是萍水相逢的人……對於他們，我們有必要時就聊聊侃侃，愉快的打發一段時間就夠了。而對於那些可能對你產生深遠影響的人，則應努力結交。

二、在結交之人的品質方面，還有些人絕對不可深交，即「擇善而交」

對於那些思想墮落、行動腐化、不思上進的人，為避免和他們混在一起把自己也引上歧途，最好還是遠離他們較好。

對於那些品質平庸但又無大惡，並且有可能成為你的貴人的人，你要與之交往，但不要太深，保持一定距離為妙。

三、在精力投入方面，也要區別對待

結交貴人也要耗費人的精力、時間，甚至財力。所以，對於那些對自己幫助

第四章　開啟人脈，建立你的人脈圈

大的貴人要多多投入；反之，則適當就好，不必花太多心思。

充分利用你的人脈

　　據說，鋼鐵大王卡內基的墓碑上有這樣一行字：「這是一個能讓比自己強的人為自己做事的人。」

　　卡內基原來是一個毫不出名，且對鋼鐵生產和經營知之甚少的一個小工人。但當歷史將他推向鋼鐵事業之時，他毫不猶豫的接受了命運的挑戰。他雖然沒有鋼鐵知識，但他卻相信只要他把世界上那些專業知識比自己豐富得多的人物集中到自己的麾下，充分利用他們的鋼鐵生產和經營知識，他就一定能夠成為鋼鐵王國的巨無霸。正是有了這種信念後，卡內基才開始網羅天下人才，組成了一個近五十名專家的智囊團，並充分調動了每一個人的積極性，充分施展了自己的領導才能。在他的創業過程中，正是經由無數專家的出謀劃策，才使他解決了生產經營中的許多疑難問題；正是團隊凝聚成的巨大力量，才產生了美國歷史上的第一個財團；正是眾人的力量，才創造出了卡內基這個鋼鐵王國裡的巨人。

　　俗話說：「一個籬笆三個樁，一個好漢三個幫。」善於發現自己和別人的長處，並能夠加以利用，不嫉妒別人的長處，不袒護自己的短處，能夠協調別人為自己做事，與別人之間建立良好的信譽，是成功者的法則，也是人與人之間共同發展的主旋律。

　　如果你覺得有必要培養某種你欠缺的才能，那不妨主動去找具備這種特長的人，請他參與相關團體。三國中的劉備，文才不如諸葛亮，武功不如關羽、張飛、趙雲，但他有一種別人不及的優點，那就是巨大的協調能力，他能夠吸引這些優秀的人才為他所用。能讓別人的才能為我所用也是一種才能，而且透過這種管道結識的人，也將成為你的夥伴、同事、專業顧問，甚至變成朋友。能集合眾人才智的公司，才有茁壯成長、邁向成功之路的可能。

　　能夠發現別人的才能，並能為我所用的人，就等於找到了成功的力量。聰明

充分利用你的人脈

的人善於從別人的身上汲取智慧的營養補充自己,從別人那裡借用智慧,比從別人那裡獲得金錢更為划算。讀過《聖經》的人都知道,摩西要算是世界上最早的教導者之一了。他懂得一個道理:「一個人只有得到其他人的幫助,才可以做成更多的事情。」

在現實生活中,普通人如果能為自己建立一個「智囊團」,無論是正式還是非正式的形式,都會給自己帶來莫大的幫助。

美國的羅賓‧維勒開始創業時,經營著一家規模很小的鞋廠,全部員工加起來就十幾個人。後來,羅賓為工廠的出路提出一個構想,那就是改革皮鞋款式,迎合市場潮流。如果不斷有新產品、新樣式上市,從而引起顧客的注意,那麼,鞋廠的前途必然就會好起來。

於是,羅賓把所有的員工召集在一起,要求他們各盡所能設計新款皮鞋。他還專門制定了獎勵制度,凡是所設計的新款鞋樣被工廠採用者,均獎勵一千美元。重賞之下,必有勇夫,不出一個月,羅賓就收到了很多種設計的草樣,其中不乏很有創意的設計。他和那些熟練的老工人一起研究挑選了幾個晚上,終於選定了三個款式別致的鞋樣作為試製品。而且,第二天他便在全體工人的面前把獎金分別發給了這三個工人。

羅賓將這三個新樣式的鞋分別製造了一千雙,然後立即送往各個大城市進行推銷。都市人群早已穿厭了那些式樣單一、顏色黯淡的舊式皮鞋,忽然看見了這些樣式新穎的皮鞋,眼前為之一亮,仿佛看見了一個新的世界,於是爭相購買。不出幾天,這一千雙樣品就被搶購一空。

一星期後,羅賓的工廠收到了如雪片般飛來的訂貨單,總數達兩千一百多份。羅賓捧著這疊沉甸甸的訂貨單,知道自己的心血並沒有白費。

有了市場做後盾,羅賓的工廠日益壯大起來。幾年之後,羅賓已經擁有了十多家頗具規模的皮鞋製作工廠了。

智囊團成員不可能只有一兩個人,由多個智囊人員組成的智囊團更有威

力。這樣大家集思廣益，更容易得出最合理的意見。作為一個智囊團，其結構要合理：

一、年齡結構要合理

既要有老謀深算、老馬識途的老年人，又要有年富力強的中年人，還要有朝氣蓬勃的青年人，以使他們在經歷、氣質、智能等方面進行互補。

二、知識結構要合理

科學決策是多目標、多因素、多變數的綜合性極強的工作，因此必須由多學科的專家組成。既要有社會科學工作者，又要有專精自然科學的人，這樣，智囊團才會不僅能集中各種專家的智慧，全方位的考慮問題，而且能多學科交叉融合，還可能形成新的有益的思想。

禮尚往來需要技巧

「禮」的文化源遠流長。即使在今天，禮尚往來，也是人際交往的一項重要內容，俗話說：「禮輕情義重」，我們既可以體味到人情締結的溫馨，又可以享受友好往來的愉快。但是，有時也會因為方法不當、時機不對、禮品不妥而事與願違，反而人情未結，芥蒂又生，真是賠了夫人又折兵，有些不值得。

送禮作為一種社會現象，有其約定俗成的規矩。比如送給誰？送什麼？怎麼送？這些都很有講究，千萬不能小看，絕不能隨心所欲，盲目瞎送，從這個角度講，送禮也需要技巧。社交饋贈也是需要一定竅門的。

社交饋贈一定得明白幾點：禮品如何選擇才能用禮達意？贈禮的時間選擇在何時比較恰當？既不打擾別人還能起到很好的效果，還有一點就是贈禮的方式到底該選擇哪一種，這些都是進行社交饋贈時應該考慮的。

一、禮品選擇

針對送禮對象的特點，側重於禮品的現實價值和紀念意義，這是選擇禮品時

禮尚往來需要技巧

要注意的兩個最基本的問題。具體來說，選擇禮品應該注意以下幾個問題：

（一）在選擇禮品時，如果忽略了自己與受贈對象之間關係的性質、類型與狀態，就容易擇禮不當。對待公務交往的對象與私人交往的對象、老朋友與新朋友、異性與同性、本國人與外國人……選擇禮品時一定要明確雙方之間的關係後有所區別。

（二）要投其所好，如果所贈禮品符合受贈對象的興趣與愛好，受贈對象會格外滿意，因為他感到你尊重他，而且與他有更深的情誼。一九八九年，美國總統布希訪華時，被人稱為「腳踏車大使」的布希及夫人收到一人一輛飛鴿牌腳踏車的禮物，布希總統十分高興。一九九〇年二月，美國總統布希接見了在法國網球公開賽中獲得冠軍的美籍華裔張德培。張德培把在法國公開賽中使用過的球拍作為禮物，送給這位愛好網球運動的總統。布希不禁露出了頑童般的高興神態，說：「老天，這太棒了！」

不過，要是為了對受贈對象投其所好，而超出了個人能力或彼此關係的界限，去不擇手段的向對方贈送能滿足其興趣愛好的禮品，不僅毫無必要，弄不好還容易被對方及旁觀者懷疑為另有所圖。

自古「寶劍贈英雄，紅粉贈佳人」，送人禮物必須要確知能令對方感到滿意，才能實現該份禮物的價值。如果將一雙嶄新的溜冰鞋送給髮白拄拐的老翁；買一隻貴重的瑞士手錶，贈予初次見面的朋友；或者送內向保守型的教授一輛越野腳踏車……這些不恰當的東西，都只會適得其反。何況，男女老少有所不同，個人的愛好也不是放諸四海而皆準，購買前必須仔細考慮，才能為受禮人帶來無比的溫馨感受。

（三）不要觸犯受贈對象的禁忌。禁忌，就是因某種原因（尤其是文化因素）而對某些事物所產生的忌諱。禁忌的產生大致有兩個方面的原因。

一是純粹由受贈對象個人原因所形成的禁忌。例如，向一位從來討厭菸酒的人贈送菸酒，向一位剛剛中年喪妻的男士贈送情侶表、情侶帽、情侶上衣，都會令對方心情大壞。有些是由於受贈對象某些方面的自尊和不足造成的禁忌。

第四章　開啟人脈，建立你的人脈圈

一九八九年，英國首相柴契爾夫人送給法國總統密特朗英國作家狄更斯一八五九年撰寫的一本小說《雙城記》，這部小說把法國大革命時期的暴力和恐怖同當時英國生活的平靜作了比較。法新社評論說：「這份禮物不能平息法英兩國在本週末巴黎七國首腦會議上的爭執，甚至可能會適得其反。」

二是由於風俗習慣、宗教信仰、文化背景以及職業道德等影響下逐漸形成的禁忌，那就要顧及習俗禮俗，「入鄉隨俗」才能真正打動對方。

比如，禮品的選擇，要針對不同的受禮對象區別對待。一般說來，對家貧者，以實惠為佳；對富裕者，以精巧為佳；對戀人、愛人、情人，以紀念性為佳；對朋友，以趣味性為佳：對老人，以實用為佳；對孩子，以啟智新奇為佳；對外賓，以特色為佳。

還有比如傳統文化還有「好事成雙」的說法，因而凡是大賀大喜之事，所送之禮，均好雙忌單，但有些人則忌諱「四」這個偶數。因為在中文中，「四」聽起來就像是「死」，是不吉利的。再者，白色雖有純潔無瑕之意，但中國人比較忌諱，因為在中國，白色常是大悲之色和貧窮之色。同樣，黑色也被視為不吉利，是凶災之色、哀喪之色。而紅色，則是喜慶、祥和、歡慶的象徵，受到人們的普遍喜愛。另外，中國人還常常講究送老人不能送鐘錶，送夫妻或戀人不能送梨，因「送鐘」與「送終」、「梨」與「離」諧音，是不吉利的。還有，像是不能給健康的人送藥品，不能給異性朋友送貼身用品等。

(四) 要重視禮品的現實價值和紀念意義。禮品的價值在於寄寓祝福和傳輸意識、情感、交情，而不在於其使用價值。因此，在選擇、訂製禮品時，要著重考慮它的深刻本意。

(五) 送禮一定要態度友善，說話有分寸。送禮時要注意態度、動作和語言的表達。平和友善、落落大方的動作並伴隨著禮節性的語言表達，才是受禮方樂於接受的。那種做賊似的悄悄將禮品置於桌下或房間某個角落的做法，不僅達不到饋贈的目的，甚至會適得其反。在傳統習慣上，有時送禮者總會過分謙虛的說：「不足掛齒！」「只是一點小意思」或「很對不起」……

這種做法最好避免。當然，如果在贈送時以一種近乎驕傲的口吻說「這是價值連城的東西」也不合適。在對所贈送的禮品進行介紹時，應該強調的是自己對受贈一方所懷有的好感與情義，而不是強調禮物的實際價值，否則，就落入了重禮而輕義的地步，甚至會使對方有一種受賄的感覺。

（六）禮物也要有包裝。禮物是你的情誼的代言者，禮物的選擇固然重要。不過，如果你能在禮物的包裝上再用點心思，那麼你的禮物一定能夠更有效、更深刻的打動對方的心。

譬如，鮮紅的玫瑰花配上紅色包裝紙，是象徵燃燒的熱情；綁上粉紅色的蝴蝶結，是你那顆跳動的愛心，不就可以送到收禮者的心扉裡嗎？

包裝的材料有蝴蝶結、可愛的小盒子、透明的小箱子……還有適用於各種用途的卡片、貼紙等。想要包裝哪一種禮物，就從這些包裝的材料當中，挑出與贈品顏色和形狀相襯的材料，按照自己喜歡的方式包裝好綁上緞帶即可。

包裝的好壞，雖然與是否能靈巧的使用包裝紙和綁蝴蝶結有關。但是，更重要的在於色彩搭配呈現的氛圍好壞更有直接關係。

二、時機的挑選

一般情況下，以下時候適合向受禮者贈送禮品：

（一）應當道喜之時，如交往對象結婚、生育的時候。

（二）應當道賀之時，如交往對象升學、晉級、喬遷、出國、事業取得成功或是過生日、過節日時。

（三）應當道謝之時，如受到他人提攜、照顧、幫助之後，可在適當時機，以禮相贈，表示謝意。

（四）應當慰問、鼓勵之時，交往對象遇到困難、失敗、身處逆境時，可以贈送適當禮品表示慰問或鼓勵。

（五）應當紀念之時，久別重逢、參觀訪問、臨行話別之際，可以贈送禮品作為紀念。

（六）在遇到傳統節日，如春節等，也向交往對象贈送一些禮品、紀念品。

第四章　開啟人脈，建立你的人脈圈

三、方式的選擇

(一) 面送禮儀。

當面贈送賓客禮品時應表現得自然大方，正確表達禮品的含意，用途以及贈送禮品所要表達的情意，以增加彼此友誼，使對方欣然收下禮品。切忌當面贈送禮品時表情緊張，鬼鬼祟祟的令旁人和賓客內心起疑、那樣失去了贈送禮品、增加情誼的意義。

(二) 代送禮品。

當自己不能當面贈送禮品時可委託他人代送禮品。在代送禮品之前，應向受禮人講明自己贈送禮品的原因、禮品的相關意義、自己不能當面贈送的理由，使對方能夠理解，並收下禮品。

(三) 郵送禮儀。

贈送異地友人禮品時可透過郵寄的方式。在郵寄禮品時應包裹得當，以免禮品在運輸途中被損壞。對方的地址、姓名、聯繫方式及自己的相關資訊應寫清楚，以免寄錯、丟失。在禮品寄出後應該立刻給對方打電話，告訴其關於禮品的相關資訊，使其對禮品有所了解，不至於收到後一頭霧水。

四、地點的選擇

贈送他人禮品時，如果選擇的贈送地點不合適，會嚴重影響贈送禮品的效果。一般情況下，公務交流贈送禮品時應在工作場所或交流地點進行，而私人交往贈送禮品則宜在私下裡進行。切忌不分場合的贈送他人禮品，這會造成難堪的局面。

整個禮物饋贈的最後一環，送得好，方法適當，會皆大歡喜，增進情誼。送得不好，受禮者不願接受，或嚴詞拒絕，或婉言推卸，或事後退還，都會令送禮者難堪，落得個賠了夫人又折兵的窘境。所以，只有巧妙掌握社交饋贈的技巧，才能讓整個送禮的過程畫上一個完滿的句點。

人際交往中，細節對你至關重要

　　在擁擠的市區上常常遇到這樣的事，一個人不小心撞了另一個人，這個人如果馬上誠懇的向對方表示歉意，說聲：「對不起」，被撞的人雖然可能還不高興，卻也能立即表示諒解：「沒關係！」同樣情況，有時卻會出現另一種局面，撞人者無動於衷，被撞者罵罵咧咧，於是開始了一場舌戰：「你眼瞎了嗎？為什麼撞人？」

　　「你才瞎了眼呢，沒看見人多擠嗎！怕被人撞，坐汽車去！」你來我往，吵得不可開交甚至可能演變為拳腳相加。

　　同一件事，為什麼有截然不同的態度、截然不同的結果呢？很簡單，只因為前者知禮，後者不知禮而已。

　　很多人對提倡講禮貌沒有足夠的重視，不以為然。他們說：「都是些雞毛蒜皮小事，不值得三番五次的宣傳。」這種認知是錯誤的。禮貌是人們共同遵守的一種行為規範和道德準則，它是通往相互友好和尊重的一道橋梁。

　　吳松雲是一電器公司的推銷員。他去拜訪客戶時，大聲而粗暴的開門習慣總是影響了客戶對他的第一印象。

　　對方的接待人員將他引領到會客室中，他心裡還在想如何在見到對方時給對方一個好印象。可是祕書已經將他開門不禮貌的情況傳達給了老闆。「老闆，客人來了。」「哦，他還挺準時的，我準備一下，馬上過去，他是什麼樣的人呢？劉小姐，談談你的第一印象。」

　　「老闆，不好說明。看他衣冠楚楚，也很準時，可他開門的聲音太大了，顯得粗暴不太禮貌。」

　　「哦……」

　　老闆這樣「哦」了一聲，可能已經就決定了這次會談的失敗，輕者則影響會談的效果。這樣在未見面之前便讓別人對你帶著一份成見，給對方一個不好

第四章　開啟人脈，建立你的人脈圈

的印象。

失禮、不講禮貌的問題絕不是小事，雖然比起一些違法亂紀的事，它不算很大，但從這種「小事」裡，往往可以窺見一個人的內心世界，衡量出他的品德和文化修養的高低。通常，不講禮貌的人除了缺少教養的原因外，往往在思想意識上有些毛病，或者自私、狹隘，或者驕傲自大。

禮貌待人，這個道理許多人都很清楚，也時常這樣來要求別人，可是自己做起來卻並不一定就完美、輕鬆。這是一個習慣問題。所以我們必須從平時的一點一滴做起，加強修養，同時更重要的是小心謹慎的來培養好習慣。

有的人時常或不小心「嘭」的一聲把門推開或關上，發出很大的響聲，給人的印象不是開門或關門而是在撞門，這是極不禮貌的。所以開關門的發力要輕一些，用力過猛便會使房門碰撞牆壁發出大的聲響。但也不能用力過小，半天推不開，會給人一種畏畏縮縮、鬼鬼祟祟的不良印象。因此，從開門關門動作的輕重，可以看出一個人的修養、內涵，也反映了一個人的精神面貌，更重要的是，直接影響到對方對自己的印象好壞，所以要格外注意。下面還有一些小細節是我們應該注意的：

一、不要當眾搔癢

大家都知道搔癢的舉止不雅。搔癢的原因通常是由於皮膚發癢而引起的。其中有些屬於病理的原因，例如體質過敏，皮膚起疹，有時奇癢難忍；有些屬於生理的原因，如老年人因皮脂分泌減少，皮膚乾燥，也容易產生搔癢。在出現這類情況時，當事者要按所處的場所來靈活掌握。如果處在極嚴肅的場合，就應稍加忍耐；如實在忍無可忍，則只有離席到較隱蔽的地方去搔抓一下，然後趕緊回來。因為不管你如何的動作放小，搔癢的動作總是猥瑣的，還是避開人前為好。尤其有些人愛搔癢純粹是出於習慣且無意識，只要人稍微閒下來就不斷用手在身上東抓西撓，這些不好的習慣，應盡量克服改善。

人際交往中，細節對你至關重要

二、要防止發自體內的各種聲響

生活經驗告訴我們，任何人對發自別人體內的聲響都不太歡迎，甚至很討厭。諸如咳嗽、噴嚏、哈欠、打嗝、腹鳴、放屁等等。當然，這些聲響有的只有在人們生病或身體不適時才有，例如打噴嚏，常常是在一個人感冒的時候才發生。當出現這種情況時，正確的做法是用手帕掩住口鼻以減輕聲響，並在打過噴嚏後向坐在旁邊的人說聲「對不起」以表示歉意。但是，有的卻也是由於習慣所造成，主要是因本人不重視、不關心別人的感受所致。比如，有些人在大庭廣眾之下，不斷打哈欠或者連連放屁，竟然也不覺得不好意思。像這樣的話就是很不好的習慣了，應該注意改正才行。

三、不要將菸蒂到處亂丟

許多人都反對抽菸，究其原因，與不少抽菸者缺乏衛生習慣不無關係。有些抽菸者往往不注意抽菸對別人所造成的不便，他們不了解，不抽菸者除了害怕菸味會引起嗆咳外，隨風吹散的菸灰也使人感到不舒服，有時候帶有餘燼的菸蒂還容易引起事故。這些都使不抽菸者有一種自發抵制抽菸煙的情緒。所以，如果抽菸者隨意處置抽剩的煙蒂，將它們丟在地上用腳踩滅，或隨手在牆上甚至窗台上熄滅等，這些細節都是很令人討厭的。對此，也必須自覺的加以糾正。

四、吐痰務必入盂

隨地吐痰也是一種令人厭惡的壞習慣。有些人由於養成隨意將痰到處亂吐的習慣，甚至在水泥和木頭地板上也如此，這確實是種令人作嘔的不文明行為。因為，隨地吐痰之所以惹人厭惡，不僅由於痰中帶有非常多細菌，不但會直接弄髒地面，而且還會間接污染環境，傳播疾病，損害許多人的健康。所以，禮貌的做法應當是將痰吐入痰盂或用衛生紙包好丟入垃圾桶；如果周圍沒有痰盂，就應該到廁所裡去吐痰，吐後立即用水沖洗乾淨。

表示禮貌的舉止當然不止這一些，這裡提及的是其中比較常見的若干種。從根本上說，這些禮儀舉止沒有哪一種是我們所不能做到的，只要在日常生活中

第四章　開啟人脈，建立你的人脈圈

多注意一些，不僅說明了你是一個有禮貌的人，更可以使你在人際交往中如魚得水、順暢自如。

有個男孩在一次的宴會上，對個性活潑、樂於助人的女孩陳曉宇一見鍾情。於是，藉著和陳曉宇哥哥來往的機會，男孩向陳曉宇發動了愛情攻勢。

他對陳曉宇說：「你是我遇到的最溫柔、最可愛的女孩！」

陳曉宇真是大為詫異——長這麼大，還沒有人說過我溫柔呢。陳曉宇告訴男孩自己從小就是野小子性格，絕不是溫柔可愛型的。可是，男孩固執己見，並向陳曉宇講了第一次見到她的情景，「我一眼就愛上了你的溫柔和美麗！」男孩說。

男孩堅持那才是陳曉宇的本性，而陳曉宇平日的不拘一格、粗野邋遢都是假象。陳曉宇在男孩的堅持之下，竟然真的慢慢變得溫柔了，並與他墜入情網。幾十年過去了，男孩仍深深愛著陳曉宇。

一個美好的第一印象，改變了一個沒有女性魅力的女孩的生活，成就了一對好夫婦，可見其力量之強大。

事實上，給別人留下好的印象並不是什麼難事，只要能依照幾項簡單的建議做便可以輕易辦到。夏威夷大學精神病學院教授說：「引入注目不僅僅是讓別人注意你，而且還意味著讓別人記住你。」

以下就是該教授的幾項建議：

一、穿戴色彩動人的服飾

如果你是一位男士，不妨繫一條有質感的酒紅領帶，配上法蘭絨灰西服。如果你是一位女士，則應圍一條豔麗的綠松石色圍巾，穿上黑色的洋裝。

二、選擇一種你常使用的特別香水

潘斯教授說，人們幾乎總是下意識的對香氣產生反應。人的嗅覺十分神奇，外來的一點點香氣便會給對方留下持久的印象。

三、佩戴一件令人感興趣而且特別的裝飾品

如果是男士，裝飾品可以是一塊舊懷錶；如果是女士，則可以是手工製作

的耳環。

四、直立

許多人常常精神萎靡不振，對比之下，人們容易記住精神抖擻的姿勢。

五、創造略微神祕的氣氛

你可以憑藉自己個性中的特點或你過去經歷的某些有趣的事情做出暗示，但不要過早的和盤托出。

例如，若你是一位美食廚師，你可能可以把話題引到食品方面，但千萬別宣稱你就是廚師。不立即吐露一切的做法，能讓別人產生追根問底的欲望，加強對你的注意。

六、培養一種有趣的愛好，或掌握某方面的奇特知識

例如，閱讀歷史上某一特定時期的資料。若你是一位女士，可讓人知道你對修理汽車感興趣，因為這種知識和愛好是生活中不常見的，因此別人將對此產生興趣。

七、說話要清楚且直截了當，特別是在工作場所

不要含糊其辭，也不要每句話後都加上「你知道嗎？」精神病學院教授說：「如果你遵循以上建議，你將會給與你交往的人留下很好的印象。若一位女士坐在汽車裡談論加油的方法，她身上散發著誘人的芳香，誰能忘記她呢？誰又能忘記那位繫著紅領帶、略顯得神祕的男士呢？」

第一印象一旦形成，就不容易改變，並且會一直影響到以後雙方的交往過程。即使後來的印象與第一印象之間不甚吻合，我們仍然習慣於記住最初的印象。

對危難中的朋友及時施以援手

「雪中送炭」而不是「錦上添花」，這樣才能獲得一個好的名聲。因為在對方

第四章　開啟人脈，建立你的人脈圈

落難，別人避之惟恐不及的時候，你卻向他拋出最及時的一根救命稻草，這無疑是給對方最大的幫助。對方會謹記於心，還愁將來他不給你面子嗎？

救人危難的義舉，可以為你樹立起崇高的形象，使你的信譽和聲望提高。信譽和聲望就是你的面子，這種面子會回饋你無盡的好處和財富。

當業內同行需要你施以援手，而你又有能力時，你該怎麼辦呢？

落井下石，踩沉對方，你雖然可以少一個競爭對手。但切不可忘記，即使你真能扼殺了對方，總會有新的競爭對手崛起。一個人不可能獨霸一個行業的。正如「野火燒不盡，春風吹又生」，一個人是賺不完所有的錢的。

何況風水輪流轉，誰知道何日又輪到你落難呢？

正確的做法是，救人於危難之際，不但得到了人緣、信譽及聲望，實際上會為你日後創大業賺大錢埋下了伏筆。不僅是積善積德，更是留下了人情，你日後所得必會超過你的付出。

哪一天，你為他人雪中送炭；總有一天，他人就會給你雨中送傘。因果報應屢試不爽。

另外，如果能在做人情的過程中，把他人的利益放在明處，將自己的實利落在暗處，不但會達到自己的目的，而且可以獲得對方的感激，可以名利雙收，甘蔗可以兩頭甜。

人在困難時，就算是接受少量的資助都會覺得格外感激。

有位目前很活躍的油畫家，曾透露他在年輕時代過了一段非常困苦的生活，經常三餐不繼。有一次，他把一幅連自己都沒信心的畫拿到畫商那裡，畫商看了半天，付給了他一筆當時他認為很多的錢。就畫家來說，畫商並非買了這幅畫，而是給了他前途。此後他終於成功熬出了頭。那筆金額是否很高呢？其實不見得，但直到今日，那位畫家對這筆款項一定還覺得非常龐大。

人在困厄消沉中，若有人向他伸出的援助之手，可以使人產生長久的感恩之情。對畫家來說，畫商的錢的確成就了他的前途，因此，這位現在已成名的畫家

對危難中的朋友及時施以援手

若有滿意的作品,一定會交給那位畫商,並且以優惠的價錢成交。

人對金錢的標準,往往因為狀況不同而有很大的差異,因此,「雪中送炭」遠比「錦上添花」有意義。

日本首相田中角榮在擔任自民黨幹事長時,一面忙著主持自民黨選舉事務,一面派人將慰問金送到落選的議員家中,並且勉勵他們不要氣餒,下次重新再來。

對落選的議員來說,田中角榮的勉勵已經使他們深受感動,而送慰問金,更加深了他們的感激之情。在此之後,擁戴田中的人越來越多,竟形成了一個「田中派」。如果田中在此時將相同的金額或禮品送至當選的議員家中,情況就不同了,那些禮品、禮金成了錦上添花,一點也不特殊,更不能取得效果。只有在別人困頓中伸出援手,才能得到真正的友誼。田中角榮畢竟是真正吃過苦頭的人,了解人類微妙的心理。

常言說得好,「情願雪中送炭,不要錦上添花」,意思是說當別人處於困境當中,你伸出援助之手,就像是在冰雪天給飢寒交迫的人送去一簍可生火取暖的炭,及時而又必須,會使受禮人終生難忘。而如果別人什麼都不缺,你送的東西,其有效價值就要大打折扣了。

趨炎附勢的行為和燒香的行為是一樣的,總是向當權的人、當紅的人靠攏,同道的當然會奉承巴結,不同道的也要想盡辦法拉上一點關係。但如果過於功利,就會失去很多會對你有幫助的朋友。

有的人雖然時運不佳,如果你認為對方是個英雄,就該多多交往,施予物質上的救濟。寸金之遇,一飯之恩,可以使他終生銘記。日後如有所需,他必奮身圖報。即使你無所需,他一朝否極泰來,也絕不會忘了你這個知己。與那些暫時不得勢的人交往,並成為好朋友,就像買股票一樣,買了最有價值的潛力股。

所以從現在起,多注意一下你周圍的朋友,若有值得上香的冷廟,千萬別錯過了才好。

第四章　開啟人脈，建立你的人脈圈

人是需要關懷和幫助的，在困境中更是如此。你如果為朋友排憂解難，在他困難時給予物質和金錢上的資助，那麼將來，他也會不遠萬里前來救助身在困境中的你。

雪中送炭，是對危機時刻的他人所給予的最好報答；是對他人在悲傷時所給予的一種神奇的慰藉。這種奉獻和給予，是對他人心靈深處的撫慰，是他人再次前進的動力。

在社交活動中，你要尋找別人「飢渴」的時機，雪中送炭，及時的給予就像老天爺所下的「及時雨」一樣，那你就不愁沒有朋友，沒有好人緣了。

用幽默釋放你的魅力

越是棘手的事情，越是需要幽默。幽默不只是娛樂自己，同時也是娛樂別人，只要人們還可以笑的出來，會有什麼解決不了的大事呢？

一些偉大的人物，如林肯、愛因斯坦、卓別林、蕭伯納等，他們之所以能成功，能夠聲名顯赫，除了具有意志堅強、思維敏捷、機智靈活、自信敢為等特質之外，他們還有一個重要的心理品質——幽默感。

即使是應該莊重嚴肅的革命導師馬克思、恩格斯、列寧、孫中山等人，也是極富幽默感的人，他們並非是整天板著面孔的人。據說，馬克思最喜歡看的小說是幽默小說。而恩格斯在一八四二年還寫過專論幽默與政治關係的文章。列寧則利用了幽默才獲得了理想的愛情。一九一三年，孫中山組織的「二次革命」失敗後，再次逃亡到日本。當時，有兩個上海人專程來到東京，想為孫中山推算「八字」。「八字？」孫中山先生雙手向腰間一插說：「如果我的『八字』不好，難道就不要革命了？」他將手一揮說：「也好，乾脆告訴你們我的『八字』吧：打倒軍閥，革命到底！」兩人一聽，愣了半天說不出話來。孫中山哈哈大笑道：「你們千里迢迢而來，我也送你們個『八字』：百折不撓，挽救中華！」。

在人際交往中，大家普遍喜歡與幽默風趣的人接觸，幽默風趣的人本身也快

用幽默釋放你的魅力

樂自在，無憂無慮，所以，培養幽默感對人對己都有好處。要培養幽默感，首先要去欣賞優秀的幽默作品，在會心一笑的同時，應該去分析、總結幽默的技巧，探索幽默的心理基礎。

生活不能缺少幽默，而幽默的人生則是生活的一種極致。尤其在現代社會中，無人不喜歡幽默、嚮往幽默和追求幽默。據說，歐美的女生選擇男友，條件可能多種多樣，但不變的一條就是幽默。不管怎麼說，和一個幽默的人生活在一起簡直是無與倫比的幸福。

幽默不單單是引人發笑，而是帶給人們心理上一種輕鬆和快慰。幽默是對他人一切過失的原諒，是對周圍環境的喜劇式調侃，也是對自我困境的一種自嘲和解脫。幽默絕對是善意的，絕不夾雜半點惡意，相反，它是對惡意的一種消解和抹平。

幽默的基礎是寬容和理解，寬容和理解這個世界上的一切人、事，包括你自己，才能幽默，才會有幽默。所以，幽默首先需要具備很高的修養和健康的心態。人要活得不低俗、不粗野、不偏激、不苛刻，幽默才能稱得上是幽默，否則就很容易走向諷刺。諷刺沒有什麼不好，但是它並不是幽默。

幽默是人類特有的一種情緒反應。嬰兒在發現新奇的事物時，就會開心的笑。然而，孩子在成長中，如果沒有得到適度的愛，沒有被適當的引導，那麼很可能就會失去天生的幽默感。

有一篇寫小丑的詩文，內容是這樣的：

「當我在人生道路上艱難前行之際，助我製造更多的歡笑，而不是眼淚。永遠別使我變得淡漠，以致看不到兒童眼中好奇之神色。永遠別使我忘記我的一切努力都是為了振奮別人，讓他們忘掉──至少暫時忘掉生活中不愉快的事情（畢竟，生活中不愉快的事情實在太多了）。在我生命的最後時刻，但願我能聽見上帝的聲音：『在你逗我的子民歡笑的同時，你也使我莞爾開顏。』」

一個人要培養幽默感，應該先要知道，人生本來就不是完美的。一個人只有

第四章　開啟人脈，建立你的人脈圈

在被關懷、支持的環境中成長，才能學習以幽默來面對挫折。

幽默也可以用來對抗焦慮，不論大人或小孩都用得到。例如在智力、性別、宗教、政治方面，有許多你無能為力卻又存在的問題，就需要以幽默來化解。

在人生道路上，挫折和失敗是常有的事，如果忍受挫折的心理能力得不到提高，則焦慮和緊張就會常常困擾我們的身心。假如你擁有幽默，也就具有了隨環境變化不斷加以調節自我心理的有力武器，即是可利用幽默來減輕生活中因失敗帶來的痛苦。

有位年輕人，一面查看他的那輛嶄新摩托車被撞後的殘骸，一面對周圍的人說：「唉，我以前總說，有一天能有一輛摩托車就好了。現在我真有了一輛車，而且真的只擁有一天。」周圍的人哈哈大笑起來。

對這個年輕人來說，車被撞已無可挽回，但他並沒有看得很重，而是利用幽默的力量，既減輕了自身的痛苦和不愉快，又給圍觀的人帶來了一片歡樂。

幽默常會給人帶來歡樂，其特點主要表現為機智、自嘲、調侃、風趣等。確實，幽默有助於消除敵意，緩解摩擦，防止矛盾升級，還有人認為幽默能激勵士氣，提高生產效率。美國科羅拉多州的一家公司透過調查證實，參加過幽默訓練的中層主管，在九個月內生產量提高了百分之十五，而病假次數則減少了一半。測驗則證明了沉悶乏味的人和具有幽默感的人，在以下幾個方面存在著差異，而這些差異正是幽默感的心理調節功能和作用所在。

（一）經多次心理測驗證實，幽默感測試成績較高的人，往往智商測驗成績也較高，而缺少幽默感的人其測試成績平庸，有的甚至明顯缺乏應變能力。

（二）具有幽默感的人，在日常生活中都有比較好的人緣，他可以在短期內縮短人際交往的距離，贏得對方的好感和信賴。而缺乏幽默感的人，會在一定程度上影響交往，也會使自己在別人心目中的形象大打折扣。

幽默面對，就是面對困境以幽默的態度處之。幽默可以調節緊張的神經，化干戈為玉帛，化解生活中的各種矛盾。幽默包括一切能引導人開心的表情、體態、動作和心態。幽默是一種本能，人有了這種本能才能以快樂的心態來看待世

用幽默釋放你的魅力

界、處理事情，即使在失意的時候，也能自我安慰，一笑了之。幽默能引人發笑，使人思路敏捷，心胸開闊，防止心理疾病，增加心理健康。

（三）在工作中善於運用幽默的人，總是能保持一個良好的心態。據統計，那些在工作中取得成就的人，並非都是最勤奮的人，而是善於理解他人和有幽默感的人。

（四）幽默能使人在困難面前表現得更為樂觀、豁達。所以，擁有幽默感的人即使面對困難也會比較輕鬆自如，可以利用幽默消除工作上帶來的緊張和焦慮。而缺乏幽默感的人，只能默默承受痛苦，甚至難以解脫，這無疑增加了自己的心理負擔。

顯而易見，人們具有幽默感，有助於身心健康。因此，要善於培養幽默感，如有機會可參加專門的幽默訓練，但更重要的還是，從自我心理修養和鍛煉出發來提高自己、開闊心胸。不要對自己有不切實際的過高要求，不要過於在意別人對自己的看法，學會善意理解別人，正確認識自我，不論在什麼樣的環境中總是保持一種愉悅向上的好心情。

主動交際，緩解壓力。社交是人的本能行為，主動擴大交際面，有利於緩解工作壓力。在人際交往中，使自己交際方式大眾化，與人為善，主動幫助他人，從中獲得人生樂趣。

柏格森《笑論》說，一切可笑都起於靈活的事物變得呆板，生動的舉止化作機械的模式。所以，重複單調的舉動容易惹人發笑，像口吃、口頭禪、小孩子有意模仿大人。老人常比少年人可笑，就因為老人不如少年人靈變活動，只是一串僵化的習慣。幽默不能提倡這樣一種「可笑」的論調，因為這樣的「幽默」只是把自然流露的弄成模仿的，變化不定的弄成刻板的。

如果我們學會自嘲，可以較容易對自己感到心安理得，對周圍的人也不加苛求。明末清初的怪才金聖嘆便是一例。金聖嘆所寫詩文，均富於奇氣，既刻薄、又幽默，真是嬉笑怒罵皆成文章。金聖嘆不但為文奇趣，而其日常的生活作風，也極為奇特，生性極其放蕩，喜閒暇，除遊山玩水外，更喜飲酒。正由於金聖嘆

第四章　開啟人脈，建立你的人脈圈

的性情放蕩不羈，再加上明亡以後（金氏曾發誓不進清廷的仕途），其憤世厭俗的作風，最後，金聖嘆終於招致殺身之禍。行刑前夕，獄中同時受刑眾人皆紛紛寫遺書拜託獄卒寄給妻子。金聖嘆見狀，自知逃不過，便也執筆寫成遺書一封，留給長子。然其遺書卻只有寥寥數字：「字付大兒看，鹹菜與黃豆同吃，最有胡桃滋味，此法一傳，吾無遺憾矣。」遺書不言他事，卻教大兒子小吃之法，此舉真是盡其幽默之能事，令人愴然莞爾不已！

　　許多人都以為西方人才懂得幽默，中國人是較為嚴肅缺少幽默感的民族。其實中國人的幽默感更是「高超」，不僅含蓄，而且是溫柔敦厚的諷喻。自詩經、楚辭、諸子、國策，乃至唐詩、宋詞，無不充滿溫柔敦厚的諷喻筆調。白居易新樂府諷喻詩，就好像今天的評論文章。莊子尤為古代幽默大師，他向朋友告貸未遂，卻以「枯魚」為喻；拒絕楚王詔命，則以太廟中錦緞包裹的死蠅為喻；與好友惠施辯論，從沒有臉紅耳赤過。孟子滔滔雄辯，抨擊異端時，言辭比較鋒利，但他勸齊宣王行仁政，卻以「見牛未見羊」、「君子遠庖廚」來循循善誘，實在是最富於幽默的一席話。

　　幽默是一種力量。如果在交往中不時的用點幽默「心眼」，逐步掌握了幽默技巧，就能巧妙的應對各種尷尬的局面，能夠很好的調節生活，使你的生活充滿歡樂，甚至改變你的人生。

投其所好更能贏得好人緣

　　在人際交往中，每個人都會有自身的特點，有些人可能恃才傲物，有些人天生就是勢利眼，有些人天生喜歡自以為是，有些人就喜歡韜光養晦……有時候我們集中力量去改變一個人倒不如多花點心思避開對方的鋒芒，從對方的弱點下手，進而從最薄弱的地方獲得對方的友誼。

　　有一次，倫敦的一家公司邀請湯姆參加一種電視直播研究（也就是今天的閉路電視）。湯姆一下子對這種可以隨心所欲選擇放映節目的設備產生了極大的興

投其所好更能贏得好人緣

趣，於是著手組織團隊來研究閉路電視。

湯姆的新產品研製小組有三位主要專家，其中有一位叫法蘭克，他不僅脾氣古怪、性情暴躁，還動不動就容易和人發生爭吵，在他們的研製組裡，人人都和他爭吵過，連湯姆也不例外。但湯姆發現，他對自己唯一的小女兒卻百依百順，將其視為掌上明珠。

為了照顧法蘭克的生活，湯姆在公司附近為他租了一幢非常漂亮的房子，好讓他能經常和女兒生活在一起。

法蘭克知道湯姆手頭的資金十分緊張，所以在得知湯姆為他租房的事後很是過意不去。因此，儘管湯姆再三動員他搬進新居，但他堅持不搬。

於是湯姆把他的女兒請出來，說：「是你的千金安妮懇求我這樣做的。」湯姆繼續說：「她說你心情不好，容易發脾氣，這會傷身的。如果她能住在附近照顧你，你就不會發脾氣了。起初，我也拿不定主意，可是安妮最後跟我說：『我爸爸多可憐呀，我不能讓他再忍受孤獨了。』」

聽完了這番話，法蘭克的眼裡充滿了淚水，他最終順從了湯姆的安排，搬進了新居。

在上述事例中，湯姆就是因為準確的抓住了法蘭克的弱點——疼愛女兒，從而透過對孩子的讚揚和獻殷勤，成功馴服了法蘭克這個倔強的專家，為新產品的研製成功奠定了基礎。

由此看來，有時候避開一個人的鋒芒，攻其軟肋、投其所好更容易征服一個人。此外一個人的興趣，雖說不是一個人的弱點，但卻是一個人注意力最集中的地方，所以要想贏得一個人的注意，不妨抓住他最感興趣的地方，從而借助他的興趣來吸引他的注意力。

因為興趣是一種無形的動力，一個人對某種事物產生了興趣，就會對這個特定的事物產生積極的和帶有傾向性、選擇性的態度和情緒。在這些態度和情緒的帶領下，一個人會把注意力和精力集中到某一特定事物上，一旦我們和這種特定

第四章　開啟人脈，建立你的人脈圈

事物掛鉤，那我們很快就可以和這個人走到一起，並獲得他的友誼。

菲律賓有家著名的冰品製作商——利賓亞公司，一直苦於無法拿到讓一家大飯店訂購他們的冰品的訂單。三年來，該公司老闆利賓亞採取種種方式想要接近這家大飯店的採購部經理容達宏，不論是正面拜訪，或是旁敲側擊，都無功而返。他每週二必去拜訪容達宏一次，經常參加容達宏所舉行的會議，有時候還以客人的身份住進大飯店，但這家大飯店仍然絲毫不為所動，沒有訂購他的冰品的打算。

這反倒激起了利賓亞的鬥志，他下定決心，一定要讓這家飯店訂購自己的冰品。他改變策略，開始派人調查經理容達宏的個人興趣愛好。不久，他發現這位經理熱心協會的事，是當地飯店協會的會員，還擔任了國家飯店協會的會長。得知這個情況以後，不管何時何地協會召開會議，利賓亞都會乘飛機趕過去，盡可能多了解一些協會活動的資訊。

當利賓亞再去拜訪容達宏經理時，就以協會為話題，果然引起了他的興趣，整整半個小時裡，容達宏一直在和利賓亞交談關於協會的事情，而整個談話過程，利賓亞絲毫沒有提到冰品的事情。

幾天後，飯店的人把電話打到利賓亞公司的採購部門，要求一份冰品的訂購單和價格表。就這樣，這筆原來看似無比艱難的大買賣做成了。

利賓亞透過深入了解，掌握了「貴人」的興趣所在，在與飯店經理容達宏閒聊其有興致的事情的過程中使得形勢大為改觀。這就是投其所好，讓自己被對方認同、接納後達到目的的絕妙之處。

所以，在人際交往中，有時候攻其軟肋、投其所好的討巧技術，遠比普通的按部就班、一點一滴投資人脈更有效、更快捷。目光短淺只能贏一時，目光長遠才能贏一世

有人說，一個人的事業能發展到哪裡，首先要看這個人眼光能看到哪裡。但是，不能否認社會上總是有很多人目光短淺，只能看到眼前一畝三分地裡的「莊

投其所好更能贏得好人緣

稼」，卻看不到更長遠的利益，從而與更大的利益失之交臂。

正是因為蠅頭小利更容易得到，所以人們總是對它們趨之若鶩，然而就在人們一窩蜂湧向蠅頭小利的同時，人們也就失去了獲得更多利益的機會，相反只有把目光放得更長遠，人們才能得到更多的意外收穫。

事實上在人際交往中，道理也是一樣，對於身邊的朋友，我們不能因為他們一時的落魄就永遠否定了他們的價值，而應該用發展、變化的角度來看待他們，要知道生命不止，發展不息。十年河東，十年河西，誰也說不準別人以後會發展成什麼樣子，所以做人不要一棒子把人打死，更不用忙著給人下結論。

戰國時期，大商人呂不韋有一次到趙國的京城邯鄲去做生意。一個偶然的機會，他在路上發現了一個氣度不凡的年輕人，於是他就去打聽了一下這位年輕人的背景，結果得知，他正是秦國昭王的孫子，太子安國君的兒子，名叫異人，當時正在趙國當人質。

當時，秦趙兩國經常交戰，趙國對身為人質異人的生活品質當然也就不那麼在乎，所以，異人當時的生活非常貧苦，甚至在天冷時連禦寒的衣服都沒有。呂不韋了解到這些之後，就想到像異人這樣的君王後人，之後一定會有發達顯貴的時候，如果現在在他的身上投資，那麼將來能夠換回的利潤肯定會不可估量，於是他不禁自言自語說：「此奇貨可居也。」這句話的意思就是，如果把異人當做珍奇的物品儲藏起來，等機會到了一定能賣個好價錢。

回到寓所後，呂不韋問他父親：「種地能獲利多少？」

父親回答說：「大概十倍。」

呂不韋又問：「販運珠寶呢？」

他父親又答說：「大約百倍。」

呂不韋接著問：「那麼把一個失意的人扶植成國君，掌管天下錢財，會獲利多少呢？」

他父親吃驚的搖搖頭，說：「那可沒辦法計算了。」

第四章　開啟人脈，建立你的人脈圈

　　呂不韋聽了他父親的話，覺得投資異人一定能夠取得巨大的收穫，於是他就拿出了一大筆錢，買通監視異人的趙國官員，結識了異人。他對異人說：「我會想辦法，讓秦國把你贖回去，然後立為太子，那麼，你就是未來的秦國國君。你意下如何？」

　　異人又驚又喜的說：「那是我求之不得的好事，若真有那一天，我一定重重報答你。」

　　呂不韋立即到秦國，用重金賄賂安國君左右的親信，把異人贖回了秦國。

　　可是回國之後，異人並沒有受到安國君的青睞，依然是一個失意的人，於是呂不韋就把自己的一個愛妾送給了異人，以幫他排憂解悶。後來，呂不韋又發現安國君有二十多個兒子，但他最寵愛的華陽夫人卻沒有兒子，於是呂不韋就給華陽夫人送去大量奇珍異寶，讓華陽夫人收異人為嗣子。

　　秦昭王死後，安國君即位，史稱孝文王，立異人為太子。孝文王在位不久即死去，太子異人即位為王，即莊襄王。

　　莊襄王非常感激呂不韋擁立之恩，拜呂不韋為丞相，封文信侯，並把河南洛陽一帶的十二個縣賜給他作為封地，以十萬戶的租稅作為俸祿。莊襄王死後，太子嬴政即位，而嬴政正好是呂不韋當年送給異人的愛妾所生。太子即位後，拜呂不韋為仲父，從此呂不韋權傾天下。

　　這就是歷史上著名的奇貨可居的故事。這個故事告訴我們有時候選擇投資長遠的人際關係比我們平時的辛勤工作更重要，而且我們的目光越長遠，所投資的人脈所取得的利益也就越多、越大。

　　但是，我們並非人人都有呂不韋的眼光，也不是人人都能準確的發現身邊可能有更大發展前途的人，所以，我們能做的就是盡量把目光放得長遠，盡可能真誠對待周圍的每一個人，這樣在他人發達的時候也不至於會忘記我們的滴水之恩。

　　相反，如果我們只看到現在身邊人的狀況，只懂得向高高在上的人獻殷勤，

投其所好更能贏得好人緣

而不懂得重視周圍的人,那麼如果有一天高高在上的人倒下了,我們該怎麼辦?到那時還有誰會向我們伸出援助之手呢?

既要善於傾聽,又要善於表達

當你在和一個人說話的時候,他是在洗耳恭聽,還是常常打斷你的談話,或者不停的做其他的事情?如果是後者,你會喜歡他們嗎?很顯然,不會。

的確,如果一個人不管到了什麼地方,在什麼場合,都是滔滔不絕,急於發表自己的意見和見解,不肯給別人說話的機會,那麼他一定不會招人喜歡,也將註定無法累積更多的人脈。

根據人性的知識,我們知道,人們往往對自己的事更感興趣,對自己的問題更關注,更喜歡自我表現。一旦有人專心傾聽我們談論自己時,我們就會感受到自己被重視。卡內基曾說:「專心聽別人講話的態度,是我們所能給予別人的最大讚美。」

一位顧客在一家商店購買了一套西服,由於掉顏色的問題,要求退貨,而售貨員堅持說是顧客自己的問題,所以兩個人就爭執起來。爭吵聲引來了商店經理,售貨員想向經理解釋,但被經理制止了。

經理走到顧客面前,向他表示了真誠的道歉,然後又請他在旁邊的沙發上坐下來,把具體的情況說一下。經理靜靜聽完顧客的抱怨和發洩,等顧客說完,他才讓售貨員說話。

當徹底了解清楚爭吵的來龍去脈後,經理真誠的對顧客說:「真是萬分抱歉,我不知道這種西服會掉顏色。現在該怎麼處理,本店完全聽從您的意見。」

顧客說:「那麼,你知道有什麼方法可以防止西服掉顏色嗎?」

經理問:「能否請您試穿一週,然後再作決定?如果到時候您還不滿意,那麼我們無條件讓您退貨。好嗎?」結果,顧客穿了一週後,西服果然沒有再掉顏色。

這位經理就是有效利用了傾聽這一技巧,使得本來劍拔弩張的氣氛緩和下

第四章　開啟人脈，建立你的人脈圈

來，並最終輕鬆的解決了問題。

在社交過程中，善於傾聽無形中起到了褒獎對方的作用，仔細認真的傾聽對方的談話，是尊重對方的前提，能夠耐心聽對方的訴說，就等於告訴對方「你說的東西很有價值」，「你是一個值得我結交的人」。無形中，說者的自尊得到了滿足。於是，說者對聽者就會產生一個感情上的飛躍，認為聽話者能理解自己，並欣慰自己終於找到了一個可以傾訴的機會。如此，彼此心靈間的交流就使得雙方的感情距離縮短了。

事實上，在潛意識裡，每個人都認為自己的聲音是最重要的、最動聽的，並且每個人都有迫不及待表達自己的願望。在這種情況下，友善的傾聽者自然成為最受歡迎的人。

此外，滔滔不絕的人，會給人誇誇其談，油嘴滑舌的感覺，甚至還會言多必有失，禍從口出。而靜心傾聽就遠沒有這些弊病，倒有兼聽則明的好處。善於傾聽的人。給人的印象是謙虛好學，是專心穩重，誠實可靠。所以說，善於傾聽的人才是真正會交際的人，也才能打造豐富的人脈。

當然，「傾聽」是一個內涵豐富的詞彙，絕對不是一個簡單的聽與不聽的問題。傾聽不僅是聆聽，還要有所反應，並非都用語言，還要借助表情，所有這些都會使對方談興大增。

如果你要見的人是一個非常重要的人物，而且你們又是第一次見面的話，傾聽就更為重要了。因為你在全神貫注傾聽的同時，會全力調動自己的所有知識、經驗儲備及感情，使大腦處於高度緊張的狀態。當大腦接收到聆聽的訊號以後，會立即運用自己已有的知識、經驗，進行識別、歸類、解碼並做出反應，讓自己掌握談話的主動權。

這種積極的傾聽，既有對語言資訊的回饋，又有對非語言資訊的回饋。當一個人聽了一番思想活躍、觀點新穎、資訊量大的談話後，聽者的感覺常常比說者要疲勞得多，這是因為聽者在聽的過程中要不斷調整自己的分析系統，修正自己

的理解，以便達到與說話人同步思維。這種傾聽常常使個人直接受益較大。更為重要的是，你的傾聽給對方了一個滿足自我的機會，讓你們彼此拉近了距離，從陌生變得親切。

在公共場合極力張揚自我，是成功者的必備素養，但請你記住：留一點空間，留一點時間，讓對方來發揮，你就能抓住受眾的心，收獲更多的朋友。

遵守自己的承諾

一諾千金，就是要守信用，說話算數，這是中華民族的傳統美德。孔子曾說：「人而無信，不知其可也。」意思是說一個人不講信用，就不知他能幹什麼。換句話說，一個人不講信用，就不會有什麼朋友。

有記者採訪美商摩根大通集團臺灣區負責人郭明鑑，在問他「專業與人際關係到底哪一個比較重要」時，他沉思了許久回答：「沒有專業，你的人際關係都是空的。但是，在專業裡，有一條是最難的，就是信任，而這也是人際關係的基石。」

所以，建立一個讓人信任的形象，是人脈競爭力產生正向循環的關鍵。如果一個人講的話，每次都要打七八折，那麼，他的人脈網路只會縮水，而不會擴大。

也許，你會認為反正大家都是朋友，這次沒有遵守諾言沒什麼，殊不知天長日久，你就會漸漸失去朋友的信任。

李亮存了一筆錢要等到結婚時用，正好他一個朋友王柏來借錢，並向李亮保證一定會在他結婚之前歸還。由於他倆平時交往密切，關係一直不錯，所以李亮便爽快的借給了他。可是婚期就要到了，王柏還沒有把錢還來。李亮只得無奈的上門催還，最後搞得不歡而散。從此，李亮和王柏便不再往來，友誼也就此結束。

從中我們可以得知，與人往來切記要認真對待每一次約定，絕不可疏忽大

第四章　開啟人脈，建立你的人脈圈

意，因小失大。人與人之間如果不能做到彼此信任，那麼就不可能成為互助互利的朋友。一個人如果一而再、再而三說話不算話，到最後就會落得像那位喊「狼來了」的放羊孩子一樣的下場，在真正需要幫助的時候，根本沒有人相信自己，更別說伸出援手來幫助自己了！

東漢末年，張召力和范式一起在京城洛陽讀書，由於志趣相投，他們結下了深厚的友誼。分手之時，傷感的張召力說：「今日一別，不知何時才能再見范兄一面？」說著竟落下淚來，范式見此情景，就說：「張兄，莫要悲傷，兩年之後，金秋時節，我一定去拜望令堂，並與你相會。」

很快兩年就過去了，又是秋天，滿地的落葉讓張召力想到了臨別時范式對他說過的話。

他便對母親說：「秋天到了，范式馬上就來看我們了。我們準備準備吧！」母親說：「他距離我們這兒有一千多里路呢，再說他也許只是隨口說說，怎麼能當真，說來就來呢？」

張召力認真的說：「范式為人誠懇、極守信用，一定會來的。」母親儘管心裡不信，但是嘴上仍然說：「好好，你說他會來，我就去做點東西準備準備。」

約定的日子來了，范式果然趕來了。舊友重逢，自然無比高興。張召力的母親在一旁激動的落淚，感嘆的說：「張召力有這麼一個講信用的朋友，這是他的福分啊！」

信用是贏得別人信任的基礎，在與人交往中，只有說到做到，才能不斷提高自己的信義度。而如果你言而無信，就只能失去朋友的信任，破壞原本和諧的友誼。

信守承諾是一種美德，也是與人交往的基本準則。它會吸引周圍的人跟隨你，並對你信任有加。所以，我們想要不斷充實自己的人脈網，就要說到做到，一個不守信用的人，永遠交不到真正的朋友，誰願意和一個說話不算話、出爾反爾的人一起相處呢？

遵守自己的承諾

CONNECTIONS
LEDGER

第五章
初涉人脈，消除交際的心理阻力

克服你的自卑心理

現代社會,交際能力顯得越來越重要,但相當一部分人有不同程度的因羞怯而導致的心理障礙,從而影響了與他人的溝通交流。

據權威人士總結,羞怯的心理通常有以下幾種表現:

不善於結交朋友,常感到孤獨,常因不能與人融洽相處或充分發揮自己的才幹而苦惱;不善於在各種不同場合對事物坦率的發表個人意見或評論,因此不能有效的與他人交換意見,給人拘謹、呆板的感覺。

站在陌生人面前,總感到有一種無形的壓力,似乎自己隨時被人監視,不敢迎視對方的目光,感到極難為情。

與人交談時,面紅耳赤,心裡發慌。即使硬著頭皮和人說上幾句,也是語無倫次,結結巴巴。

常感到自卑,在工作和生活中往往不是考慮取得成功,而更多的是考慮不要失敗。

自卑,就是自我評價過低,自己瞧不起自己,是一種人格上的缺陷,一種失去平衡的行為狀態。自卑常以一種消極防禦的方式表現出來,如嫉妒、猜疑、羞怯、孤僻、遷怒、自欺欺人、焦慮緊張、不自在等。自卑使人變得十分敏感,經不起任何打擊。

自卑對人的心理發展有很大影響。心理學家阿德勒認為,每個人都有先天的生理或心理欠缺,這就決定了每個人的潛意識中都有自卑的因素存在。但處理得好,會使自己超越自卑去尋求優越感,而處理不好就會形成各式各樣的心理障礙或心理疾病。另外,自卑容易消磨人的意志,就像一把潮溼的火柴,再也燃不起激烈的火花。而長期自我封閉的人,不僅心理活動失去平衡,而且也會誘發生理失調和產生疾病,最明顯的是自卑對心血管系統和消化系統有不良影響。

所以,在社交場合中一定要克服自卑的心理。

第五章　初涉人脈，消除交際的心理阻力

一位和尚跪在一尊高大的佛像前，無精打采的吟誦經文。長期的修行並未使他修成正果，他為此而苦悶、彷徨，渴望解脫。正好一位馳名中外、雲遊四海的哲人來到他身旁。

「尊敬的哲人，久仰久仰！弟子今日有緣見到你，真是前世造化！」和尚來不及站起，激動的說，「今有一事求教，請指點迷津：偉人何以成為偉人？比如說，我們面前的這位佛祖……」

「偉人之所以偉大，是因為我們跪著……」哲人從容的說，聲若洪鐘，縈繞殿堂。

「是因為……跪著？」和尚怯生生的看了一眼佛像，又高興的望著哲人說：「這麼說，我該站起來？」

「是的！」哲人向他打了一個起立的手勢，「站起來吧，你也可以成為偉人！」

「什麼？你說什麼？我也可以成為偉人？你……你……你這是對神靈、偉人的貶損！」說著，和尚雙手合十，連念了兩遍「阿彌陀佛」。

「與其執著於拜倒，不如大膽超越。」哲人像是講給和尚，又像自言自語，頭也不回的走了。

「超越？」和尚聽了哲人的話如五雷轟頂，「這瘋子簡直是褻瀆神靈、玷汙偉人！罪過！罪過！」說著，他虔誠的補念了一遍懺悔經。

哲人的話很有道理，難道不是嗎？為什麼自己不做自己的主人，而要成天給別人跪著，甘願自卑到底呢？

過去你失敗過多少次並不要緊，重要的是吸取、強化和專注於成功的嘗試。任何一個年輕人如果想要成為科學家，都必須準備經歷在獲得一次成功之前的九十九次失敗，而且不因為這些失敗而自卑。

偉人都對自己有超乎常人的信心。英國詩人華茲渥斯毫不懷疑自己的地位，他預見到自己將來的名聲。凱撒大帝一次在船上遭遇暴風雨，同船的人非常擔

心，凱撒說：「擔心什麼？你是和凱撒在一起。」

　　學會自我稱讚，自我欣賞，培養自信，坦然面對逆境，保持情緒穩定以克服自卑。

　　如果你充滿信心，「結果」就會朝好的方向走。有位成功人士說過這樣一句話：「如果你知道要往哪個方向去，世界會為你讓出一條路來！」

　　學會與各式各樣的人打交道，關鍵時刻懂得表現自己。要培養自己與不同性格、不同氣質、不同年齡的人打交道的膽量與能力。向經常見面但說話不多的人如商場清潔人員、保全人員等問好；與人交往，特別是與陌生人交往時，要善於使緊張情緒放鬆。遇到聚會、聯誼時要善於尋找時機與周圍的人攀談，關鍵時刻要勇於表現自己，如主持會議、晚會、演講等，讓那些不了解你甚至看不起你的人刮目相看。使用一些平靜、放鬆的語句，進行自我調整，常能起到緩和緊張情緒、減輕心理負擔的作用。

　　在人際交往中，如果你不能表現真實的自我，為了讓別人滿意而不得不裝模作樣，扮演懦弱的角色，那麼第一個犧牲品就是你自己，你也不會贏得別人的信任和歡迎。因為是你首先覺得真實的自我沒價值、不可愛，別人怎麼會對你尊重和喜愛呢？顯然，不表現真實的自我，包括避短藏拙、挑剔貶低別人，就是自我貶低和束縛，就是自欺欺人的表現。人不完美很正常，何必總想在別人面前表現出自己是一個完美的人呢？把真相掩藏在內心深處，「不欲人知」，甚至連自己都假裝不知道自己並不完美，這不正是一種自卑的心理上的假像嗎？

　　掀起你的蓋頭來，看看外面的世界吧！

擺脫孤獨的困擾

　　許多寂寞孤獨的人之所以會如此，是因為他們不了解友誼並非是從天而降的禮物。一個人要想受到他人的歡迎，或被人接納，一定要付出許多努力和代價。要想讓別人喜歡我們，的確需要費點心力。情愛、友誼或快樂的時光，都不是一

第五章　初涉人脈，消除交際的心理阻力

紙契約所能規範的，讓我們面對現實。但是，他們必須了解：「精彩的人生並不是靠別人施捨的，而是要自己去爭取。」

一次，有人問農夫是否種了玉米。

農夫回答：「沒有，我擔心天不下雨。」

那個人又問：「那你種了油菜嗎？」

農夫說：「沒有，我擔心蟲子吃了油菜。」

於是那個人又問：「那你種了什麼？」

農夫說：「什麼也沒種。我要確保安全。」

這樣把自己封閉起來不去嘗試的人，到頭來什麼也不是。他們被自己的態度所捆綁，是喪失了自由的奴僕。因為不想嘗試冒險，所以他們無法學習、改變、感受、成長、去愛或生活。

雖然孤獨是每個人都會有的心理體驗，但並不是每個人都能成功克服自己的孤獨感。有人用喝酒排遣孤獨，有人把時間排到全滿，讓孤獨的感覺沒有縫隙可鑽，但殊不知用這樣的方式驅走的是寂寞而不是孤獨。孤獨是一種思想上、情感上無以溝通、無倚無傍、無人理解與認同的感覺。這種感覺會讓我們心情壓抑，情緒低沉；另一方面，對孤獨的體驗和玩味也會使我們富有個性、善於思索，走向心理的成熟。這就需要我們學會戰勝孤獨、超越孤獨。

筱俐是一名大三的學生，她對自己的人際交往總覺得沒什麼信心。平時在宿舍裡的時候總覺得別人是在和自己過不去，走在路上也對別人懷有敵意。她從小在家裡就是一個人，從小孤獨慣了，當然也獨立慣了，她認為這個習慣在高中也給她帶來了很多方面的影響，但總體來說是利大於弊，排除了別人的干擾，使得她學習專心致志，成績也十分優秀。但到了大學後她覺得自己開始不適應了，因為在各個方面學校都要求一種綜合素養的發展，而不只是學習成績。她自己覺得很難與他人溝通，總是無法與他人融為一體，總對他人懷有敵意，對自己的事情總是有太多的不平衡感，精神上壓力一直很大，自己很痛苦，身邊的同學也感覺

擺脫孤獨的困擾

到很不愉快。

孤獨是一種心理疾病，有這種心理的人如果在比較狹小封閉的空間內也許還可以生存，但如果換到大的環境裡，顯然就容易被淘汰了。筱俐為什麼會有這樣的心理呢？主要原因可能有三點：

一、對他人和自我的消極評價

孤獨的人可能更內向、焦慮，對拒絕反應更敏感，並且更容易壓抑痛苦。孤獨的人在朋友身上花費更少的時間，不經常約會，也很少參加集會，沒有什麼親密的朋友。在人際交往時，他們對自己和對方的評價非常消極。

二、基本社交技能的缺乏

有的人樂意與別人交往，但是一旦進行比較重要的而且時間較長的交談就會出現窘境，缺乏基本的社交技能，更沒有機會去訓練社交技能，所以，很難有長久的朋友。他們對自己的同伴不太感興趣，常常不能對於對方所說的加以評論，也較少向對方表達自己的觀點。相反，這些孤獨者更多的是談論自己並且常介紹新的與對方的興趣無關的話題，傾向扮演一個「被動消極的社交角色」，也就是說，在交談中不願付出太多努力。所以，我們常常感到與孤獨者交往很沒意思，他們不知道這種交往方式是怎樣趕跑了潛在的朋友。當別人期望他們多暴露時，他們卻暴露得很少；而當別人不期望他們過多暴露時，他們卻暴露得太多。結果，在別人眼中他們是冷淡的或不可思議的，別人也因此作出了不願與他交流的反應。

孤獨者因為採用消極的交往方式，並且缺乏必要的社交技能，而難以與他人建立親密的友誼。與這些人交往常常讓人感到不舒服，於是他們很難建立有助他們發展社交技能的人際關係，因而難以擺脫孤獨。心理學家認為，透過基本社交技能的訓練，可以使孤獨者走出孤獨的惡性包圍，並已廣泛應用於心理諮詢與治療的實踐中。

第五章　初涉人脈，消除交際的心理阻力

三、交往中的挫折

由於缺乏必要的社會交際能力和方法，使得他們在人際交往中遭到拒絕或打擊，如恥笑、埋怨、訓斥，他們的積極性就會受到傷害，於是便把自己封閉起來。越不與人接觸，社會交往能力就越得不到鍛煉，結果就越孤僻。

那些能克服孤獨的人，一定是生活在「勇氣的氛圍」裡。無論我們走到哪裡，一定要培養出與人們親密的情誼關係。就好像燃燒的煤油燈一樣，火焰雖小，卻仍能產生出光亮和溫暖來。

如何擺脫孤獨呢？

一、戰勝自卑

因為覺得自己跟別人不一樣，所以就不敢跟別人接觸，這是自卑心理造成的一種孤獨狀態。這就跟作繭自縛一樣，要衝出這層包圍著你的陰影，你必須首先鑽出自卑心理所織成的繭。其實，大可不必因為自己跟別人不一樣而畏首畏尾，因為人人都是既有相同又有不同的。只要你自信一點，鑽出自縛的「繭」，你就會發現與別人交往並不是一件難事。

二、正確評價自己和他人

一方面要正確的認識孤獨的危害，敞開閉鎖的心扉，追求人生的樂趣；另一方面要正確的認識自己和別人，努力尋找自己的優勢。孤獨者一般都沒能正確的認識自己。有的總以為比別人強，總想著自己的優點、長處，自以為是的只看到別人的缺點、短處；有的傾向於自卑，總認為自己不如人，交往中怕被別人譏諷、嘲笑、拒絕，從而把自己緊緊封閉起來，保護著脆弱的自尊心。這兩種人都需要正確的認識別人和自己。

三、與外界交流

獨自生活並不意味著與世隔絕。一個長年在山上工作的地質勘探家說，他常常感到有必要把自己的思想告訴別人，可是他身邊卻沒有人可以傾訴，所以他就用寫信來滿足自己的這一要求。

交際中要充滿自信

當你感覺到孤獨的時候，翻一翻你的通訊錄，也許你可以給某位久未謀面的朋友發個郵件，或者給哪一個朋友打一通電話，約他週末一起去郊遊，或者請幾位朋友來吃一頓飯，你親自下廚，炒上幾個香噴噴的菜，這都別有一番情趣。

和別人分享，溝通是至關重要的。前人種樹，後人乘涼，你溝通得越多，你可以與別人分享的就越多。有時候我們不讓別人擁有我們所擁有的一切，因為我們不想使別人看清自己是怎樣的人，不想把別人放在我們生活的圈子裡。然而，事實上，如果你得到了自己想要的一切，並且與別人一起分享你成功的經驗，使他們與你一同富裕起來，這才是真正對你好的作法。如果你和其他人一樣原地不動，那麼你連自己也幫不了。

外面的世界真的很精彩，快點和孤獨說聲拜拜吧！

交際中要充滿自信

如果說「每個人都是天生的富翁」是因為擁有「人脈」這個財富的話，那麼「自信」在這個財富裡的重要性便是起到了畫龍點睛的作用。在與他人的交往中，自信始終發揮著無法評估的巨大力量。學會培養自信，才能從容面對生活中的各種磨難，為自己的人脈積蓄力量。

擁有足夠的自信絕對可以使你在人際交往的過程中成為一顆璀璨耀眼的明星，這種光芒在照亮你的同時，還能幫助你吸收到更多的能量，為你的人脈網建立更加有效的連接點，助你走向成功之路。

下面是一個大學生憑藉著一張紙條打敗了所有的面試競爭者，並且在短時間內為自己的人脈存摺積蓄了更多的存款的故事，這張紙條的內容只透露出一個資訊，那就是——自信。

有一個還在大四學習的男孩打敗了所有的競爭對手在一家很有名氣的大公司裡謀得了一份職業。這個男孩並沒有高人一等的專業能力，也沒有豐富的工作經驗，那麼他到底是靠什麼成功的呢？原因就在於他很好的運用了自信這個人脈存

第五章　初涉人脈，消除交際的心理阻力

摺的密碼。

在面試的那天，男孩雖然提前了一個多小時就趕到了那家公司，但他還是發現前面排隊的人已經不少於三十個了。他心裡很清楚這個公司將會留下的只有一個名額，於是，他寫了一張便條紙交給了要他填寫資料的工作人員並對她說：「麻煩您，請問您能幫我把這個紙條交給貴公司的面試經理嗎？」工作人員非常詫異，但還是爽快的答應了男孩的請求。當經理打開紙條的時候，發現上面寫有一行工工整整的字：「您好！請您在面試第三十五號之前不要作出任何決定，因為我就是第三十五號。」出於好奇，經理果然沒有在面試到三十五號之前決定錄用的人選。當經理見到男孩的時候，只問了一個問題：「能給我一個錄用你的理由嗎？」男孩微微一笑，鎮定的說：「您知道，現在這個時代，任何地方都充滿了恐懼和害怕，人心總是飄忽不定的。雖然我本身並沒有比其他人更加優越的條件，但是我卻有著一顆自信與堅定的心，而且僅僅憑著這一點，我相信在日後的工作中一定不會讓您和公司感到失望，我更加相信您會給我和公司一個同樣滿意的答案！」

男孩不但被錄用了，而且不到三個月，他就被提拔為經理助理。他用他的自信將經理納入到了他的人脈存摺裡，變成了一筆不小的財富。

假如不是那張便條紙，或許男孩只能是無功而返，而經理也只能成為他人生中一閃而過的過客。因此，想要不斷往財富存摺裡累積資本，那麼就別忽視了自信這個通用密碼。一個不自信的人，別人是不會願意與之交往的，有一個名為吳靜的女孩的經歷就是典型的例子。

吳靜本來是個心高氣傲的女孩子，指考的失利讓她一下子陷入到痛苦的深淵中。她在重考與到臺北工作兩條路上選擇了後者。一個人在外地漂泊的滋味著實不好過。因為她的學歷不高，她始終沒有能夠找到一份體面的工作，這讓她更覺得自己低人一等了。外出工作了三年，也沒有什麼積蓄，但是有些場合她還是不得不硬著頭皮去參加。有一次，家鄉的同學打來電話，邀請她去參加婚禮，無

交際中要充滿自信

法推脫的她只好在發了薪水之後為自己買了一身比較像樣的衣服，搭火車回到了闊別已久的家鄉。「小靜，現在過得不錯吧，看你的這身打扮可真有大臺北人的感覺了！」一個老同學走到她身邊寒暄的說。這句話聽在吳靜的心裡全然不是滋味。她微微抿嘴一笑，並沒有接著話題繼續下去：「你最近如何？在哪裡上班呢？」「我家人透過關係把我安排到了一家銀行上班，待遇一般吧，不是很順心。」老同學的臉上露出了一絲不滿足的神色。其實在銀行上班已經算是很不錯的職業了。畢竟收入穩定，不用像吳靜這樣漂泊。吳靜甚至有些後悔當初沒有聽家人的話選擇重考了。憑著父母的關係，給她在家鄉找一個合適的工作並不是很難。但是現在已經走到這一步了，後悔也是於事無補的。現在每個月領著勉強維持的了生活的薪水，讓她覺得身心疲憊。在同學的婚禮上，熱鬧的場面讓吳靜不免有些喝多了，於是醉醺醺的她對滿桌的同學說：「你們知道嗎？我現在的工作一點都不好，這身衣服還是剛剛買的，就是為了來參加婚禮，花掉了我半個月的薪水，唉，我的日子過得真無奈啊！看看你們一個個的，雖說沒有去大都市，但是比起我來，不知道幸福了多少倍！知足吧你們！我真懷疑自己到底還能不能在臺北待下去了。」說完趴在桌上嗚嗚哭了起來。同學們詫異極了，這還是曾經的那個吳靜嗎？她以前是那麼的自信，身邊有那麼多的朋友，直到現在還有人想要透過她的關係引薦去臺北發展呢，原來她過得如此悲慘，現在連自己都看不起自己了，於是同學們對她失望至極，以後同學結婚再也沒人邀請她來參加了。

吳靜的失態歸根究柢就在於她把最脆弱的一面呈現到了同學的面前，而這致命的一點就是她已經在生活的磨難中失去自信了。誰都不想成為一個被人看不起的人，自然不會再有人想與她過於親密，以免被她同化了。

一個人失去了自信，無疑就等於失去了開啟人脈存摺的密碼，那也就如同親手將人脈存摺扔進了垃圾場一樣，即便是再想撿回來，也不再是一件容易的事情了。世界上沒有後悔藥可買的，所以，別等到失去的時候才知道珍惜，自信一點，將鑰匙緊緊握在手中，千萬別隨意丟棄。

第五章　初涉人脈，消除交際的心理阻力

用自信掃除前進道路上的陰霾

　　自信是對付前進道路上的陰霾最好的武器。人不可能只活在自我封閉的空間中，因此就一定會在人脈這個大網裡遭遇到各種困難和挫折，而這些都是最容易消磨掉意志的殺手。若是你在歷經了種種磨難後，還能夠昂首挺胸的對自己說：「我是最棒的！」那麼你不但征服了自己，也征服了整個世界。

　　著名的發明家愛迪生曾經說過：「自信是成功的第一祕訣。」這用在與人交往上也是一樣的道理。如果沒有自信，那麼你可能一見到陌生人就臉紅心跳，要你開口就更是語無倫次。一般來說，產生這種心理的原因可能是由於覺得自己某些地方不如他人而引發的自卑感，如學歷不高、經驗不足、相貌不佳等。

　　在生活中，因為各種原因而產生自卑的人不在少數，特別是某些生長在農村的孩子，特別容易受到影響。

　　王辰新出生在屏東的農村，因為家境貧寒的緣故，他在上國中之前都沒有穿過一件像樣的新衣服，大多都是穿姐姐穿過的，這也就自然免不了遭到其他同學的嘲笑了。久而久之，他開始抗拒與其他同學一起玩耍，總是默默坐在書桌前拼命的學習。從那時候開始，他就希望能夠透過求學之路來改變自己的命運。於是，他成了學校裡的資優生，順利的考到了市區最有口碑的一所高中就讀。隨著年齡的成長，此時的他已經不再穿姐姐剩下的衣服了，但是他的衣著依舊寒酸。一向沉默寡言的他也顯得越來越不合群了，在他心裡，總是有低人一等的感覺在折磨著這個孤獨且還不成熟的心靈。

　　就這樣，他辛苦的度過了本該是豐富多彩的三年時光。在他的生活中，除了學習還是學習，當然，這種努力也給了他一定的回報——臺灣大學的錄取通知書。

　　這個喜訊對於他那個本來已經很清貧的家庭來說，無疑又是一筆龐大的支出。雖說父母都是農民，但還是極力支持他坐上前往臺北的火車，讓他完成求學

用自信掃除前進道路上的陰霾

的夢想。老夫妻相信等兒子畢業後，一定能夠找到一個好工作，那時他們的生活條件就可以逐步改善了。王辰新滿載著父母和自己的理想，選擇了一個當時最熱門的科系——國際貿易。

說到這裡，你一定會很驚訝吧！像王辰新這種性格的人，怎麼能夠選擇這樣一個科系呢？

其實當時所有人都為他捏了一把汗，如果他無法從從小就形成的自卑陰影中走出來的話，那麼國貿這個科系對他來說就註定是失敗的了。

果不其然，拿著畢業證書的他每次面試都慘遭淘汰。因為他不懂得如何與別人溝通，更不知道說些什麼才能證明自己能夠勝任所應聘的職位。最可怕的是，他連面試官的眼睛都不敢直視，對於一個公司而言，僅僅憑著一張名校的畢業證書，是什麼都代表不了的。接連的失敗，令王辰新痛苦至極，他本以為求學可以改變他的生活，可是他無論如何也想不到會有現在這樣的結果。

其實他失敗的原因一點都不難理解，那就是因為他對自己一點都沒有信心，總是有低人一等的感覺。試想，一個連自己都不能信任的人，怎麼能夠讓別人相信你有能力去做好工作呢？

現實生活中，像王辰新這樣的人大有人在。他們根本不懂得如何去與別人交往，總是自慚形穢，認為自己矮別人三分，別人的一個玩笑可能就會被他們誤解為看不起自己，而且他們往往會選擇逃避的方式，極力躲避公開場合，這種做法逐漸成為了一種惡性循環，讓別人更加無法對自己產生正確的認識，從而也就拉大了彼此間正常交往的距離。

其實，無論在哪種場合，人們在人格上都是平等的，千萬別太低估了自己。一定要拋棄自卑感，大膽率直的進入各種社交圈子，只有這樣，才能在互相的交往過程中，展露出自己的才華，也才能對自己有一個正確的認識。

那麼，如何用自信心去掃除前進道路上的陰霾呢？你只要學會這樣做就可以了：

第五章　初涉人脈，消除交際的心理阻力

一、忘掉自我

你在出席一場重要的雞尾酒會時，是否總有這樣的念頭：我的衣著打扮得體嗎？我這樣與別人攀談好不好？我該不該在那種情況下說一個笑話來緩和氣氛？……別再滿腦子轉著這些念頭了，這只會使你越想越緊張，越緊張則越拘謹，反而更讓你沒辦法與人正常溝通了。不妨先把你自己忘掉，換個角度去考慮一下：對方一定就比我沉著嗎？他比我高明在哪裡？說不定他現在也在擔心同樣的問題呢！這樣不但消除了自己的緊張感，而且還無形中讓你充滿自信，這樣自然就可以使你變得坦然自若、鎮定沉著了。自信的人，絕對可以成為整個酒會上最吸引眼球的人物，你說對嗎？

二、多實踐

社會心理學家指出：一次成功的社會經驗，會極大程度的破除社交恐懼感和增強對社交的自信；多次成功的社交體驗，就會使人對社交形成新的條件反射，學會自然大方的與任何人交往。因此，勇敢的率先邁出社交的第一步，對於清掃你前進道路上的障礙來說，是十分重要的。誰也不是天生的社交專家，只有多多實踐，不斷磨煉自己，才可能讓自信的陽光真正的照耀在心底最陰鬱的角落。

三、發現自己的長處

你善於鑽研？那麼去做科學研究吧！你善於寫作？那麼去做自由撰稿人吧！懂得發現自己的長處，對於你的人生選擇是很有裨益的。能夠得以發揮所長，自然會有出色的工作表現，從而奠定培養自信心的基礎，而且若你身邊的人大多是同職業類別或愛好的人，那麼你的人際交往自然不會再被陰影所籠罩了。

四、懂得自我欣賞

自我欣賞是絕對有必要的，不妨將你曾經妥善完成的工作或傲人的成就一一記錄下來，偶爾翻閱一下，這不但能夠讓你肯定自我的價值，而且更重要的是能夠幫你確信自己的能力，你的信心也會隨之大增；同時，在與他人交往的過程中，還要能虛心接受批評，因為自我欣賞並不代表著目空一切。

五、與朋友保持聯繫

你有幾個月沒有和你的朋友聯繫了嗎？這可不是一件好事情。想要提高自信，朋友的鼓勵和幫助是必不可少的。你一定要主動與朋友保持聯繫，與他們分享你的計劃或理想，就算你開始的時候可能會對自己是否能夠完成任務感到懷疑，但是對方的欣賞和鼓勵絕對能夠幫你樹立超強的自信心，順利達到你所預期的效果。

六、別拿自己當超人

為了與別人打好關係，郭冬臨不惜一切的對身邊人的任何要求都承包下來。其實這是個誤區，因為每個人都不是超人。凡事只需盡力而為就夠了，過分的承諾不但不能給你帶來任何好處，反而會在遇到困難的時候，極速消減你的自信心，日子一久，連自己都開始懷疑自己是否有能力了。所以別拿自己當超人，人與人之間的交往並不是靠「超人」的能力得以維持的。

七、時常讓微笑洋溢在臉上

微笑，是戰勝前進道路上的困難最有效的手段了。不可否認，能夠保持心境開朗，讓微笑時常洋溢在臉上的人，不管在任何場合裡，都是最受歡迎的人。

用誠懇去感動對方

要建立良好的人際關係，誠懇是非常重要的。很多成功者身上的特質，比如說被人尊敬、為人信賴等，都是建構在待人誠懇這個基礎上的。因此，不論對待任何人、面對任何事，都要誠懇以待，這樣才能令你的人脈存摺收獲高利息，更好的為自己服務。

《與成功有約》一書的作者史蒂芬‧柯維曾經在書中這樣寫道：

「如果我嘗試運用人際關係這種策略或手段時，比如說讓別人做我想做的事、讓別人做得更好、讓別人更受到激勵，或是讓別人更加喜歡我──但我對待

第五章　初涉人脈，消除交際的心理阻力

他人卻不夠誠懇，表裡不一或是虛偽狡詐──那麼，長遠看來，我最終還是沒辦法成功。因為我的不夠誠懇會讓人產生不信任，無論我做任何事，就算我運用所謂良好的人際關係技巧，別人也會認為我是在操縱、玩弄他們。無論我的辭藻多麼華麗，或是我的本意多麼美好，這些其實都是不重要的。如果沒有他人的信任，就沒有穩固的根基，也不會有長久的成功。只有擁有做人最基本的誠懇，你的社交技巧才能發光發熱。

因此，對待任何一件事，我們都要誠懇以待，這是非常重要的，就算只是微不足道的一件小事，也必須這樣去做。十九世紀的傳道人菲利普斯‧布魯克斯堅持這樣說：「生命中每一個小小的時刻，鑄成了我們的品格。」

對於曾任美國總統的林肯我們並不陌生，並且有關他的一些事蹟也可謂是耳熟能詳了，那麼，我們為什麼不從他的身上去學習一些有意義的經驗呢？林肯曾經說過這樣的話：「當我卸下總統的職位時，我希望還能留下一個朋友。而這個朋友就住在我的內心之中。」當林肯在任內的時候，他曾遭受許多惡意的攻訐，當他面對這些的時候，他選擇的是誠懇以待，而「誠懇」也正是他最好的朋友。

在美國歷任競選總統的候選人之中，林肯大概是被污蔑、被誹謗、被憎恨最深的一個人了。那時的新聞界公開的為他取了他們所能想到的各種難聽的代號，包括「一隻怪異的狒狒」、「過去劈柴做籬笆，現在想要劈裂聯邦政府的三流鄉下律師」、「低俗粗鄙的滑稽傢伙」、「獨裁者」、「大猩猩」和「小丑」等。當時，還有報紙還把他貼上「美國史上最令人蒙羞、最奸詐狡猾、最不誠實的政客……」的標籤。在林肯宣誓就任總統之後，這些嚴厲和不公平的批評並沒有減少，而這些批評不僅來自同情南方的人士，還來自聯邦政府本身、來自國會、來自他所屬的共和黨。而且，最初的有些批評竟然出自他自己的內閣成員。作為總統，林肯明白無論他做什麼，總會有人不高興。因此，他從來不會因此而灰心喪氣，反而更誠懇的對待每一個反對他的人，當然，這也的確起到了很好的效果。

這也就是說，你一定要像林肯總統一樣，將誠懇待人當作你改變人際關係累

調整好心理期望值再去交際

積人脈的一個有效手段，只有做到了這一點，你身邊的朋友在任何情況下才會理解你、支持你。你有了誠懇這個「朋友」，也就擁有了一本「無限增值」的人脈存摺！

用誠懇的鑰匙，打開褊狹的心扉，這是每個人都必須做到的。而想要成為這樣的人，就必須整本溯源，從基本做起。你要下定決心做個誠實可靠的人，做個讓人信賴的人，並且一定要堅持下去，這樣，你才能消融人際關係的堅冰，才能夠得到他人的信任，別人才更願意與你成為朋友，而你的人脈存摺自然也就因此而增值了。

調整好心理期望值再去交際

當你想為自己的人脈存摺進行儲蓄的時候，一定要調整好自己的心理期望值，並且為之進行不懈的努力，才有成功的可能。若是沒有很好的心理承受能力，那麼你的想法可能從一開始就被淹沒在口水中了。只有具備了良好的心理素養，你才能夠抓住每一個建立人脈網路的機會。

想要調整好心理期望，關鍵還是要解決自己的心理因素，給自己樹立自信，不因外界的影響而改變自己既定的目標。因為別人只能給你外在的提醒或壓力，凡事還要靠你自己的努力才能取得成功。在美國就有這樣一位頗受歡迎的專欄作家，抵住了各方面的壓力，最終打開了通往成功的突破口。

歐瑪．波姆貝克是全美讀者最多而且最受歡迎的專欄作家之一。但是她的起步並沒有人們想像得那麼容易。因為在當時，各大報紙都是由一批大男子主義傾向嚴重的男性編輯所掌握的，而歐瑪卻想要開闢一個與普通美國家庭主婦有關的瑣碎事情的專欄。這在當時，是很多人不曾想過，或是由於各種原因而放棄了的想法。雖然這個主題對於美國報業來說有如一片尚未開墾的荒地一般，必定能夠引起人們強烈的好奇心和關注，但是在家庭主婦這個族群中，不得不承認她們都會有一些共同的特點：她們不再年輕漂亮，不再受人關心和重視；她們將自己

第五章　初涉人脈，消除交際的心理阻力

的後半生都花在教育孩子、照顧寵物、買菜做飯上；她們的工作就是倒垃圾、煮飯、打掃房間；她們擔心自己的體重，她們也努力想要保持一點點女性的魅力。因此，沒有人能夠想像這樣平凡和瑣碎的事情到底能夠帶來怎樣的影響。

固執的編輯勸說歐瑪放棄這個大膽的想法，因為他們根本不相信這種女性題材會對提高報紙的銷量有任何幫助。

她將這個想法述說給朋友聽，但是得到的答案也都一樣：為什麼要去做這樣無聊的事情？妳現在所寫作的題材不是有很多的讀者嗎？何必要給自己找麻煩呢？一旦這種專欄反響不好的話，對你的事業恐怕也會是一個不小的打擊。

但歐瑪並沒有就這樣放棄。她自己就是三個孩子的母親，她了解這些家庭主婦的生活和心理，她始終相信這個專欄能夠引起她們的共鳴。於是她承受住了各方的壓力，憑藉著自身的努力，終於得以在一個小週報上刊出第一篇小專欄文章。文章一經刊出，立即引起了強烈的反響。有很多主婦開始與歐瑪取得聯繫，並且為她介紹更多的報界人士，此時，她先前所希望得到的人脈網路已經基本成型了。

隨後，這個小專欄也影響了那些在報社裡不可一世的男人們，並且他們最終也不得不承認，歐瑪的文章的確值得一讀。

結果，僅僅兩年時間，歐瑪就在全美的報紙上都開設了自己的專欄。

歐瑪的成功不是偶然的，完全是她努力的結果。她事先已經預知到這個專欄的新鮮點一定能夠激發起人們的好奇心，還有很重要的一點她始終堅持自己的想法，不屈服於外界的種種壓力，正是這種良好的心理素養，使她輕而易舉的進入了原本那個她不可能觸及到的人脈網路中，所以，她成功了，她收獲了成功的果實。

在建立自己的人脈網路時，絕不能被莫須有的困難所打倒，始終保持一個良好的心理，主動出擊去尋找每一個能夠拓展自己人脈網路的良機。還有，別忘了抓住人們好奇的心理哦！

讓朋友意識到你的重要性

　　沒有一個人願意與一無是處的人成為朋友，若是你對於他人來說沒有任何的利用價值，那麼你的人脈存摺早晚有一天會入不敷出。因此，當每天太陽從東方升起的時候，你要做的第一件事就是，對著家中那面全身鏡，問問自己：我如何成為被人需要的人？只有一個被需要的人，才能為人脈存摺增加存款，擁有更廣闊的人脈網路。

　　在建立人脈網路的過程中，你可能是一個很討人喜歡的人，但若是你能夠被人需要，那就再好不過了。美國一所州立大學的足球教練韋德，之所以能夠坐上這個很多人都翹首以盼的位置，就是因為他被芝加哥地區高中球員的家長們所需要。

　　芝加哥可以說是運動天才的寶庫，人們對於足球的狂熱經久而不衰，在這樣一座人才聚集的城市裡，幾乎每支主要球隊，都會派一名專門負責招募芝加哥地區球員的人。這些人全部都擁有著廣泛的人脈網路，因而競爭就變得相當殘酷了。

　　在大多數人利用自己的人脈網路去搜尋可能成為優秀球員的天才時，韋德當然也不例外。他每年都會飛往芝加哥與那裡的高中足球隊教練見面不下二十次，這樣做就有可能借助教練的幫助招募到他所需要的球員。但是他深知只做這些是遠遠不夠的，必須能夠讓別人需要他，他才能更加順利的得到自己想要的效果。韋德做了一件其他招募人員都沒有想到的事情。

　　他每隔一段時間就會與芝加哥球員的家長們通電話，詳細告訴他們的父母關於球員在學業、運動以及生活方面的各種表現。若是出現了什麼問題，韋德也會在第一時間告訴他們。這讓球員們的父母覺得很安心，同時韋德便成為了被他們所需要的人。

　　韋德的做法讓他從眾多的招募人員中脫穎而出，而他最後的成功歸根究柢就

第五章　初涉人脈，消除交際的心理阻力

在於他不僅被人所喜歡，而且還被人所需要。

每個人的身上可能都會有某些東西是被他人所需要的，那麼如何將這一面展現出來，就需要掌握一些表現自己的技巧了。

一、在小事上表現自己

人往往都有從一點一滴的小事上評價一個人的習慣，若是你不將小事放在眼裡，根本不屑於將自己的能力發揮在小事上，那麼一旦別人遇到比較棘手的問題時，第一時間是絕對不會想到你的，因為你對小事的滿不在乎會讓人望而卻步。

二、在談話中表現自己

談話可以展現出一個人的修養和學識，若是你的言談舉止能夠做到有條不紊、幽默詼諧的話，那麼一定會給他人留下良好的印象，有了這樣的好印象，當他人需要某方面幫助的時候，就自然不會找那些言語莽撞、說話沒有條理的人。

三、在關鍵時刻表現自己

關鍵就是考驗，但大多數人卻總會犯下在關鍵時刻把事情搞砸的錯誤。要記住，在某些重要的場合下，你一定要比平時表現得更出色，比如面對一場激烈的學術辯論會時，知識淵博的你更要發揮出平日累積的學識和言語上的特長，這樣你就會很容易脫穎而出，成為被他人所需要的對象了。

四、在了解對方的情況下表現自己

想要被他人所需要，那麼所做的事情就要投其所好，當你了解了對方的喜好、特長、交往習慣的時候，就更加容易讓對方接受你，你便能夠成為他人眼中善解人意且富有魅力的人。

五、在對方看不到的情況下表現自己

或許你所做的事情對方當時是無法看到的，此時也別忘記要表現自己。比如在工作中，儘管上司並沒有坐在辦公室裡，你也要一如既往甚至比往常更賣力工作，這種表現一定會透過其他途徑讓上司得知的，當你的上司需要一個踏實能幹

懂得付出，才有收穫

的副手時，那麼他第一個想到的可能就是你。

六、在突發性事件上表現自己

面對某些突發性事件，很多人可能會怕冒風險、怕擔責任而不願意理會，而你若是能在這樣的時刻表現出自己化險為夷的能力，就一定會受到他人的肯定，成為被需要的對象。

美國作家柯達曾說過：「人際網路非一日所成，它是數十年來累積的成果。你如果到了四十歲還沒有建立起應有的人際關係，麻煩可就大了。」因此，時刻不要忘記在任何可以表現自己的地方充分的展現出你的才能，即便你有能登天的本事，卻如同茶壺煮水餃一般倒不出來，那麼自然就沒有了任何的利用價值了。你應該不想成為一個到了四十歲還沒有利用價值的人吧！那麼現在就行動起來吧！

懂得付出，才有收穫

當你面對人生關卡、遭遇困境之際，往往能從好的人脈那裡得到指引和幫助。他們或許無法在事業上給予直接幫助，但有時只需一句話就能讓你受益無窮。會經營人脈者都有共同的感受：「與人結交，真心為貴。」美國知名企業家與激發潛能大師布萊恩・崔西最常掛在嘴邊的就是「真誠的關懷你的顧客」。提升人脈競爭力需要誠心，學會關懷別人。因為人脈的累積是長年累月的，不管是一條人脈，或是由人脈再延伸出去的人脈，都需要長期的付出與關懷。

人脈網路正是因為人們發現彼此互相需要才能得以健康運轉，那麼在這個網路中，你若想要得到，就必須先學會付出。所謂患難見真情，若是一個人在你遭遇痛苦的時候不肯幫助你，甚至還落井下石，那麼必然會如同下文中的山姆一樣，嘗到自己種下的苦果。

凱文是一個誠實又厚道的人，他為人慷慨，忠信友愛，大家都非常喜歡他。

第五章　初涉人脈，消除交際的心理阻力

有一天，他決定外出旅遊，去欣賞一下世界各地的風景。於是，他將所有的家當全部變賣一空，然後買了一匹馬，將行李和糧食放在馬鞍袋裡，準備妥當後便騎著馬上路了。他還沒走多遠，就發現後面有個人騎著馬跟著他。凱文停住了腳步，等到後面的陌生人趕上來的時候，他友善的與他打招呼，問他：「你叫什麼名字？」陌生人回答：「我叫山姆。」凱文得知山姆也是準備外出旅遊，於是兩個人便一起結伴前行了。他們騎著馬向前走，直至走到一股清澈的泉水旁邊時，時間已近正午。於是他們停下來，坐在一棵大樹下面準備吃午飯。

山姆說：「既然我們倆現在已經是旅伴了，那麼就一塊兒吃吧。如果兩個人都打開鞍袋各吃各的，好像很麻煩，要不然這樣吧，我們先吃你的食物，吃光了，再吃我的。」凱文一向豪爽，覺得山姆的建議不錯，便應允了。這樣，他們在接下來的幾天裡，共同吃著凱文帶的食物，旅行了幾天，終於把凱文的東西都吃光了。

現在該輪到吃山姆的食物了，可是到了吃飯的時候，山姆卻自己走到別處一個人吃，不肯分給凱文。凱文不好強迫他，只能忍著飢餓繼續旅行。過了兩天，他實在堅持不下去了，就對山姆說：「我們起初不是說好兩個人一塊兒吃飯的嗎？可是為什麼你把我的食物吃光了，現在卻不肯讓我吃你的食物呢？」

山姆瞧了凱文一眼說：「我可不是笨蛋，從這裡到我們想去的地方說不定還有很長的一段路，我若是把食物分給你，那麼很快會被吃光，那時，我們兩個人就都得挨餓。我留著一個人吃，至少我不會忍受飢餓的痛苦。」

「如果你是這樣想的，那我們就沒辦法再一起旅行了。」

他們走到十字路口後就分道揚鑣了。凱文騎著馬，飢餓的他來到一個破舊的磨坊前，眼見天就要黑了，於是他把馬鞍卸下來，讓馬去吃草，自己則走進那個荒廢的磨坊，準備在那裡過夜。他在磨坊的牆角邊發現了一塊大石頭，為了避免遭到野獸的攻擊，他便藏在石頭的後面，拿鞍袋作枕頭，很快的就睡著了。

沒一會，他就被一陣聲音吵醒了。他偷偷探出頭，在皎潔的月光下，他看見

懂得付出，才有收穫

一隻獅子、一隻老虎、一隻狼和一隻狐狸在一起聊天。獅子忽然說：「我聞到人的氣味了。」聽到這句話，他差一點兒沒被嚇死。不過老虎接著說：「不會有人敢走進這個磨坊的。」狼加上一句：「敢來這個鬼地方，可需要點勇氣。」狐狸表示同意說：「用不著擔心，我們可以照常講我們的故事。」

於是老虎先開口：「你們知道嗎？我們這個磨坊裡邊住了幾隻老鼠，他們也不知道從哪裡搜集來了許多金幣。每當晚上月亮升起之後，他們就會把金幣搬上屋頂攤開，然後在月光下，在閃閃發光的金子旁邊跳舞、玩遊戲。然後到快天亮時，再把金幣搬回他們的黑洞。」

狼接著講他知道的故事：「前面那個國家有個國王，他的女兒得了精神病，一天比一天消瘦，沒有人能夠找到她的病因。據我所知只有一種藥草，能夠治好她這種病，而這種草只有一個牧羊人的手上有，如果能用牛奶跟這種藥草根一起煮給公主喝，那麼就可以治好她的病。」

現在輪到狐狸講了：「離磨坊不到三公里的地方，原來有一座美麗的王宮，地下有一股清泉。可是王宮在多年前已經倒塌，清泉也被泥土和垃圾堵死了。現在只剩下光禿禿的一片荒地了。」

他們講完故事之後，就各自回家了。凱文在確認他們走了之後，便從石頭後面走出來，他想去看看老虎講的故事是真還是假。他爬上屋頂，果然看到那裡有很多金幣，在月光下閃閃發光。幾隻老鼠正在高興的圍著金幣跳舞。凱文學了聲貓叫，老鼠們嚇得落荒而逃，於是他將金幣裝在身上，到附近的村子過夜去了。

第二天，凱文有了金幣終於能夠吃一頓飽飯了，當他舒服的走在大街上的時候，遇到了一個牧羊人，凱文發現他的羊長得又肥又壯，他就跑到牧羊人那裡，問他能不能給自己一些草根。牧羊人本來不是很願意，但凱文給了他幾個金幣，於是牧羊人高興的給了他一些罕見的、神祕的藥草根。

凱文繼續向前走，一直來到公主居住的那座城市。他找到國王，說他能治好公主的病。國王警告他說，如果治不好，就要被處死刑。凱文毫無懼色，要了一

第五章　初涉人脈，消除交際的心理阻力

點牛奶，把草根放在裡面煮開了給公主喝。沒過多久，公主的臉就漸漸紅潤起來了。她又恢復了健康，恢復了快樂。

國王開心極了，決定將公主許配給凱文，並且想要讓他繼承王位。凱文娶了公主以後，將妻子帶到狐狸所說的那個廢墟那裡，挖開了香甜的清泉，並在那裡造了一所漂亮的房子。幾年之後，這個地方變成了一座全世界最美麗的花園。

有一年春天，凱文和他的妻子正帶著孩子在花園中散步。忽然他看見遠處有一個人騎著馬朝他們走過來。當他走近時，凱文認出來這個人就是他曾經的旅伴山姆。山姆吃完了食物後，一直過著落魄的生活，他看到凱文現在過著這麼幸福的生活，便問他是怎麼回事。凱文將事情的經過告訴了山姆。於是山姆也想到磨坊去碰碰運氣，希望自己也能從獅子牠們那裡聽到一些故事，變成像凱文一樣的富翁。

山姆來到磨坊，也藏在大石頭後面，過了沒多久，獅子、老虎、狼、狐狸都來了。山姆高興極了，他認為發財的機會來了，於是就聚精會神的準備聽他們講故事。

獅子第一個開口：「我又聞到人的氣味了。」老虎氣憤的說：「一定是上次那個偷聽我們故事的人。」牠們已經知道有人搶走了老鼠的金幣，於是意識到上次獅子說他聞到人的氣味是對的。「他一定藏在什麼地方了。」狼說。「咱們來找一找。」狐狸說。一會兒的工夫，他們就找到蹲在石頭後面的山姆，不由分說將他拉出來，撕成四塊，分著吃了。

山姆最後的下場歸根究柢就源於他的自私自利。若他不是只貪圖一時的溫飽而背叛凱文，那麼後面的故事或許就都不會發生了。

人脈網路的發展也是一個持續的施與受的過程，不肯付出卻只想得到回報是不可能的，只想讓他人幫助你，你卻不肯在朋友失意的時候伸出援手，那麼你的人脈存摺總會有一天一無所有。

別再算計今天你對別人的付出有多少，你又在哪些人身上占到了便宜，這種

斤斤計較的心態只會讓你的人脈網越來越窄，你需要考慮的應該是如何在自己受惠於人前，先行施予。 如果你的人脈能夠基於大方無私，回饋必將接踵而至。

不要讓害羞成為你交際中的絆腳石

　　提到「害羞」，我們眼前可能會浮現出一個女子以袖遮面、欲語還休的可愛形象。這樣的害羞真是風情萬種。可是，在結交人脈這件事上，我們拒絕「害羞」，而且要把害羞打進冷宮！因為作為一個人脈的渴望者，我們是一個追求者的身份，追求者當然要主動、積極！只有這樣，你才能追到自己心儀的對象！

　　千萬不要讓「害羞」成為阻攔你交際的絆腳石，這種絆腳石可以說是世界上最可惡之極的東西了！因為害羞的人在跟陌生人交談時，常會感到拘謹而畏首畏尾、言不由衷，這是一種對陌生環境、陌生人群的恐懼心理。這種心理雖然稱不上是病，但卻是一種障礙，很多人因為「不好意思」從而喪失了絕好的機會，喪失了功成名就的絕佳機遇。

　　對一個已經步入社會的人來說，拘謹的性格是最要不得的。

　　要解決這一問題並不難，首先你要問一問自己：為什麼你跟自己的父母或者老朋友談話不會感到有任何困難呢？這是因為你跟他們非常熟悉，對自己已經相當熟悉的人，你感到很自然，而一旦面對陌生人就不一樣了。原因在哪裡呢？因為你對陌生人一無所知，特別是進入一個陌生的群體，你就可能會全身不自在，甚至有懼怕的心理。所以，要想在跟陌生人聊天或者談生意時毫不拘謹，關鍵就在於要先把陌生人變成自己的老朋友。

　　所以，在你決定和某個陌生人談話時，一定要主動介紹自己，這樣人家就會樂於跟你聊天，這麼一來你就把握住了第一次的機會。接著你還可以從對方的或是自己的工作入手，隨著交談的深入你可以涉及其他的話題，但選擇的話題一定要雙方都感興趣的。

　　如果遇到那種比你更羞怯的人，你應該首先跟他先談些無關緊要的事，讓他

第五章　初涉人脈，消除交際的心理阻力

心情放鬆，以激起他談話的興趣。話題的選擇要盡量的小心，容易引起爭論的問題，能免則免。同時呢，你要特別留心對方的眼神和小動作，一旦有淡漠、厭惡的表情，應該立即轉換話題。

不管哪種方法，都需要你變得大膽起來！如果你都不好意思與人交談，那麼你還如何將自己推銷出去呢？所以，即使是最文靜的人，如果他要將自己推銷出去的話，那麼最終他成功時也必定成為一個能說會道的、跟陌生人交談臉不紅心不跳的人。害羞，是成功的大忌。如果你不大膽的展示，你的才華和能力怎麼能被人發現，又怎麼能走向成功呢？

害羞的人傾向於在一個有限的社交範圍內活動，他們喜歡在一個固定的小圈子裡交往，反覆做著同樣的事情。他們故步自封，拒絕去擴展新的社交領域。這些問題嚴重影響著一個人的發展。

如果一個人沒有起碼的社交能力，那麼就可能在生活和心理上漸漸脫離社會，這是很可悲的。作為一個正常的社會人，一定要杜絕自己的害羞心理。

伯納德‧卡爾杜奇是印地安那大學東南分校害羞研究中心的教授，他專門研究害羞心理學。而且有趣的是，專門研究害羞心理的他，在青少年時期居然非常害羞。他說，那時他雖然有幾個朋友，但是跟他們交往時候，他也會到非常害羞，無論什麼時候他都感覺總有一面鏡子擺在他面前，這使他忸怩不安。剛開始，對他這方面的問題，他並不以為然，然而從他大學畢業後，他的問題就一個接著一個出來了。因為害羞，他找不到女朋友；因為害羞，他與多次工作機會失之交臂；因為害羞，使他越來越孤單而且更加沒有自信。

卡爾杜奇說：「害羞的人有時也想走出去，和更多的人交朋友，但他們往往不知道怎麼做。在一個新的社交環境，他們交朋友時並不順利，因為害羞的人太忸怩了。如果感到不舒服，他們很快就會逃跑。」

那時，他便是這樣的。可是，後來他意識到了這個問題，他開始正視自己，甚至決心專門研究人類的害羞心理。最終，他改變了自己，成功克服了自己

的害羞心理，並且成為一名世界知名的害羞學大師。

那麼我們應該如何克服自己的害羞心理呢？可以試試以下方法：

一、自信起來，明白你並非一無是處。

我們可以注意到這樣一個有趣的現象：自信的人幾乎不害羞，害羞的人往往是不自信的。所以要克服害羞心理，你就得自信，永遠不要自己說得一無是處。人人都有缺點、也有優點，你一定也有自己的長處。一個人首先要正確、全面的認識自己，要敢於認可自己、肯定自己。想一想你曾經做過的成功的事情，自信是很容易找到的。

二、充分發揮自己的優勢，同時避免劣勢。

如果你確實發現不到自己身上有哪些優點，哪些缺點，你可以問一下自己最要好的朋友，在他們的幫助下，你一定能將自己的優劣勢全部發掘出來。找到以後，靜下心來評價一下自己的哪個優點還沒發揮，要怎麼去發揮；還有哪些缺點是可以忽略不計，哪些缺點是你必須像垃圾一樣丟進垃圾桶的。這樣，清晰的認識自我，你就不會全盤否定自己。

三、請不要躲在一個小角落裡。要站在最惹人注目的地方。

王寶強的成功史相信你絕不陌生，當他還是一個農民，一個毫不起眼的臨時演員時，他就是故意站在最引人注目的地方，讓那些大牌人物看到自己，他沒有像一個普通的臨時演員那樣害羞膽怯。所以，王寶強踏上了一條不同尋常的路，而那些曾經跟王寶強一同擠在橋下的破爛被子裡忍飢挨餓的人，到如今仍然普普通通的生活著。所以，請不要再刻意躲避到一個無人注意的小角落裡，站在更多人面前，你的耀眼光環才更容易被人發現。

四、有什麼話大聲的喊出來。

害羞的人常常底氣不足，跟人說話的時候，唯唯諾諾，不置可否。請改變這種情況，下次與人談話時，如果你確實有想說的，請大聲說出來，讓對方聽清你

第五章　初涉人脈，消除交際的心理阻力

要講的是什麼。將憋在心裡的話大聲喊出來，你就找到說話的底氣了。

五、直視對方。

與別人交談的時候，要直視對方的眼睛，這樣證明你有在用心傾聽對方的談話，這也是一種表達尊重的方式。同時，直視對方也是挑戰自己，培養與人交際能力的一個不可忽視的小方法。

六、請將你的話再重複一遍，別人不會置之不理的。

有些害羞的人，在「勇敢」的說出某句話後，旁邊的人可能沒有聽清，所以沒做回應。害羞的人卻以為自己的話別人不感興趣，所以再次閉嘴，好像從來就沒說過什麼話似的。請杜絕這種心理，將你的話再重複一遍，別人不會置之不理的。

七、請將自己的話說完。

有些本性害羞的人在講話的時候，突然被人打斷了。而後，他也不好意思再繼續自己的談話。「話說一半」的問題，請千萬杜絕，你應該找個機會，將自己的話表達完整，因為可能在場的人對你的談話很感興趣，他們正等著下文呢！

主動出擊才能累積更多的人脈

人際交往的過程常常是這樣的：一方「主動出擊」，表示出與人交往的意向，另一方欣欣然同意。於是雙方有了第一次的合作，然後有了第二次、第三次，最後達成共識，在長期的生意合作中共贏互利。

當面對繁複的社會交際，某些人卻心生膽怯，畏懼不前，明明心裡有與他人交往互惠的欲望，卻壓抑在心中；還有一些人，自視甚高，目空一切，總覺得應該是別人主動跟自己搭訕才對，自己主動出擊彷彿便是有求於人甚至有委於人下的嫌疑。不管是哪方面的原因，這幾種行為無疑使自己陷入被動和極其不利的一面。說白了，所謂的不敢、不好意思、沒有興趣與對方交涉，只是畏懼交際的藉

主動出擊才能累積更多的人脈

口,這將成為阻礙你事業得以深度發展的「絆腳石」。

機遇常在於細微之處,如果你能夠首先對他人表現出興趣,主動與之打招呼,主動與之交往,這等小事看似稀鬆平常,但是就會有很多人在這些貌不驚人的小事情上撞到大機遇。無論你從事何種事業,你都應當具備這種主動與人交往的意識,唯有掌握了主動交際的技巧,好人緣、好事業才會朝你而來。

我們就要做這樣的人——每次都主動伸出手,緊緊抓住每一次結交人脈的機會,把握住每一個隨時要與自己擦肩而過的貴人,抱著「寧可錯殺一千,不能放過一個」的強烈心態,成功的機遇才會不偏不倚撞到你的身上。

那麼我們應該如何「主動出擊」,才能成為生意場上的「萬人迷」和「必勝客」呢?具體說來,我們可從以下幾個方法入手:

一、讓你的微笑甜如蜜糖

客戶來訪,你要對他微笑,這表示歡迎;不小心撞到了他人,你微微一笑,這表示抱歉,可以說微笑是最容易被他人接受的道歉藝術;朋友在關鍵時刻幫了自己一把,送之以一笑,感激之情全在微笑裡洋溢;你將一項重要的任務交給了某位屬下,付之以一笑,這是肯定,也是信任……微笑就具有這樣不平凡的魅力,它暗含著對他人的尊重和接納。

交際就是一面鏡子,你對它笑,它也會對你笑,而且報酬率幾乎是百分之百的,所以把微笑比喻為人際交往的第一張「通行證」,這毫無誇張的成分。

二、正視他人的「心靈之窗」

眼睛是心靈的窗戶,你要進入他人的心裡,就要直逼他人的眼睛。這在人際交往中具有極為重要的意義。你敢於正視對方的眼睛,表示你對他十分關注,表達了你願意與對方交往的願望和誠意。但是,切記正視對方的眼睛並不等於死死盯住,注視也要有分寸。如果你試圖捕捉別人的目光並長時間凝視,這將意味著對別人的侵犯,會讓他感到極不舒服,甚至招來反感。

第五章　初涉人脈，消除交際的心理阻力

三、有意識的發出求助的資訊

美國前總統富蘭克林與賓夕法尼亞州立法部門某議員，曾經處於政治對抗和互相敵視的狀態。但富蘭克林希望雙方能夠和好，於是向對方借閱一本十分珍貴的書籍，該議員雖然驚訝於富蘭克林的請求，但是並沒有拒絕，而且真的將書借給富蘭克林。想不到，雙方的關係，竟然因此緩和起來，最後兩人竟結為至交。

由此可見，在人際交往中，有意識的求助於他人，並不失為一種主動與人交往的策略和技巧。

四、培養自己更加自信的心態

根據研究發現，很多人不能主動與人交往，往往是因為缺乏信心，他們害怕自己的主動交談遭到拒絕或白眼，從而陷入窘迫。事實上，在現實生活中人們都有與人交往的需要，多數人都懂得交際的常識，如果你主動伸出友好之手，一般都能得到相應的回應。所以，樹立起自己的自信吧，主動出擊，你的人脈將無處不在！

五、經常出現在他人面前，別人才能將你記得更牢

第一印象固然重要，但是一次會面以後從此再無往來，那麼再怎樣的至親至交都有可能成為陌路人。所以，記得經常拜訪，頻頻出現在對方面前，如此對方就會習慣於你的出現，再加上第一次會面的美好印象，別人就會永遠記住你！

用肢體語言讓雙方的關係更密切

我們通常以為交談的技巧在於「語言」，事實上最重要的交談技巧並不是語言，而是我們的身體。調查顯示，超過一半的面對面交談是非語言形式的。這就是所謂的「肢體語言」，它通常是在說話之前就已經表達出了我們的感覺和態度，反映了我們對他人的接受度。

有資料顯示，一個人要向外界傳達完整的資訊，單純的語言成分只占百分之

用肢體語言讓雙方的關係更密切

七,聲調占百分之三十八,另外的百分之五十五的資訊都需要由非語言的身體動作來傳達。而且因為肢體語言通常是一個人下意識的舉動,所以,它很少具有欺騙性。

既然肢體語言在人際交往溝通中起著如此重要的作用,那麼在交談的時候,一定要注意肢體語言的利用。尤其是與陌生人交往的時候,善用肢體語言,更能有效拉近彼此間的距離。

在肢體語言中,最能表達自我的就是目光。當你自信而大方的接觸對方的眼神時,無形之中便會傳遞良好的能量。讓對方感覺到自己被關注、被欣賞。那麼他自然就會關注你。使用目光的訣竅是,在跟對方交談之前先靜靜的把目光放在他身上,關注他幾分鐘,慢慢的,他就會轉過身來回應你。

從手勢語言來看,你可以有一定的動作,但不要讓對方覺得你是在表演。雙手攤開的動作是接納的表示,而雙手交叉就流露出你的防衛和不信任。聆聽的時候,偶爾點頭;講話的時候,為了幫助對方理解話題,你可以加一些動作,但要注意說話不要有攻擊性。當然,你講話要有邏輯,避免過分情緒化和冗長。要照顧到對方聽話的習慣,盡量簡潔又不失生動就可以了。

另外的肢體語言,就是表情。過多的臉部表情會起到反效果,而過分不動聲色又會被看成不大真實。那麼,中和一下會更好。讓自己多一些微笑,少一些愁眉苦臉。

總之,與人互動時,如果你希望自己又開放、又親切,不妨採用SOFT 祕訣。

S——Smile 展開你的笑顏。
俗語說「伸手不打笑臉人」,微笑是一種易於被接受的的非語言訊號,給人以友好、熱情的印象。微笑吧,這是你大受歡迎的最簡單和最好的方式。

O—Open Your Posture 張開你的雙臂。
這裡字母「O」代表張開的雙臂。你可以想像一下,當你遇到某人的時候,

第五章　初涉人脈，消除交際的心理阻力

他展開雙臂來歡迎你，這說明他很高興見到你。如果他交叉雙臂站著或坐著，說明他對你的到來一點也不高興。所以，如果你想向對方表達出你的熱情，就張開你的雙臂，即便看起來有點誇張，也比交叉抱著雙臂要好得多。

F——Forward lean 身體微向前傾。

當你和對方談話的時候，身體微微前傾靠近他，這說明你對他說的話題很感興趣，這對他來說是一種恭維，他自然很願意與你交談下去。

T——Touch 接觸。

在很多地方，初次見面的人都要握手，一個熱情而有力的握手能表示出你對對方熱情和友好的態度。握手在同性之間要比異性之間要容易得多，男性在面對女性的時候，會害怕如果自己伸出手而對方不接受，那樣會讓自己很尷尬。事實上，不管是男性還是女性，忽略或者拒絕這種友好的握手都是非常不禮貌的。而女性則會想，如果自己先伸出手，對方會不會有其他想法？其實，不管是誰先伸出手，幾乎所有人都喜歡這種身體接觸。

SOFT祕訣是一種本領，保證能讓你抓住對方的注意力。

下面，我們再來具體看一些有欠妥當的肢體語言，以避免它在你的人際關係中起消極作用：

第一，雙手抱胸。不論是站著或是坐著，都會令人覺得你不相信別人，對於說話的人來說抱胸是一種不服氣的神情。經常做出此動作，不僅會受到別人的排斥，同時亦會使自己產生過於固執己見的毛病。所以，在人際交往中，宜盡量避免這一動作。

第二，蹺二郎腿。在行為學上，坐著時蹺著二郎腿雖然代表著自信與專業，但是過度自信容易變成自誇，說起話就會誇大其詞不切實際，很難取信於人，會讓人產生厭煩心理。所以與人交談時，切忌蹺著二郎腿，以免顯得過於傲慢與不端莊。

第三，無語露齒的怪模樣。除非是在說話的時候，否則就閉上你的嘴巴，千

用肢體語言讓雙方的關係更密切

萬不要出現嘴唇上下振動或者無語露齒的模樣，這樣不但會令講話者分神，更會令人感到你是一位是非很多的人，想要博得別人好感就更不容易了。另外嘴角習慣歪向一邊的樣子，也會帶給人自負、不滿現況的不良印象，這些都是不良的嘴部表情。

第四，用三白眼看人。意指與人對上眼神的時候並沒有正眼看向對方，而是由下向上看，且眼珠是向上吊著看的，乍看之下在眼珠的左、右和下方都會見到眼白，此就叫做三白眼，這在面相學中屬於貧賤之相，而在人際交往中代表懷疑和鄙視，會令別人看了很不舒服，這麼一來你自然無法獲得別人的好感。因此，與人目光正視代表著誠意正直與信心堅定，眼見三白是不良的肢體語言。

第五，坐姿搖擺不定。有些辦公椅子是旋轉式的設計，目的是為了便利在辦公桌上的文件處理，如果你在與人交談的過程中，坐在這種椅子上還左右不停的搖擺的話，相信對方很快就會結束與你的談話，即便不結束談話，那麼對你也不會留下什麼好印象。因為坐不穩代表缺乏耐心與毅力，做事容易虎頭蛇尾、恆心不足，誰願意與這樣的人交朋友呢？

第六，單手或雙手托腮。托著下巴聽別人說話的姿勢一定不好看，同時也代表著疲勞與不耐煩的表情，並顯示其個性是軟弱無助的猶豫性質，所以，在人際溝通中不宜使用。

CONNECTIONS LEDGER

第六章
呵護人脈，把握人際交往的潛規則

人際交往有時候也要「難得糊塗」

人際交往有時候也要「難得糊塗」

　　清代的鄭板橋在即將辭世之時，留下了「難得糊塗」這一名訓。仔細品味，它確實適合於人性叢林中的某些領域。「水至清則無魚，人至察則無友。」有些時候人需要裝糊塗。糊塗是一種大智慧，和那些小聰明比起來，糊塗能使你獲得更多的財富。小聰明的人能聰明一時而不能聰明一世；大智若愚，表面上糊塗的人，不計一時的得失，卻能聰明一世、明哲保身，始終立於不敗之地。

　　在和上司的相處中，我們應學會裝糊塗，蕭何便是很好的例子。當年與劉邦共同打下天下的有功之臣，都非平庸之輩，而最後卻皆被劉邦和呂氏疏遠或加害，唯有蕭何能安度晚年。為什麼會這樣？正是因為蕭何會裝糊塗，他從來不對一些大事持關心的態度，這樣劉、呂便放鬆了對他的警惕。職場中，上司總有他們的特殊權利，一旦你的表現超越了他們，那些心態不好的領導者便會有不安全的感覺，他們不會讓你長期得意下去。這就是人性。耍小聰明的人往往意識不到這一點，所以往往會獲得不好的結果；而大智慧的人懂得裝糊塗，假裝不如上司，讓上司獲得一種優越感，讓他陶醉於他的成就之中。在小事上糊塗一點，在大事上謹慎一點就行了。這樣的糊塗，並非顯示出你的無知，而是顯示出你的智慧。

　　或許你會說，其實你挺糊塗的，但是你依然沒有好的人脈，也沒有什麼財富。其實，你說的糊塗和我說的糊塗並不一樣。

　　我們這裡所講的糊塗是一種清醒的糊塗，即心裡有數而不說出來！在社交中，我們經常需要和人打交道，而在和各種不同的人相處的過程中，我們必須保持清醒的頭腦，認清誰是自己的朋友，誰是自己的對手，我們可以依靠誰，不可以信任誰。對於這些問題，我們必須做到心中有數。這是生活的一個方面，也是我們生存的先決條件。離開了這些認識，我們將生活在盲目之中。

　　心理學研究表明：人普遍有一種優越感，而且一個人的行為、情緒往往與這

第六章　呵護人脈，把握人際交往的潛規則

個優越感有著極大的關聯。一旦他意識到自己的成就，那種優越感便會給他一個爽快的獎賞。反之，如果他感到失敗，而這失敗又是對方造成的，他便會產生一種近乎於專橫的粗暴，並透過行為或語言把這種粗暴施加在對方身上。

所以，不管你是企業家還是公司主管，是白領還是創業人員，都不要以為自己比別人聰明。要知道，自以為聰明的人往往不得善終，而真正大智大慧的人，表面上都似乎有點「愚」。不敗的人生立足於「才」不外露。或許你覺得這樣太過虛偽，但是我們不能不意識到人性的可怕。那是一個陰暗領域，然而，它又是那麼普遍存在。作為人的劣根性，它像個幽靈，纏著人不放。我們往往沒有辦法去解決這些陰暗面的問題，但我們要知道它的存在，並學會裝糊塗。

約翰・沃納梅克曾說：「有些人不知道，自己總是隨身帶著一把放大鏡，當他們願意時，就用它來看別人的不完美。」日常交際中有某種東西在駕馭著人們的情緒，我們一不小心，它就要煽起對方的怒火。「別人的不完美」往往給觀察者一種高人一等的優越滿足感，同時忘記了自己身上的不完美。當我們看到他人的才智，看到他人的成功時，我們心中所湧起的不僅僅是妒忌，還會有毫無來由的厭惡與不屑。當我們看到電視上的這類形象時，我們打心底發出鄙夷的聲音，而生活中，我們自己也無法避免遇到這種情況。

那麼，如何做到難得糊塗呢？最重要的一點就是做事情不要太過認真。

有位智者說，大街上有人罵他，他連頭都不回，他根本不想知道罵他的人是誰。人生如此短暫而寶貴，要做的事情太多了，何必為這種令人不愉快的事情浪費時間呢？這就是有人活得瀟灑，有人活得累的原因之所在。

是啊，千萬不要太過認真了，難得糊塗能讓你有更多的空間和時間去處理你的事情，也能給那些怨恨你的人空間和時間去慢慢化解對你的仇恨。

鏡子通常很平坦，但在高倍率放大鏡下，就成了凹凸不平的山巒；肉眼看上去乾淨的東西，拿到顯微鏡下，滿眼都是細菌。太認真了，就會對什麼都看不慣，就會連一個朋友都容不下，把自己與社會隔絕開來。

古今中外，凡是能成大事的人都具有一種優秀的品質，就是能容人所不能容，忍人所不能忍，求大同存小異，能團結大多數人。他們胸懷豁達而不拘小節，從大處著眼而不會目光如豆，從不斤斤計較、糾纏於非原則性的瑣事，所以他們才能成大事、立大業，使自己成為不平凡的人。

和人相處不過於較真，其實並不是很容易的事情。這需要很高的修養，需要有善解人意的思考方法，需要從對方的角度設身處的考慮和處理問題。多一些體諒和理解，就會多一些寬容、多一些和諧、多一些友誼。想一想，天下的事並不是你一個人所能包攬的，何必因一點點小問題便與人賭氣呢？如果能這樣想，你就不會過於較真了！

三分話決定你一生的財富

什麼是三分話？所謂三分話，就是一種點到即止的說話方式，比如你心裡有十句話，但你只說三句，還有七句話不必對人說。或許你覺得這麼做是一種虛偽的表現，你自以為是個大丈夫，向來光明磊落，沒有什麼不能對別人說的，為什麼非要說三分話呢？其實，如果你仔細觀察就會發現，那些成熟的人、那些久經商場的人，都有著只說三分話的習慣。這不是狡猾，更不是虛偽。和你說話的那個人未必就是可以讓你暢所欲言的人，說三分真話其實已經不少了。

子曰：「不得其人而言，謂之失言。」

意思是說，如果對方不是與你交往很深的人，你也暢所欲言，那對方的反應會是怎樣的呢？你說的是關於你自己的事，對方願意聽你說嗎？如果你和對方的關係很淺，而你還向對方深談，就會顯示出你沒有修養。如果你說的是關於對方的事，你不是他的好朋友，沒有必要和他深談，忠言逆耳，更顯出你的冒昧；如果你說的是關於國家的事，對方的立場如何，你並不知道，對方的主張如何，你也不明白，你高談闊論，更容易招惹怨恨！所以逢人只說三分話，不是不可說，而是不必說、不該說，這與「事無不可對人言」並沒有衝突。

第六章　呵護人脈，把握人際交往的潛規則

即使你覺得自己做事光明磊落，沒有什麼不能說的，但是也不是所有的事情都可以盡情的向別人宣布。說話本來就有三種限制，一是人，二是時，三是地。非其人不必說；非其時，雖得其人，也不必說；得其人，得其時，而非其地，仍是不必說。非其人，你說三分真話，已是太多；得其人，而非其時，你說三分話，是給對方一個暗示，看看他的反應；得其人，得其時，而非其地，你說三分話，正可以引起對方的注意，如有必要，不妨再擇地長談，這才叫做人情練達。

那麼，我們如何劃分以上這些情況呢？又該如何說好這三分話呢？

首先，傳統社會向來重視內外有別。也就是說，在和自己人說話的時候，可以關上門來談話，可以無話不說，什麼事情都好辦。但是對於外人則不一樣，「逢人只說三分話，未可全拋一片心」。辦事要公事公辦，談話也應內外有別。違反這一原則，便會被認為是說話不得體。

其次，從場合上看，在正式場合下說話應嚴肅而認真，事先做好充分的準備，而不要亂扯一通。非正式場合下，便可隨便一些，像聊家常一樣，便於感情交流，談深談透。有些人說話文縐縐的，有些人講話俗不可耐，這就是沒有把握好正式場合與非正式場合的界限。比如「我特地來看你」，顯得很莊重；「我順便來看你」，有點隨意，可以減輕對方的負擔。可是，在莊重的場合說「我順便來看你」就顯得不夠認真、嚴肅，會讓聽話者的心裡蒙上一層陰影。在日常生活中，明明是「順便來看你」，卻偏偏說成是「特地來看你」，則有些小題大做，給對方增加心理負擔。

最後是要注意說話當下的氛圍，在喜慶或悲痛的氛圍中，都講究說話的內容。比如，別人在辦喜事，你就不能說悲傷的話；而別人在辦喪事，你就不能說喜慶的話。

有個老太太去世了，親屬圍在一起商量後事。老太太生前囑咐要土葬，但土葬在現代來看太過繁複，於是大家七嘴八舌，發表各自的看法。老太太的孫子說：「這麼辦吧，老太太死了不是埋掉就是燒掉。現在屍體放在家裡，人來人往

的，總不是長久之計。我看就燒掉吧！既省錢又省事。」這番話聽得在場的人非常惱火，但是這又不是教訓人的時候。如果這個年輕人懂得只說三分話，他可以這麼說：「奶奶走了，我心裡很難過。現在遺體放在屋裡，得趕緊處理。奶奶生前有土葬的願望，可土葬手續太繁複，我看還是趕緊安排火化的好。我是晚輩，說的僅供參考，還是請伯伯嬸嬸們拿主意。」如此一來，不僅表達了自己的想法，還考慮到了長輩的感受，尊重了長輩的選擇！

　　或許你在職場中曾經被一個問題所迷惑了，而你在某人的指點下終於解除了迷惑，於是你的心裡充滿了感激。那麼，你該如何表達你的感激之情呢？有人是這麼做的：當著全辦公室同事的面，抱住這名幫助過自己的同事，大喊：「哎呀，這次多虧了你的幫助啊，真是太感謝你了，你真是我的好朋友，認識你真是我最大的幸運啊！」

　　這個時候，幫助過你的同事或許會感到受寵若驚，但是，其他的同事可能會對你產生反感！你不要驚訝，也不要奇怪，這很正常。這個同事是你的好朋友，認識他是你最大的幸運，那麼別人呢？在這種情況下，你依然需要說三分話。比如你可以在辦公室裡淡淡的表達你的謝意，之後找一個時間和對方單獨在一起，再次表示感謝，這樣效果會更好。要知道，從不同的角度來區分，感謝有不同的種類：有對對方個人的感謝，也有對對方公司的感謝；有對對方行為的感謝，也有對對方人品的感謝；有個人之間的感謝、有團體之間的感謝，也有國家之間的感謝；有語言的感謝，也有禮物的感謝；有口頭的感謝、有電話感謝、有信函感謝等等。選擇哪種感謝方式關鍵是看你所處的情況。

學會保持沉默

　　任何事情都是過猶不及，與人分享自然也不例外。偶爾學會閉口，給自己多一些保留，這無疑是對自己負責任的一種態度和做法。千萬別口無遮攔、無所保留的將所有的話都說給別人聽，甚至恨不得將心掏出來給別人看，這樣做不但

第六章　呵護人脈，把握人際交往的潛規則

對你的人脈網路沒有好處，而且還容易讓自己受到傷害，正所謂「害人之心不可有，防人之心不可無」，因此，話到嘴邊留半句才是最妥當的做法。

「分享」的確在你的人脈流通中起著不可或缺的作用，但這並不代表著什麼事情都能去與別人分享，有時候，過分相信他人是走極端的行為，在這個社會上，有些事情是不能與別人分享的，一旦過度，就會給自己招來麻煩。人心隔肚皮，不要以為你自己光明磊落、心胸坦蕩，別人就都會與你一樣。偶爾學會閉口，對自己也是一種保護，否則，你的某些不必要的分享就會成為自己成功的絆腳石，就容易犯下與安娜一樣的錯誤。

安娜在大學期間攻讀的是廣告科系，她是個很有想法和創意的人。其作品經常會受到老師和同學們的稱讚。而且她的作風十分低調，從來不炫耀自己的能力，也不會因此而低看別人，因此她的人緣非常好。

臨近畢業的時候，她透過老師的幫助，來到當地一家頗有名氣的廣告公司實習。剛剛走出大學校門的安娜一如學生時期的作風，默默努力工作，不到一個月就贏得了良好的口碑。

實習的試用期是三個月。在這三個月期間，若是她表現良好，就能夠獲聘為正式員工。在這樣一個大公司裡能夠謀得一份職業，對於一個剛剛畢業的大學生來說是非常有前途的，因此，安娜更加積極努力的去完成工作，小心翼翼的與同事們相處，希望能夠在這裡為了自己的理想而奮鬥。

她的勤奮能幹，使得她在幾次的創意企劃中都受到了老闆的好評，這著實讓她心裡很高興。她不但獲得了事業上的一個起步，而且還與一位年長她五歲的廣告部經理成了好朋友。當安娜在工作中遇到困難的時候，這位經理總是友好的幫助她，關心她，於是安娜將她當成了無話不談的知己好友。

三個月的時間很快就過去了，如果她被聘用為正式員工的話，那麼第一點要談清楚的就是薪酬問題。因為廣告行業是屬於靠創意吃飯的工作，酬勞通常是依據表現而定，對於安娜來說，她沒有過這樣的談判經驗，於是她找到了廣告部經

學會保持沉默

理，想讓對方給自己出些主意。

經理說：「若是老闆想要留下你，你一定要先弄清楚自己的價值，他一定會問你要求年薪多少，到時候你儘管說出來你的想法，不要害怕。」

「那麼您說我要求多少合適呢？」

「在我看來，你的價值不應該低於年薪十萬。你值得這個薪水。」

「好的，我知道了，謝謝您，經理。」

由於安娜在試用期的良好表現，她被正式錄用了。當她走出老闆辦公室的時候，簡直可以用欣喜若狂來形容她此時的心情，她迫不急待的跑到經理身旁對她說：「我真的很高興，老闆決定正式錄用我了！你知道我是多麼希望能夠留下來的！」

「太好了！真為你高興，你們談定的薪水是多少？」

「你絕對不會相信的，老闆承諾給我十五萬的年薪，比我的預期還要多啊！這真是令人興奮的事情！」

安娜只顧著自己沉浸在喜悅之中，並沒有注意到經理的臉上已經沒有了笑容。

經理在心中默默念叨：「十五萬，都跟我的薪水差不多了，我已經來了快兩年才有這樣的待遇！」

第二天老闆找到安娜，對她說：「抱歉，你不能來公司上班了，我們只是個小公司，雖然你跟大家相處得很和睦，但是你卻將我們私下談好的薪水告訴了別人。現在同事們都要造反了，沒有人願意再與你共事，實在很遺憾。」

安娜沒有想到會是這樣的結果，但這卻是個事實，她失業了。

有些事只是關乎於你個人的，所以實在沒有必要透露給他人知道，比如薪水、年齡、病史等等。別跟任何人談論這些事，連提也別提，否則就會成為他人攻擊你的把柄。還有，對於別人透露給你的一些事情，也不要到處去散播，亂傳話的毛病一定會害了你，在這方面，以下有一個發人深省的故事。

第六章　呵護人脈，把握人際交往的潛規則

　　有一位在十六世紀深受愛戴的羅馬牧師，因為他的善解人意，不論富人還是窮人，貴族還是平民，都喜歡追隨著他，喜歡到他這裡來傾訴煩惱。

　　這一天，牧師在路上遇到了一個年輕的女孩子。

　　女孩子對牧師說：「親愛的牧師，我現在覺得很苦惱，不知道為什麼，我所有的朋友都不喜歡與我在一起了，可是我以前的確是擁有很多朋友的啊，他們都喜歡與我談心，和我一起玩耍。」

　　牧師向她詢問了一些問題，立刻找到了原因所在。其實這個女孩子的心地很善良，但是最致命的一點就是她經常拿朋友的事情說三道四，而這些閒話傳出去後，一定會給別人造成許多傷害，雖然這個女孩子本意並不是如此。

　　於是牧師對她說：「你如果想解除現在的煩惱，那麼現在就去市場上買一隻母雞，沿著城鎮的小路一直走，並且在走路的過程中，你要不停的拔下雞毛並四處撒去，直到雞毛被拔完為止。然後，你回到這裡來找我。」

　　女孩雖然不明白牧師叫她這樣做的原因是什麼，但是為了消除自己的煩惱，她沒有任何異議。於是，她買了雞，走出城鎮，並遵照吩咐拔下雞毛。然後她回去找到牧師，告訴他自己按照他說的做了。

　　牧師接著說：「那麼現在你要做的就是，回到你來的路上，撿起剛剛被你拔下來的所有雞毛。」

　　女孩有些為難的說：「怎麼可能撿回所有的雞毛呢？剛剛在我扔掉的時候，風已經把它們吹得到處都是了。也許我能夠撿回一部分，但是我不可能撿回所有的雞毛。」

　　「沒錯，孩子。你無法撿回所有的雞毛，就如同你無法收回你曾經脫口而出的愚蠢話語一樣啊！當你到處對別人散播著一些有關你朋友身上的事情時，這些話不也是如同雞毛一樣散落路途，口耳相傳到各處嗎？那麼你是否可能跟在他們後面，在你想收回的時候就收回呢？」

　　女孩說：「我知道朋友離開我的原因了，謝謝您，尊敬的牧師。」

當你的朋友樂於與你分享的時候，那是出於對你的信任。儘管有些事情可能無傷大雅，但是也要學會閉嘴，千萬不要主觀的認為一些小事情說出去對朋友是沒有傷害的，等到你無法再從朋友那裡得到隻言片語的時候，就一切都來不及了。毀掉一段感情很容易，但是想要再挽回卻可能比登天還要難啊！

還有一點需要注意的是，千萬別將朋友對你的信任毀於一旦。不管他人如何好奇你所知道的某個人的祕密，都不要洩露出去半個字，否則你就是個天大的笨蛋和傻瓜了！特別是一些與他人隱私有關的問題，就更加要守口如瓶了。只有這種保密，才能換來朋友更多的信賴與支持，才能夠讓你的人脈存摺處於良性的循環中，發揮它應有的作用。

朋友，也需要你去「投資」

在西方，有些行為學專家曾經提出過這樣的理念，他們認為，每個人的一生之中，大概能夠與二百多位朋友進行交往，而最核心的一般會有五十位左右。有些人看上去朋友甚多，但真正能夠稱得上交情深厚的卻屈指可數，比如經常活躍在各種應酬場合的人士，看起來人脈資源豐富，但到了最後願意為其兩肋插刀、雪中送炭的卻都不是這些看起來熱情卻只是點頭之交的人。因此，在你透過各種應酬為自己的曝光率奠定良好基礎的同時，一定要時常去對你人脈網路中的朋友進行感情投資，讓他們成為核心人物。

曝光管道一旦被打開，那麼你就需要具備一些「投資理念」了。只知其一，不知其二是很可怕的事情。在茫茫人海中，既然你能夠與人相逢，那麼絕對是緣分不淺。雖然相處的時間不長，但你們之間的關係卻是值得珍惜、值得發展下去的。當與對方分開後，仍然需要保持一種互相聯繫、歷久彌堅的關係，否則你就別指望著在某次聚會中認識的一位經紀人，日後給予你一些可靠的內幕消息。可是生活中偏偏總是有這樣的人，他們生來就很貪婪，對於自己所得到的不知滿足，總希望能夠得到更多，而到最後，也就只能是落得個如同窮人的錢袋一樣

第六章　呵護人脈，把握人際交往的潛規則

的下場。

在一間十分破舊的屋子裡，住著一個窮人，他窮得只剩下一個能夠勉強下嚥的饅頭了。

他躺在破爛的被褥上，想著今天被富人從大門趕出來的遭遇，自言自語的說：「我窮得快要餓死了，可那些富人卻連一口米飯都不肯給我，我真的好想發財，如果我發了財，一定不會做個吝嗇鬼。」

這時候，上帝突然出現在窮人面前，說道：「你的願望我可以幫你實現，現在就讓你發財，我會給你一個有魔力的錢袋。」

「這個錢袋裡永遠都會有一塊金幣，是拿不完的。但是，我只有一點要求，就是當你覺得夠了時，要把錢袋丟掉才可以開始花錢。」上帝又說。

說完，上帝就不見了。在窮人的身邊，果真有了一個錢袋，裡面裝著一塊金幣，窮人把那塊金幣拿出來後，裡面便又有了一塊。於是，窮人不斷往外拿金幣。窮人拿了整整一個晚上，金幣已經有了一大堆了。窮人想，天啊，這些錢足夠我用一輩子了。

到了第二天，他感到很餓，想去外面買些吃的回來。但是，他捨不得將這個錢袋扔掉，於是，他又開始從錢袋裡往外拿錢。

日子一天天過去了，窮人現在完全有能力去買吃的、買房子、買最豪華的車子。但是他仍然對自己說：「還是等錢再多一些的時候再說吧。」

他不停的拿錢，金幣已經快堆滿整個屋子了。可是，他的身體卻變得越來越虛弱，頭髮全白了，臉色蠟黃。他虛弱的對自己說：「我不能扔掉錢袋，金幣還在源源不斷的出來啊！」

終於，他倒在長凳上，死了。

貪得無厭的人，到最後只能是一無所獲。同理，你的人脈網路也是這樣的。也許你已經學會了如何去增加你的曝光管道，而且也將這個方法運用得很好。但是，你總是希望自己能夠認識更多的人，就如同錢袋中的金子一樣，源源不斷

133

的將他們從口袋中掏出來，可是這又有什麼用呢？金子並沒有幫助窮人買到吃的、穿的、住的，這些寶貴的資源完全被浪費掉了，這難道不是一件讓人惋惜的事情嗎？

因此，如何讓你本身所擁有的財富發揮出最大的價值，就是我們所說的投資理念了。這個理念不難理解，用一句話便足以概括，那便是「常用的鑰匙最有光澤」。想要將這把鑰匙擦亮很簡單，你只需要做到下面這兩點就可以了。

時常聯絡感情

平時注意和周圍的人培養、聯絡感情是最好的投資方式。

朋友之情若是久不聯絡，那麼一定會疏遠，當彼此變得陌生的時候，你再去託他辦事時，恐怕會很難成功，除非是某些關係到他個人利益的事情。因此，不要忘記時常與朋友聯繫的重要性，你不想投資，是不可能獲得回報的。劉備正是在這一點上做得很好，才為他撿回了一條命。

當年劉備在讀私塾的時候，十分聰明，又講義氣，因此他的同學與他都有很深的交情。後來大家分開之後，劉備還不忘與這些同學時常保持聯繫。其中有一個名叫石全的人，家中很貧苦，但是劉備一點都沒有介意他的家庭條件，常常邀請石全到自己家來做客，與他暢談天下局勢。

後來，劉備在一次戰役中兵敗，遭到敵人的追殺，幸虧石全冒著生命危險將劉備藏了起來，救了劉備一命。

別相信酒桌上的朋友興起的時候所說的「上刀山，下火海」、「為朋友兩肋插刀」之類的話，人與人之間的情感是需要維護的，若你不懂得時常與他們聯絡感情，那麼再好的朋友也會漸漸的與你陌生。所以，你一定要真誠的維持分開之後的朋友關係，那才能使你們的友誼之樹常青。

第六章　呵護人脈，把握人際交往的潛規則

注意細節

在日常生活中，不難發現有些人會犯這樣的過失：一旦與對方建立了很好的朋友關係，就不再覺得自己有責任去保護友情了，這樣就容易忽略雙方關係中的一些細節問題。一個叫美玲的人就做過這樣的傻事。

美玲在一次公司舉行的宴會上認識了江濤。江濤是某公司的負責人，平時工作十分忙碌，難得有時間參加這樣的宴會。席間，美玲與他越聊越投機，大有一見如故之感。之後的日子裡，兩人的聯繫也比較頻繁，他們對雙方都十分有好感，沒過多久，便成了無話不談的好友。

但是有段時間，江濤有一項重要的企劃案需要親自負責，這樣兩個人見面的機會少了很多。美玲開始不滿足於僅僅是通電話的聯絡了。有一天，美玲沒有事先通知江濤，便直接跑去了他所在的公司。江濤的祕書示意美玲稍等片刻，由她先去通報一聲。但是美玲心想：我和江濤的關係那麼熟了，還用得著事先通報嗎？於是便直接推開了辦公室的門。

尷尬的一幕發生了，辦公室裡所有的人都一致的將眼光轉到了美玲身上。原來，江濤正在為部門負責企劃案的人員開會。美玲的貿然闖入，不但打擾了他們的工作，而且也讓江濤感到十分沒面子，江濤很生氣的對她說：「你出去等一會，我這忙著呢。」美玲只得低頭關上了門。

可想而知，這一個小細節，對雙方關係的影響會有多麼深刻。

因此，千萬別因為你與朋友的關係良好，就不顧及他人的感受了，很多時候，往往就是因為不注意這樣的細節，才導致朋友逐漸離你而去的。　如果你的朋友在你生病的時候會為你流淚不要貿然打擾他人，在需要解釋的時候別認為對方能夠理解，不要隨意說一些可能傷害到朋友自尊的話，這些全都是該注意的。

，在你痛苦的時候會借你肩膀，在你失意的時候會給你鼓勵，那麼你的投資

就可以算是成功的了。告訴你一個最簡單的投資辦法，也是最受用的，那就是在朋友健康平安的時候與他們交好，而在他們落難或艱難的時候伸出你最熱情的雙手。在通常的情況下，在危急時刻建立的友情不僅極為有用，而且還能換得很好的口碑，為你吸取到更多的人脈。

以和為貴，避免孤立

　　在人海中，如果我們不想被孤立，那麼就要學會如何與人相處，並非要求你得喜歡所有的人，但要學會互相留台階，大家給面子。

　　為人做事難免與人有口舌之爭，然而有「心眼」的人總是以和為貴，盡量避免爭論，贏得別人的好感，那麼在人海中，就不會被孤立。

　　著名的心理學家卡爾・羅傑斯在他的《如何做人》一書中寫道：

　　「當我嘗試去了解別人的時候，我發現這真是太有價值了。我這樣說，你或許會覺得奇怪。我們真的有必要這樣做嗎？我認為這是必要的。在我們聽別人說話的時候，大部分的反應是評估或判斷，而不是試著了解這些話，在別人述說某種感覺、態度和信念的時候，我們立刻傾向於判定『說得不錯』或『真是好笑』、『這不正常嗎』、『這不合情理』、『這不正確』、『這不太好』。我們很少讓自己確實去了解這些話對其他人具有什麼樣的意義。」

　　這是因為我們善於以自我為中心，過分相信自我的標準。因而在日常的人際交往中，我們遭遇太多的爭論，造成太多心與心的嫌隙。在那些自以為是的爭論中，我們竭盡全力的捍衛那些並不全面、不成熟的觀點。對那些無關緊要的問題與不足稱道的異己意見，我們給予太隆重的對待。

　　一場狂風暴雨般的唇槍舌箭過後，我們得到的僅是「心亂」，失去的卻是「親密無間」，此外，我們還能得到些什麼？在過後的日子裡，我們發現那是嫌隙與隔膜。我們因此又多了一個「敵人」。在以後的日子裡，我們又有更多的機會鍛煉我們那銳不可當的口才了。

第六章　呵護人脈，把握人際交往的潛規則

　　卡內基極為悲觀的說：「你贏不了爭論。要是輸了，當然你就輸了；如果贏了，還是輸了。在爭論中，並不產生勝者，所有不願敵對的人在爭論中都只能充當失敗者，無論他（她）願意與否。因為，十有八九，爭論的結果都只會使雙方比以前更相信自己絕對正確。或者，即使你感到自己有錯誤，卻也絕不會在對手面前俯首認輸。在這裡，心服與口服本應設法達到應有的統一，但人的固執性，將雙方越拉越遠，到爭論結束，雙方的立場已不再是開始時的並列，一場毫無必要的爭論造成了雙方可怕的對立。所以，天底下只有一種能在爭論中獲勝的方式，就是避免爭論。」

　　正如班傑明・富蘭克林所說的：「如果你老是爭論、反駁，也許偶爾能獲勝，但那是空洞的勝利，因為你永遠得不到對方的好感。」

　　你在爭論中可能有理，但想要改變別人的主意，你就錯得太徒勞了。從人自稱自己是萬物之靈的那一刻起，其個性似乎就已犯上了同樣的毛病，一種自我優越感、自我權威感在內心、在頭腦、在全身滋長著，並藉著社會心理的奧妙遺傳，一代代的繼承了下來。當「能夠承認自己錯誤」成為一種難能可貴的、可供稱讚的美德時，那一種「優越」與「權威」便在社會上取得了其普遍的地位，並因而在體內確立了其支配地位。正因為如此，人們才將廉頗的負荊請罪，李世民的善於納諫千古傳頌。「認錯」這一簡單的行為，在現在人的心中有著何其沉重的分量。我們難道不是因為我們缺乏足夠的勇氣去推翻心中的「自我權威」，並進而消滅多餘的「自我優越」？我們心中有那麼一種毀滅的衝動，卻衝不破那一層古怪的心理障礙。

　　在熱鬧的爭論中，我們日益變得孤立。當所有人都不對我們表示好感時，我們終於體會到「人大多時候都寂寞」的悲淒境地。所以，讓我們回到平凡的生活中來，聽一聽林肯是如何斥責一位與同事發生熱烈爭吵的青年軍官的：

　　「任何決心有成就的人，絕不肯在私人爭執上耗費時間。爭執的後果不是他所能承擔得起的。而後果包括發脾氣，失去了自制。要在跟別人擁有相等權利的

以和為貴，避免孤立

事物上多讓步一點；而那些顯然是你對的事情就讓步的少一點，與其跟狗爭路，被牠咬一口，倒不如讓牠先走。就算宰了牠，也治不好你被咬的傷。」

是的，我們承擔不起後果，「就算宰了牠，也治不好你被咬的傷。」所以我們寧願在一定基礎上作出讓步，以避免爭論。

如今，我們已經有了足夠的心理準備，我們已下定決心盡量避免爭論。然而，麻煩的是，我們並不太了解我們應該怎麼做，這樣是有可能遭到「自我優越」與「自我權威」的反攻的。

所以，我們要學會「承認自己也許會錯」。蘇格拉底一再告誡門徒：「我只知道一件事，就是我一無所知。」

我們試著用這麼一種句式：「嗯，是這樣的！我也有個想法不過我也許不對，我常常出錯，不過希望我能被原諒，啊，依我看，這是──」結果，我們在任何場合下都暢行無阻，因為沒有人會反對「你也許不對」的看法。

所以，在承認自己錯誤的同時，我們便已備下了滅火劑。但這也許並不夠，因為滅火劑也會有失靈的時候。所以，我們在小心翼翼的試圖指出對方顯然是錯的地方時，我們不得不採用一些適當的方法。

三百年前的伽利略說：「你不可能教會一個人任何事情；我只能幫助他自己學會這件事情。」

所以我們「必須以若無實有的方式開導別人，提醒他他所不知道的其實是他忘記的。」因為不論你用什麼方法指責別人──眼神、語調、手勢、話語，只要你告訴他他錯了，他就絕不會對你善罷甘休。因為，你直接打擊了他的智慧、判斷力、榮耀和自尊心。他絕不會改變他的想法，而會只想著反擊，人類的好鬥性此刻暴露無遺。即使你搬出所有柏拉圖或黑格爾的邏輯，也改變不了他的看法，因為你傷了他的感情。在日常的瑣事中，支配人們行為的往往不是理智，而是感情。所以我們開始尊重對方的意見，並不直截了當的指出他人錯了。

學會了以上技巧，我們似乎已經完全避免了爭論。事實上，從一方面來看，

第六章　呵護人脈，把握人際交往的潛規則

確實是做到了。我們千言萬語的要求人們推翻心中的「自我優越」與「自我權威」，我們自以為自己已經做到了這一點。

然而在後來的行動中，我們卻一直假定自己是「對」的，而對方是錯的，我們一直以一種「正確者」的高姿態在談論其實我們也有可能是錯的的「爭論」。因此，現在我們不得不先承認自己是錯的。因為在生活中，我們不可能永遠是「正確者」。我們也有「錯誤」的時候。蘇格拉底的謙虛，使得我們任何一人都不敢妄自稱大。

事實上，在前面我們已深深領教了「死要面子」的苦果，所以，此時，我們不再面臨任何的障礙，我們有足夠的勇氣和力量，用來迅速而真誠的承認自己的錯誤，這是最明智的選擇。

避免爭論，就能贏得好感，在人海中，我們將不再孤立。

尊重對方，不揭人短

有句俗話叫「打人不打臉，罵人不揭短」。沒有一個人願意讓別人知道自己的短處，所以，在與人相處時，即使是為了對方或是為了大局必須指出別人的缺點時，也要講究策略和方法。否則，達不到你的目的，這也是做人的一種手段。

我們每個人都會有缺陷、弱點，這也許是生理上的，也許是隱藏在內心中的不堪回首的經歷。尤其是在生理上的缺陷，本人無法去改變它，而且內心可能也常為此懊惱。所以萬不可以拿對方的缺陷來開玩笑，就算為自己的利益著想，也不應去觸痛別人的「傷疤」。因為對任何人來說，被擊中痛處，都會引起不快。

明太祖朱元璋出身貧寒，做了皇帝後，自然少不了有昔日的窮親戚朋友到京城找他。他們以為朱元璋會念在舊情上，給他們個一官半職，可是他們不知道，朱元璋最討厭別人揭露他的過去，認為那會損害他的威信。有一位朱元璋兒時一塊光著屁股長大的好朋友，千里迢迢、幾經周折的總算進了皇宮。一見面，這位老兄便大嚷起來：「哎呀，老四，你當了皇帝可真是威風呀！還認得我嗎？當年

尊重對方，不揭人短

「我們可是一起光著屁股玩耍，你做了壞事總是讓我替你挨打。記得有一次我們一起偷豆子吃，背著大人用破瓦罐煮。豆還沒煮熟你就先搶過去，結果把瓦罐都打爛了，豆子撒了一地。你吃得太急，豆子卡在喉嚨裡還是我幫你弄出來的。怎麼，你都不記得啦！」這位老兄喋喋不休的嘮叨個沒完，朱元璋早已坐不住了，心想，這個人太不知趣了，竟然在文武百官面前揭我的短，讓我這個皇帝的臉往哪兒擱。盛怒之下，朱元璋下令把他殺了。

這位朋友之所以掉了腦袋，就是因為他揭了身為天子的短，所以，他人頭落地也就不足為奇了。

要做到待人處世不揭人之短，就要了解對方的長處，也了解對方的不足。這樣才能「知彼知己，百戰不殆」。因為每個人都會有自己的個性和習慣，有自己的需求和忌諱，如果對所交際的對象一無所知，那麼交際起來，就難免會有困難，也極容易踩到地雷。

有時候，對方的缺點和錯誤無法迴避，必須直接面對，當你指出對方的缺點和不足時，要顧及場合，別傷對方的面子。這時就要採取委婉含蓄的說法，淡化矛盾，避免發生衝突。尤其是要注意「避人所忌」，面對別人在生活中遇到某些不盡如人意的事時，最好不要主動引出這些有可能會令對方尷尬的話題。

隨隨便便說人家的短處，或揭發別人的隱私，不僅有損別人的聲望，且足以表示你為人的卑鄙。首先你要明白，你所知道的關於別人的事情不一定可靠，也許還有另外許多隱衷並非你所知道的，你若貿然將你所聽到的片面之言宣揚出去，這樣非常容易顛倒是非、混亂黑白，話傳出去就收不回來，事後當你明白了全部真相時，你還能來得及做更正嗎？

人世間的關係大多是非常複雜的，若不知道其內幕，就不宜胡說八道。社會上總有那麼一些人，專好興波助浪，把別人的是非編得有聲有色，誇大其詞的逢人就說。世間不知道有多少悲劇由此而生。相信，你不會選擇做這種人的，但只要是偶然談論別人的短處，也許無意中就為別人種下悲劇惡果，而惡果滋長到什

第六章　呵護人脈，把握人際交往的潛規則

麼程度，並是非你所能預料的。對你無益，於人有損。

要是有人向你說某某人的短處時，你唯一的辦法是聽了就算了，就像別人告訴你的祕密一樣，聽後謹記應閉上金口，不可做損人的傳話筒，並且不要相信片面之詞，更不必記在心上。談論別人，不可以只憑片面的觀察就在背後批評別人，除非這個批評有益於人。說一個壞人的好處，旁人聽了只當作你是無知。若是把一個好人說壞了，那就不僅是損害自己的品德問題了。

那麼，怎麼才能做到在做人處世中盡量不揭人之短，給人保留面子呢？

第一，必須了解對方，做到既了解對方的長處，也了解對方的不足。這樣才能在交際中做到「知己知彼，百戰不殆」。

第二，要善於擇善棄惡。在做人處世中要多誇別人的長處，盡量迴避對方的缺點和錯誤。「好漢願提當年勇」，又有誰願意提及自己不光彩的一頁呢？特別是如果有人拿這些不光彩的事情來做文章，就等於在傷口上撒鹽，無論誰都是不能忍受的。

第三，指出對方的缺點和不足時，要顧及場合，別傷對方的面子，尤其注意不要在對方下屬或家屬面前批評對方。

第四，巧給對方留面子。有時候，對方的缺點和錯誤無法迴避，必須直接面對時，這時就要採取委婉含蓄的說法，淡化矛盾，以免發生衝突。而在現實中待人處世時，我們周圍許多人說話往往太過於直接，結果好心卻辦了壞事。

尊敬別人，是談話藝術的必要條件。傷害對方，只不過是逞一時之快，這樣對於人於己都沒有好處。你如果不想別人損害你的尊嚴，那麼你也千萬不可以損害別人的尊嚴。如果明太祖的兒時玩伴不在朝堂上損害朱元璋的自尊的話，也不會落得被殺的下場。隨隨便便說人家的短處，或揭發別人的隱私，不僅有礙別人的聲望，也顯示出你為人的卑鄙。

要有自知之明

要有自知之明

　　法國哲學家羅西法古說：「如果你想要得到仇人，就表現得比你的朋友優越；如果你要得到朋友，就要讓你的朋友表現得比你優越。」當我們讓朋友表現得比我們優越時，他們就會有一種得到肯定的感覺，但是當我們表現得比他還優越時，他們就會產生一種自卑感，甚至對我們產生敵視情緒。

　　因為任誰都會在自覺不自覺中維護著自己的形象和尊嚴，如果有人對著他過分的顯示出高人一等的優越感，那麼無形之中就像是對他自尊的一種挑戰與輕視，同時排斥心理乃至敵意也就油然而生。

　　人應該有自知之明，誇口、說大話、吹牛的人，常常是外強中乾的，而且他們的目的只不過是為了引起大家對他的關注，以滿足自己的虛榮心。朋友、同事相處，貴在講信用。自己辦不到的事情，胡亂吹噓，會給人華而不實的印象。吹牛者在人際交往的圈子裡終究會有無法立足之日。

　　成功的歡樂不亞於嘗到幸福的果實，成功的希望牽扯著每顆跳動的心靈。可是，在追求成功的奮鬥中，信心、自信固然是支柱，可有人卻攜帶了自我吹噓的這顆毒瘤。

　　王先生在他剛到公司的那段日子裡，在同事中幾乎連一個朋友都沒有。那時他正春風得意，對自己的機遇和才能非常自滿。因此每天都極力吹噓他在工作中的成績，吹噓每天有多少人找他請求幫忙等等得意之事。然而同事們聽了之後不僅沒有人與他分享他的成就，而且大家還極不高興。後來還是父親一語點破，他才意識到自己的錯誤觀念。從此，他就很少談論自己的成就而多傾聽同事說話，因為他們也有很多自己的事情要吹噓，讓他們把自己的成就說出來，遠比聽別人吹噓更令他們興奮。後來，每當他有時間與同事閒聊的時候，他總是先請對方滔滔不絕的把他們的成就炫耀出來，僅僅在對方問他的時候，才謙虛的表露一下自己。

第六章　呵護人脈，把握人際交往的潛規則

老子曾說：「良賈深藏若虛，君子盛德容貌若愚」，是說商人總是隱藏其寶物，而君子品德高尚，而外貌卻顯得愚笨。這句話告訴我們，要斂其鋒芒，收其銳氣，千萬不要不分場合的將自己的才能讓人一覽無餘。你的長處短處若都被同事看透，就很容易被他們所支配。

事實只有十分之一，或者連十分之一都不足，說話卻說到十分滿，虛多而實少。有的人靠一條三寸不爛之舌，話說得非常動聽，一部分人也許會上他的當，信以為真。這就是愛吹噓的人的本事。

有的人對於某種學問技術不過初窺門徑，還未登堂，更未入室，居然自命為專家，到處宣揚，不認識他的人還不易拆穿，這叫做吹噓的隱祕。有的人對自身經歷說得津津有味，某事是他做的，某計劃是他擬的，某問題是他解決的。好像他足智多謀，好像他是萬能博士，若不是參與此事的人，自然無法證實其虛偽，這種人叫吹得有水準。有些人的事業並沒有什麼發展，他卻說如何有把握，手中的貨物如何充足，某批生意賺到多少錢，說得大家有些動心，這叫做吹得有能耐。但是這些人終究會被他們的吹噓所累，害人害己。有的人與某一位名人實在並沒有多少關係，他卻逢人便說名人是如何的器重他，這些都是自我吹噓的表現。

某公司的趙女士，每天總是利用一切機會讓人們知道她的存在。一位同事在為兒子差兩分沒被清華大學錄取而苦惱，一旁的趙女士插嘴道：「真是的，我那兒子也不爭氣，要升高三了，才考了九十九分。」旁人不難看出，她到底是在自貶還是自誇。一年秋季，她辦完調動手續，本以為會被熱情歡送，豈料來送行的只有一名例行公事的主管。

在浩渺無邊的談話中，有一些小小的「礁石」，要留心避免。記住，人無完人，即使你在某方面有所成就或者高人一籌，也並不能說明你在其他方面都出類拔萃。記住不要沾沾自喜的大肆渲染。

人都會有成功或失敗的時候。對經歷過一次失敗的人，我們絕不能斷言他會

虧，要吃在明處

永遠失敗。相反，即使是獲得了成功的人，如果他總是高枕無憂、驕傲自滿的話，他也會嘗到失敗的苦頭的。既然這樣，嫉妒或排斥成功者的做法就是不可取的。如果有朝一日你也成功了，卻遭到了別人的嫉妒，你也會傷心的。

虧，要吃在明處

「吃虧是福」是我們的古訓之一，至今被廣泛的認同與傳揚。不少文章把吃虧描述成無私的奉獻、犧牲精神、豁達心態、成全他人的品德、瀟灑的生活態度、恬淡處世的行為等崇高的境界，所以不僅要甘於吃虧，還要勇於吃虧。

王佳在公司勤奮的做了六年，馬上就要升遷加薪了，卻一不小心吃了大虧。她到北部出差期間，公司給每人分配了需要指導的新人，等她回到公司，好一點的新人都被別人認領了，只剩下一個典型的「歪瓜裂棗」之人。

人事經理對她說：「王佳，這個人是臨時招進來的，你隨便指導指導，不要出錯就好了。」

王佳笑咪咪的點頭，心裡卻把人事經理罵了個狗血淋頭：「我工作了那麼多年，還不明白你們的把戲，就算我嘔心瀝血把他教成了優秀員工，你們也不見得會滿意，但我要真的隨便指導，你們還不把我說的一無是處了？再說，升遷的職位只有一個，同部門的李亮也是虎視眈眈的，如果這時候輸給了他，說不定就輸得一敗塗地。」

可要想要贏過李亮簡直是太難了。人家李亮指導的新人是大學畢業的高材生，還在多家知名企業裡實習過。看來，這個虧王佳是吃定了。

同事們都很同情王佳。大家都看得出來，她指導的那個小男生真的很不能適應公司的節奏，一封催貨的英文電子郵件，別人花十五分鐘可以搞定，他卻要慢吞吞的在電腦鍵盤上慢慢敲上半個鐘頭，每天都要加班兩個小時以上才能完成當天的任務量。

王佳為此頭疼得要命，不但自掏腰包買了一本辦公室電腦操作指南送給他，

第六章　呵護人脈，把握人際交往的潛規則

而且每天下班後都要留在辦公室裡陪他加班。好多次上司從外面談完生意回到公司開小會，都能看到辦公室裡燈火通明，王佳還在指導新來的員工。

儘管王佳如此費心費力，三個月後新員工試用期考察結束，李亮指導的那位新員工的表現還是遠遠超出她所指導的新員工。

出乎大家意料的是，雖然王佳指導的新員工的表現遠遠不如李亮指導的那位大學生，但王佳卻贏得了部門裡唯一的一個升遷機會。原因是公司上層都知道這個新員工的能力比較差，也多次目睹王佳加班指導新員工的場面，他們覺得，王佳肯吃虧，有容人之氣量，更具有領導者的氣質。

「吃虧是福」本身是一個利益交換等式，吃虧者並不希望利益白白受損，而是希望用「吃虧」換來「福」。至於什麼是「福」，每個人的見解都不同。所以，用眼前利益的暫時損失去換取長遠的利益，這才是真正意義上的「吃虧是福」。否則，就是吃悶虧。正因為如此，還有一句話叫「吃虧要在明處才是福」，明明白白的吃虧，讓關鍵人物知道你是主動的吃虧，認同你的吃虧，感謝你的吃虧，你才能換取他人知恩圖報。

虧，要吃在明處，至少，你該讓對方「瞎子吃湯圓——心裡有數」。

胡雪巖本是浙江杭州的一個小商人，他不但善於經營，也很會做人，頗通曉人情，懂得「惠出實及」的道理，常給周圍的人一些小恩惠。他不滿意目前的這種小生意，一直想成就一番大事業。他心裡一直在盤算，當時社會一向重農抑商，單靠純粹經商是不太可能出人頭地的。秦朝有大商人呂不韋另闢蹊徑，從商改為從政，名利雙收。所以，胡雪巖也想仿效走這條路。

王有齡是杭州的一個小官員，一直想往上爬，又苦於沒有錢作敲門磚。胡雪巖與他也有些來往，隨著交往加深，兩人發現雙方有共同的目的，只是殊途同歸。王有齡對胡說：「雪巖兄，我並非沒有門路，只是手頭無錢，空手總是套不了白狼。」胡雪巖說：「我願意傾家蕩產來幫助你。」王有齡說：「我富貴了，絕不會忘記胡兄。」

必須知道的交際誤區

　　於是，胡雪巖變賣了全部家產，籌集了幾千兩銀子資助王有齡。王去京城求官後，胡雪巖仍舊操其舊業，對別人的譏笑並不放在心上。

　　沒過幾年，王有齡穿著巡撫的官服登門拜訪胡雪巖，問胡有何要求，胡說：「祝賀你官運亨通，我並無困難。」

　　王有齡非常講交情、重情義，他利用職務之便，命令軍需官常到胡的店中採買，這樣一來，胡的生意越來越好、越做越大。他與王的關係也更加密切起來。

　　後來，太平軍占領了杭州，王有齡上吊自殺。沒有了王有齡這個後台，胡雪巖並沒苦悶多久，他要重新尋找支持者，他看中了新任的浙江巡府左宗棠。他拿出一部分銀子，為左的湘軍辦糧餉和軍火，贏得了左的好感和信任。結果，隨著左宗棠權力的升高，胡雪巖也是吉星高照，被左宗棠舉薦為二品官員，成為大清朝唯一的「紅頂商人」。

　　除了本身的經商才智，胡的成功還靠他練達的社交能力，他善於製造和利用機會，更知道利用人情世故，懂得吃虧，令朋友信賴他的寬厚和真誠。他也深知，今天，他給朋友的是一滴水，他日，朋友將以湧泉來相報，胡雪巖就是以吃虧來交友，以吃虧來得利的。

　　因為吃虧，你就成了施者，朋友則成了受者，看上去是你吃了虧，他得了益，然而，朋友卻欠了你一個情，在友誼、情誼的天平上，你已為自己加了一個籌碼，這是比金錢、比財富更值得珍視的東西。

必須知道的交際誤區

　　俗話說，多個朋友多條路。也就是說，少個朋友就少條路。事實上，在社交中，我們往往會因為某個朋友的存在而一帆風順，也會因為某人的存在而損失慘重！人與人之間本是沒有矛盾和糾紛的，這些問題其實都是我們自己製造的。我們那些在社交中的不恰當的做法，使我們失去了將別人變成朋友的機會，自己為自己製造了敵人，阻塞了自己的成功之路！

第六章　呵護人脈，把握人際交往的潛規則

那麼，我們在交際中存在哪些誤區呢？

一、忠言逆耳利於行

和朋友的相處是需要技巧的，而很多人覺得大家都是朋友，沒有什麼值得特別注意的。再說，人們不是常說「良藥苦口利於病，忠言逆耳利於行」嗎？反正自己是替朋友著想，說點難聽的話也沒有關係，對方會明白的！

事實上很多時候並不是如此，你的好心未必真的能有好報！唐太宗李世民有一次揚言要殺掉敢於觸犯龍顏的魏徵，長孫皇后得知後十分著急。但她知道，如果用逆耳的「忠言」勸說李世民，李世民不僅不會接受，反而會把事情弄得更糟。會說話的長孫皇后於是選擇用順耳之言規勸李世民，她說：「自古以來主賢臣直，只有君主賢明，當臣子的才敢直抒胸臆、有話就講。魏徵敢於直言勸諫，全因聖上賢明。」李世民聽後龍顏大悅，便打消了殺魏徵的念頭。

規勸朋友也要講究說話的方式。很多時候，我們在勸說朋友時，往往只強調動機的利他性和方案的優越性，而忽略了接受過程的複雜性和說服方法的使用，只想粗暴的拿鞭子將對方趕入天堂。殊不知，方法若使用不當則恰好抵消了動機和方案的優越性。

那麼，應該如何避免步入誤區，找到適合的方式呢？規勸朋友實際上是在向對方推銷你的動機、方案和方法。動機、方案、方法三位一體，缺一不可。勸說別人時，多講究一些技巧，就能避免說出逆耳的話。

二、親密無間才是最好的朋友

很多人都會將親密無間的那位朋友視為自己最好的朋友，便和他親密無間、形影不離，什麼話都說。但是這樣的做法會使對方覺得喘不過氣來，因此，再好的朋友，即使是戀人之間也需要留出一定的空間！

保持一定的距離，使對方感覺增一分則太長，減一分則過短。戀人、夫妻之間也不例外，適當的保持一點距離，給愛情放放假，保留一點神祕感，有助於更好的吸引對方，這正是「欲擒故縱」在人際關係中的運用。

必須知道的交際誤區

而過分關心別人，甚至越俎代庖，只能使對方感覺厭煩。對方表面上裝作盛情難卻，內心裡卻掩藏著說不出的憤怒。

還有一些人認為某人是自己最好的朋友，因此會將全部的精力放在這個人身上，自己的交際圈由此開始縮小，卻一點都不感覺惋惜。他們說：「人生得一知己足矣。」自然，有一知己與沒有知己相比較，確實令人自豪。但如果有一知己則心滿意足，不想另結新朋友，把有限的時間精力全投入到一個或少數幾個知己身上，實在有些浪費。人與人的相處都是有一個極限的，與某人的交際達到極限時，再追加投入，交際的產出也會維持不變甚至增幅甚小，而如果把追加的投入投向其他人，則可能獲得巨大的回報。與其將時間和精力全部投入到同一個人身上，不如將其投入到有巨大成長潛力的其他人身上，均勻使用力量，多結交幾個朋友，多幾分收穫。

三、抓住證據好下手

在一家著名的大酒店裡，一名外賓在吃完茶點後，順手將精美的景泰藍筷子悄悄插入自己的西裝內口袋裡。

如果這件事情被你看見了，而你正好是這家酒店的服務員，你該如何去做呢？或許你會覺得：證據已經被我抓住了，他還能有什麼話說呢？於是你勇敢的走上前去，要求顧客歸還筷子。或許你和顧客會因此爭吵起來，或許你們之間的糾紛會沒完沒了，甚至於涉及一些國際問題！

而當時發現這件事情的服務員卻做得很好，她不動聲色的迎上前去，雙手捧著一個裝有一雙景泰藍筷子的絲綢小盒子說：「我發現先生對景泰藍筷子頗有愛不釋手之意，我們非常感謝您對這種精細工藝品的賞識。為了表達我們的感激之情，經餐廳主管批准，我代表敝酒店，將這雙圖案最為精美並且經嚴格消毒處理的景泰藍筷子送給您，並按照優惠價格記在你的帳單上，請問可以嗎？」

外賓自然明白了這些話的弦外之音，在表示了謝意之後，他說自己多喝了兩杯白蘭地，頭腦有點發暈，誤將食筷插入了口袋裡了。

第六章　呵護人脈，把握人際交往的潛規則

然後，外賓聰明的借此台階說：「既然這種筷子不消毒就不能使用，那我就『以舊換新』吧！哈哈哈。」說著取出內口袋裡的食筷恭敬的放回餐桌上，接過服務員給他的禮物，不失風度的走去結帳……

這場社交活動中，服務員聰明的避開了對方所忌諱的敏感區，給足了對方面子，避免使對方當眾出醜，其做法可謂是十分聰明！

心理學家表示，每個人都不願把自己的錯誤或隱私在公眾面前曝光，一旦被人曝光，就會感到難堪、惱怒。因此，在交際中，如果不是萬不得已，一般應盡量避免觸及對方所避諱的敏感區，避免使對方當眾出醜。必要時可委婉的暗示對方你已知道他的錯處或隱私，便可對對方造成一種壓力。但不要做的過分，只需點到即止。

除了故事中外賓那種嚴重的錯誤外，還有一些小的錯誤，比如念了錯別字、講了外行話、記錯了對方的姓名職務、禮節有些失當等等。當我們發現對方犯了類似錯誤時，只要無關大局，就不必對此大肆張揚，故意搞得人盡皆知，使本來已被忽略了的小過失，一下子變得顯眼起來。

四、讓對方敗得太慘

社交中，我們經常會參加一些帶有比賽性質的活動。儘管這只是娛樂活動，但大家都希望成為勝利者。我們要以適度為原則，不要讓對方輸得太慘，因為即使你贏得再光彩，也不會給對方帶來好心情，弄不好還會使對方在心中埋下怨恨的種子！

胡漢民先生極愛下象棋，又把輸贏看得很重。在一次宴會後，他與棋藝不凡的陳景夷對弈，本來已一比一平局，卻在第三局時被對方一舉擊潰，頃刻間，胡漢民臉色蒼白，大汗淋漓，又急又惱，當場暈厥，三天後竟因腦溢血去世。

有經驗的社交者，在自己實力雄厚、能絕對取勝的情況下，往往並不會使對方敗得太慘而狼狽不堪，反倒會有意讓對方勝一兩局，既不妨礙自己的獲勝，又不使對方太失面子。比如有些象棋高手，在連贏幾盤棋後，往往會有意走錯幾

步，讓對方最後贏一兩盤。其實，這些比賽只是社交活動，並非正式比賽，對輸贏不必那麼認真，主要目的還是交流感情，增進友誼，滿足文化生活的需要。如果斤斤計較，會給對方造成不佳的心情。適當給對方台階下，對方是會感激你的，同時你也能贏得自己的人脈！

不要苛求完美

　　曾經有一個自以為完美的人，他事事追求完美。說實話，他做的確實不錯，學習成績從小學到大學一直都是第一名，此外，體育、繪畫、書法也都是頂尖的，從小他就是父母、老師、親人寵愛的對象。可是，有一個奇怪的現象，那就是他沒有一個朋友。從小學到大學，他都是一個人孤零零的，一個人讀書、寫字，一個人跑步運動。別人都談戀愛了，他還是一個人。後來，有一個女孩為他的才華所吸引，做了他的女朋友，可惜才一週不到，就跟他分手了。原來，他這個人不僅要求自己每件事都做得完美，對於他的朋友，包括曾經交往了一週的女朋友，他都要求他們務必做到完美。他這個人太苛求完美了，所以，本來那些想跟他結交的人也被他嚇跑了。

　　追求進步當然是件很好的事情，但是追求得過於激烈，則會適得其反，這個度是必須把握的。古人云：「水至清則無魚，人至察則無徒。」說得很明白，水太清，一眼就能望到底，那麼魚兒也不敢在水下待著，一個人要是過於明察秋毫，就會像那位務求完美的朋友一樣，孤家寡人一個，交到女朋友了也要被嚇跑，他的朋友更不敢跟他共處。

　　於是，他便成為了名副其實孤家寡人。

　　我們與人交往的目的是取人長，去人短，求大同，存小異，凡事不能太過追究，尤其對人不能過於苛刻，若你挑剔的眼光像刀子一樣一眼看得人心裡一片冰涼，誰敢跟你相處呀？

　　其實，世界上根本沒有十全十美，沒有任何一個人，也沒有任何一件事能達

第六章　呵護人脈，把握人際交往的潛規則

到十全十美的境界。可是，我們卻常常視現實於不顧，強行按照一己之欲要求別人，容不得別人有小小的過失甚至性格上的小小差異，過分要求身邊人的一舉一動均符合自己的標準。但人跟人，從根本上來說就是不同的，每個人都有自己的性格、喜好和做事的準則，兩個人根本不可能達成完全一致。

有位小姐來到一家婚姻介紹所，她想在這裡尋找到中意的另一半。她進入大門後，迎面見到有兩扇門。

一扇門上寫著：帥氣的；另一扇門上寫著：不怎麼帥的。

她推開「帥氣的」門，迎面又見到兩扇門。一扇門上寫著：年輕的；另一扇門上寫著：有點老的。

她推開「年輕的」門，迎面又見到兩扇門。一扇門上寫著：浪漫溫柔的；另一扇上寫著：不懂浪漫的。

她推開「浪漫溫柔的」門，又見到兩扇門。一扇門上寫著：有錢的；另一扇門上寫著：不太有錢的。

她推開了「有錢的」門……

就這樣一路走下去，她先後推開過帥氣的、年輕的、浪漫溫柔的、有錢的、忠誠的、勤勞的、文化程度高的、健康的、具有幽默感的九道門。

當她推開最後一道門時，只見門上寫著一行字：「您追求的過於完美了，這裡已經沒有更完美的了，請你到大街上找吧。」原來她已經走到了婚介所的出口。

很多時候，其實我們也在走著這樣的門，我們面對的是一道道選擇題，我們會選哪個選項呢？

有位哲人說：「完美是毒。」凡事務求完美其實真的是一件讓人痛苦萬分的事情，它就像一杯毒酒漸漸侵蝕了人的心靈。也許之前你很優秀，次次都能當第一，但是你對自己的過分要求，最後只會物極必反，一旦失敗，你就會痛不欲生。事實上，凡事務求完美的人，更容易否定自己。對自己失望，他們實在是生

注意與人交談的語氣

活在個人思想桎梏中的可憐之人！

　　我們必須承認，現實是殘缺的，所有的事情都沒有想像中的完美。殘缺美才是真實美，因為面對一種殘缺的美麗，人們可以保留一種隱隱的希望和期待；而追求絕對的美，則令人們苦惱不已，這樣的追求可謂毫無意義，只不過白白浪費我們的時間精力而已。

　　在結交人脈的過程中，千萬不要妄圖你的朋友無所不能，能上天能下地。要知道，每個人的力量都是有限的，每個人都是不完美的。承認這一點，你的人生才會少去很多不必要的尷尬。

注意與人交談的語氣

　　在電視上，我們都看過審問犯人的嚴肅和死板的場景。的確，對於刑警們來說，這是一種職業需要和心理戰術。但在現實生活中，如果你想跟一個陌生的朋友結交，但卻是以審問犯人的口氣來與之交談，如此一來，又會有誰肯跟你結交呢？要知道，對方或許會想──你以為你是誰啊？難道還真把自己當成凌駕一切的大人物了？

　　其實不管是以什麼方式與人交往，基本的原則都是平等。站在平等的角度上，說話做事才容易讓人接受，同時心中懷著平等的意念，說出的話做出的事才能和對方互動。事實也正是如此，在這個世界上並沒有誰的思想或者地位是真的高於別人的，我們只有確實的做到平等，才能讓對方回報以同樣的熱情。

　　丁教授是個有名的兒童心理學家，四十多年來他不僅致力於教育事業，同樣透過這一特長幫助警察辦案也取得很大的成就。在許多的案件中，兒童成為目擊者或者兒童本身就是犯罪者，這些兒童大多由於經歷過罪案現場而產生心理問題，對破案很不利，同時對兒童自身成長也很不利。

　　在一次綁架案中，一個富翁的妻子被綁架並殺害，同時被綁架的還有他九歲的女兒，後來罪犯將昏迷的小女孩扔在垃圾場。被救後，小女孩拒絕與任何人交

第六章　呵護人脈，把握人際交往的潛規則

談，並時常做惡夢、尖叫。丁教授第一次接觸女童時甚至遭到攻擊，但是丁教授體會到女孩親眼看著母親遇害的心情，透過呼喚女孩的小名慢慢接近女孩，每次談話，他都親自去小女孩的臥室。談話中，他以一個親切朋友的語氣，跟女孩交談，從不提出問題，每次都親切的問：「這樣可以嗎？」皇天不負有心人，他終於贏得了小女孩的信任，幫助警方重建了事發過程，並且找出了關於綁匪的有價值的線索。

在丁教授之前，許多女警員也嘗試與女孩交談但都沒有取得成功。這次案件後，警察局門特聘丁教授為警察們上課，丁教授提出最核心的思想就是：「如何讓你的談話不像審問。」

人的心理是很脆弱的，可以說只要你掌握了談話的技巧之後是很容易攻破的。一旦和你交談的人認為你是可信任的，那麼他就會喜歡和你交談。在某種意義上說，只有在這個前提下的交談才是真正意義上的交談。

由於語言表達和性格等各方面的因素，有些人說話有種咄咄逼人的感覺，就好像在審問犯人，談話的氣氛也容易愈說愈僵，漸漸失去了談話的目的實現的可能性。這樣的交談是失敗的。但是有時，這並不是故意導致的結果，有可能是談話的技巧問題，有可能是對方的敏感性過高，也有可能是為人處事的習慣問題等等。那麼如何才能避免審問式的談話，從而讓交談成為一種享受呢？

首先，從外在條件來說，一個適當的環境相當重要。始終要明白自己談話的目的所在，選取適合討論的地點，不要距離對方過近，不要總是高聲表明自己的觀點，自身的姿態也要放輕鬆。這樣可以避免給對方造成壓迫感，一個輕鬆的環境自然能營造出一種輕鬆的氣氛。

其次，就是語言和動作的問題。其實每個人的語言表達能力都是鍛煉出來的，見人說人話，見鬼說鬼話，並不全是貶義。由於談話所需要達成的目的不同，談話過程中，面對不同的對象就要使用不同的方法。先觀察對方比較容易接受的語言尺度，再進行下一步行動，這樣循序漸進，自然能實現交談的目的。

交淺不宜言深，話說三分留七分

　　最後，個人的素養和氣質也能起到一定作用。笑容和敬語是必不可少的，只要有了這些，說話者大都能給人一種親切和藹的印象，而不會太有壓迫感，從而讓對方樂於和你交談。

　　就算真的是在審問，這個過程同樣也是為了得到對方的資訊，越是強迫反而越得不到想要的東西。站在平等的立場，容易讓人產生信任感和安全感，資訊就是透過這種途徑，以自然自願的方式流露出來的。

　　審問式的談話，就好像一個人不停的說，而你談話的對象甚至都不曾開過口，即便是開口了，你得到的也只是一個機械式的答案。這樣的交談當然會以失敗告終。所以，平等的交談才是實現溝通的方法。語氣放平和、氣勢放低，這樣才能在交談中互相理解。

交淺不宜言深，話說三分留七分

　　老祖宗曾經這樣告誡我們——「逢人且說幾分話，不可全拋一片心」。這句話初聽好像很消極的樣子，有點懷疑一切的心理。然而，如果仔細想一想，就會發現這句話所說的與「狡猾」、「世故」是不同的意義，而是一種交際的修養。「交淺不宜言深」這句話包含了這一原則的前提和行為。

　　交淺有很多種可能性，有可能是初次見面的交談，這時雙方互不了解，如果突兀的進行深入交談，先不說對方能否接受，就算自己，也不一定找得到話題的切入點；若是多次見面，但一直沒有深交的話，想要進行深入話題的原因要不是另有所圖，就是有什麼進一步的目的。如果這時直接深入談話，未免目的太過明顯，容易引起對方的戒備心理。

　　作家徐默的書一直都在同一個出版社出版，一天他自己找到主編，拿出自己的底稿對主編說：「這是我這次從西藏回來寫成的作品，內容都是我的心血，我一路上挺辛苦的，但是看見的東西真的很震撼……」還沒等徐默把話說完，主編就說：「這不是最近流行的趨勢，這內容不夠特別，可能沒有太大的出書希望，

第六章　呵護人脈，把握人際交往的潛規則

你先放這裡等我有空看看吧！」

徐默知道，這下子已經沒戲了。他滿心鬱悶的去找朋友李新，李新笑著對他說：「你們作家呀，就是這個臭毛病，跟誰都以為人家能真心聽你說話呢，這事還是交給我來辦吧！」

李新再次找到主編，進門就說：「主編呀，你一直關注的那個作家，他從西藏回來了，肯定有好東西，你不準備抓住這個市場麼？」主編說：「他來過了，說是寫了遊記。」李新說：「啊？你還不知道呀，我看了他的東西，絕對有市場！內容不是一兩句話就能說清楚的，值得一看！」主編早知道徐默的作品在市場上原來賣的就還不錯，再加上李新的一番話，他的心不知不覺已經動搖了。最終，這本書順利得以出版，而且在市場上很受歡迎。

對於同一本書稿，當徐默要求主編看稿時遭到了拒絕，而李新卻能夠起死回生，使得這部書稿得以順利出版。原因何在呢？就在於李新巧妙的把握了說話的火候，循序漸進，吊足了主編對這本書稿的胃口。我們在實際生活當中也應該學習這樣的說話方式，萬不可直接要求對方滿足自己的要求，因為無論是你們的交情還是相互之間的了解這時候都沒有到達十足的火候，你們之間的談話應該先保留餘地。

說話的分寸向來是交際中最難把握的部分，既不能不著邊際漫無目的，又不能過分深入，讓人摸不著頭腦。對於說話不知深淺的人，如果自顧自的說出深入的話題，不僅要擔心自己被人出賣，還要擔心自己與人深言在交際圈中造成的影響。

那麼，該說多少保留多少？如何掌握這個尺度呢？

首先，場合是比較重要的因素。如果在比較嚴肅的場合，即使不能進行深入的交談，也不能顯示出毫不在乎的態度，話題應該嚴肅中肯，但不能觸及對方的忌諱，或在不恰當的時刻要求對方與自己討論。

其次是說話的深淺，要觀察談話對象的話題深淺。如果對方也是在刻意試

探，則說明對於談話的深度，對方也沒有把握，這時就是調節氣氛和話題的最佳時刻，也許這是掌握談話主動權最好的方法。

最後，交談之前的準備也很重要。談話的目的，談話的長度，事先在心中都應該有一定的底，什麼時候進行到哪一步，該有什麼樣的效果，什麼時候該收，什麼時候該放，都應該根據這個進度，適時見好就收。

一般的交際，如果不是形影不離朝夕相伴的好朋友，都可以用到這個原則。無論是同事、上司，還是純粹的商業合作關係，或者是互有所求等等，交談的時候都不能全盤托出，而應該話說三分、待留七分，以觀進度，再做深入。

不管做什麼事情，都要講究循序漸進，交往也是一樣。把握住雙方關係的進展程度，選擇適度的交往，這樣才是交際的黃金原則，才是由淺入深打造超強人脈的發展策略！

天下沒有免費的午餐

世上沒有免費的午餐，這是很常聽到的一句話。如果不是互有利益關係的人，誰也沒有義務為任何人提供免費的午餐，就好像糖衣炮彈的原理，蜜糖下包裹的可能是致命的毒藥，在這「免費」的外表下，也許是非常可怕的圖謀。

收下免費的午餐，就得收下伴隨而來的諸多麻煩，這就叫「吃不了兜著走」。

其實每個人身上本來都可能有別人有所圖的地方，只是受害者本人也許不清楚自己到底能付出什麼。這樣的人在警惕性不足的情況下很容易上當。很多人雖然明知自己不應該，但是如果這個免費的午餐太過誘人，誰能保證不犯錯呢？看來，日省吾身是很有必要的。

人與人交往，未可全拋一片心不是沒有道理的。在接受免費的午餐之前，請你先換位思考一下──如果是自己，在什麼情況下會送出免費的午餐？答案是顯而易見的。並沒有人一定比自己偉大，在交往中最好常提醒自己，我們與人交往的假定前提是，別人都比自己險惡，因為不論如何，自己不會故意去傷害自己。

第六章　呵護人脈，把握人際交往的潛規則

　　免費的午餐會以很多種形式出現，比如善意的面孔背後往往藏著噁心的要求，比如赤裸裸的交易、比如送上門的好事，接下來卻麻煩不斷……要記住，天上不會掉餡餅，同時也不會有人莫名其妙送餡餅。沒有人能不付出任何東西就得到好處，除非是陷阱。因此在遇到自己認為的「天大的好事」的時候，一定要再往前看看，是不是還有「好大一個圈套？」

　　康軒剛從警校畢業就被分配到派出所當戶籍警察，工作第一天，老所長就諄諄教誨，說再小的好處也要看到別人背後的用心，不要被誘惑蒙蔽，再小的誘惑也可能是致命的，要警惕一切可能的誘惑。康軒在心裡嘲笑：「小小一個戶籍警察，有什麼值得誘惑的？」

　　轉眼康軒就工作了三年，也從少年人變成了適齡青年。一天居委會的吳阿姨忽然到派出所指明找康軒。居委會和派出所的關係一向好，警察們的工作有很多都要依靠居委會，吳阿姨也經常出現在這裡，這次指明找康軒，原來是為了給康軒介紹對象。在同事面前，吳阿姨毫不遮掩的就把這事說了出來，把康軒窘的想找地洞鑽下去。

　　康軒納悶著，平白無故吳阿姨幹嘛給自己介紹對象呢？吳阿姨說，一是全派出所就康軒到了該結婚的年齡，而且女方是吳阿姨好朋友的女兒，吳阿姨覺得康軒人不錯就介紹了。經過相處，康軒和女孩子都感覺挺不錯的，就決定了年底結婚。

　　吳阿姨又開始經常來找康軒，但是經常提到的不是他們的婚事，而是吳阿姨高中畢業的兒子的戶口。康軒沒當回事，可是回到家，未婚妻也在提這件事，派出所同事也說吳阿姨這麼盡心對康軒原來就是為了這個原因。康軒漸漸心虛了，一個戶籍警察是沒有什麼實際權力的。康軒求上求下的終於把這件事情辦妥了，本以為高枕無憂了，不久吳阿姨的同事的兒子又有戶口問題要解決了，然後是吳阿姨鄉下的妹妹的女兒，吳阿姨老公的戰友的兒子……

　　康軒忽然覺得，近在眼前的未婚妻就是一個免費的午餐，而真正的大餐，是

交際要獨善其身

他現在吃不了兜著走的這一切。在這個世界上，任何人都沒有義務無條件的對你好。如果與你結交的朋友，突然對你特別好，或是莫名其妙無償送給你某種利益，這種「天上掉餡餅」的事情，你務必要當心。毒藥的外面往往都抹著一層糖漿，如果你只被其表層的糖漿所吸引，而忽略了其內層裡的真相，結果往往是被人利用，那可真叫自討苦吃。

我們一定要理智的認識到——免費的午餐貌似有利可圖，但必有更大的麻煩在後頭。就像螳螂捕蟬，黃雀在後的道理一樣。妄圖不勞而獲的貪便宜心理，必然會造成因小失大、得不償失的結局。

面對現實生活中的種種誘惑，我們一定要時刻保持警惕之心，不要有貪圖小便宜的投機心理。要知道，天下沒有免費的午餐。做好自己的事，不要接受別人莫名其妙的好意，這其實就是對自己負責的態度。

交際要獨善其身

不管你相信不相信——獨善其身也是走向成功的一種方法。

可以想像一下，如果這個世界上每一個人都能夠做到獨善其身，我們這個世界就會變得多麼和諧！雖然「不麻煩別人」，沒有類似「偉大」「高尚」這樣的詞那樣感人和輝煌，但是獨善其身何嘗不是一種美德，能長久堅持下來的人又有多少呢？

很多人信奉的是能靠著不站著，能躺著不坐著的享受主義，首要特徵就是以麻煩別人為己任，不斷的向周圍提要求。殊不知，這樣一來長期養成了依賴別人的習慣，一有事就尋求幫助，而不是自己想辦法解決，讓自己的能力也慢慢的退化了，身邊的朋友也越來越少。總是不付出而是無盡的索取，使自己的人脈受到了一定程度的損害。所以，要盡快改變以前的習慣，努力做一個不麻煩別人的人，這樣你會發現很多驚喜會躍門而入。

有一家著名的大公司舉行招聘活動，前來面試的各路人等皆風雲人物，三教

第六章　呵護人脈，把握人際交往的潛規則

九流齊聚，萬頭攢動，場面可謂是相當熱鬧。

經過層層面試，最終有十位脫穎而出。在舉行記者招待會後，這十個人對他們所夢寐以求的職位進行最後的爭奪。這天早上，十人正襟危坐的坐在座椅上，個個神色莊重的等待著執行長對他們進行測驗與選拔。突然，一位清潔工不慎將一枚圖釘掉在地上。良久，十人中的一個叫張文璟的人起身將圖釘撿起，然後放進了垃圾桶裡。與此同時，剛剛離開的清潔工又走了回來，露出專業的笑容對在座的十人說：「對不起，代執行長傳話，本職缺將給予品學兼優的張文璟先生。」在場所有人的驚呆了，包括撿圖釘的張文璟在內。

我們可以看到，即使是一個小細節也可以展現出一個人的品質，不給他人製造麻煩──別看這一點很簡單，但是很多人就是做不到。老闆正是看重了他這一點，給了他機會。連他自己都沒想到，本來只是為了不給別人製造麻煩，但是卻為自己贏得了機會，得到了這樣難得的一個工作。

因為他的這種品質，使他走向了成功。同樣在處理人脈時，我們也應該處處考慮到別人，做任何事情時先想想會對別人造成怎樣的後果。首先要樹立的就是一個基本原則──不能給別人增加無謂的麻煩。不僅於此，我們更要學會獨善其身，用自己的獨立去贏得尊重。

許多人都會盡量迴避那些連在物質生活上都不能獨善其身的人，因為那些人會給別人帶來很多麻煩而非幫助。如果你是那樣的人，那麼建立起一個強大的人脈網對你來說將是很困難的事。但如果你是一個自立自強、獨善其身的人，總是一個人把事務處理得很好，那麼這將為你的人脈建立奠定一個很好的基礎。

優秀的人往往會更加注重自身的品質。他們信奉不給他人製造麻煩，獨善其身是美德。常言道「事多故人離」，這是非常準確的觀察。而那些不優秀的人往往並不知道這樣貌似簡單的道理，他們甚至沒有意識到自己的狀況使自己只能扮演「索取者」的角色；進而把自己的每一次「交換」都變成「不公平交換」，最終更可能使得交換落空──因為誰都不喜歡「不公平交換」。

注重提升自我價值

一旦你發現自己扮演的是索取者的角色時，一定要及時醒悟，不要繼續這樣的惡性循環。要改變過去的習慣，有事情盡量自己解決不去麻煩別人，努力使自己成為一個獨善其身的人。之後，你會發現自己也可以做成許多事情，不必去依靠別人，事業將會越來越順利，人脈也會有意想不到的收穫。

古人講：「一屋不掃，何以掃天下。」能兼濟天下固然很好，但是在自己能力達不到時，獨善其身仍是一種很好的選擇，提升自己的品質，打磨自我，同樣會為你提供成功的機遇，得到良好的人脈。

最後送給大家一句話：「人的幸福程度，往往取決於他多大程度上可以脫離對外部世界的依附！」

注重提升自我價值

有一滴露水想結交那些真正有力量的朋友，另一滴水告訴它：「要想結交到力量強大的朋友，我們自己得強大起來。」於是這滴露水號召眾多的兄弟姐妹，它們聚成一池水，這時它認識了另一個池塘。另一個池塘告訴它：「要想結交到更強大的朋友，我們就得變得更強大起來。」這滴露水又號召數個池塘連成了一條大河，這時，它認識了另一條流經這裡的大河。另一條大河告訴它：「要想結交到更強大的朋友，我們就必須變得更強大。」這滴露水又號召數條大河聚成了大海，這時，它又認識了另一個廣袤無邊的大海⋯⋯

這其實是關於人脈投資的一則寓言。人際交往的要點在於：「你欲結交強人，首先你自己得先強起來！你值得結交，別人才肯跟你交往！」

事實便是如此，一個人只有值得交往，別人才會用心的和你交往，把你當做知心的朋友。要成為一個值得交往的人，就要不斷的提升自己，不斷的改變，從而使自己越來越優秀。

但是，專心做一件事情並且堅持下去並不容易，需要有堅韌不拔的精神和毅力。一旦我們要向著這個目標前進，那麼最重要的就是要堅持下去。

第六章　呵護人脈，把握人際交往的潛規則

　　一百多年來，人們一直把勃朗特三姐妹的故事看成奇跡。

　　夏洛蒂‧勃朗特的《簡‧愛》、艾密莉‧勃朗特的《咆嘯山莊》、安妮‧勃朗特的《艾格妮斯‧格雷》在當時幾乎同時出版，引起英國讀書界的極大轟動和評論界的熱情關注。人們被作品中那憤懣強烈的女性意識、狂放不羈的人物激情、不同凡響的曠野風骨所觸動著。

　　勃朗特三姐妹的真實身份因小說的狂熱暢銷而被迫暴露——一個普通的牧師家庭竟一下子出現了三位作家，而且都是女性，這個近乎神話的新聞無疑為作品和作者都增添了無盡的神祕感和耀眼的光輝。

　　她們家世平凡，三姐妹也不是一開始就才華橫溢，其中兩位姐妹剛開始投稿時，屢屢遭受拒絕。一八三五年至一八三九年間先後她們多次給英國著名的《黑檀》雜誌以及著名作家寫信自薦和寄送作品，均遭到不同程度的冷遇。其中有位作家在給夏洛蒂的回信中諄諄規勸：「文學不能，也不應該是婦女的終身事業。婦女越是投入於她應盡的職責中，就越沒有閒暇來從事文學活動，妳還是把它作為一種消遣就好吧！」儘管屢遭挫折和不被那些文學菁英所賞識，但夏洛蒂姐妹並沒有因此而放棄，她們仍執著於理想的創作中，堅持展現她們心中的情感。貴在堅持，她們一天天優秀起來，寫作水準幾乎讓這些菁英都望塵莫及。

　　於是她們都成功了！

　　當我們在讚譽「天才」時，能不能用自己的大腦思考一下：一個貧困的家庭何以聯袂脫穎而出三位優秀的女性作家？縱覽中外文學史，這種文化現象也屬罕見。再從人生歷程看，勃朗特三姐妹出身平凡、條件艱苦，而且在文學之路上倍受打擊，但是她們沒有倒下，沒有放棄。苦難、失敗、痛苦，沒有擊敗她們的意志，影響她們的追求。相反，身處逆境的生活，卻激發出她們對理想不懈的追求和努力。

　　我們一定要記住：這個世界是一個強者的世界，沒有人會可憐一個弱者。弱者只能永遠做配角！你想成為一個跟在別人屁股後面的人嗎？為什麼不提高自

注重提升自我價值

己,讓自己成為一個擁有強大能量和實力的人?這樣當你跟別人交往的時候,就不會有任何人敢小瞧你。他們都會在背後看著你說:「看哪,這是一個成功人物!」

是的,這才是你應該追求的人生境界!

你應該有危機感了,如果你目前仍處於人生低谷。你一定要思考下為什麼自己會是現在這個樣子。這一切都是你自己造成的。你沒有提高自己,以至於沒有大人物會提拔和青睞你。很簡單,因為你對他們來說沒有利用價值。你必須讓自己成為一個強大的人,才會有更多強大的人脈把你推向一個更高的頂峰。

從今天開始,請不要再每天在渾渾噩噩中度日了!更不要每妄圖從投機取巧中獲得人生的成功。事實上,你已經迷路了。因為當你把精力浪費在這些事情上的時候就已經大錯特錯了!你現在最好的改變命運的辦法,就是讓自己靜下心來,不再空想,不再浮躁,而是一心只做一件事──提升自己。

事情就是這麼奇妙,但是真的這樣做的時候,你就會發現:當你專心做一件事,不斷提升自己,不知不覺你就變得非常優秀。這個時候,許多你沒有刻意去追求的一些人脈,如今都會洶湧而來。他們將你包圍,紛紛向你伸出熱情的手。

為什麼會這樣呢?因為你的價值提高了。換句話說,你變成了一個值得交往的人。就這樣你的人生和事業順風順水,得到了真正的成功。而且可以想像得到的是,在更多人脈的幫助和支持下,你將獲得更大的成功!成功者都有一套借力的本領

毋庸置疑,每個人的力量都是有限的,甚至有時我們不得不承認自己是渺小的,力量是微弱的,在這種情況下,我們如何才能實現自己發展壯大的願望呢?

《紅樓夢》中薛寶釵在填《柳絮詞》時說了這麼一句話:「好風憑藉力,送我上青雲。」一句很簡單的詩句卻蘊涵著深奧的處世哲學。

柳絮原本沒有能力飛上天,但是由於借助了風的力量,它的願望就可以實現了。而對於人來講,道理也是一樣,借力是一個成功的捷徑,它可以規避一個人

第六章　呵護人脈，把握人際交往的潛規則

的弱點、缺點甚至不足，但卻可以幫人實現自己不可能實現的夢想。

猶太人的成功無論是在商界還是在科技界都毋庸置疑，而這眾多的成功者都擁有著同一個本領，那就是善於借助別人之智。

猶太人密歇爾・福里布爾可以稱得上是一位成功的商人，而他在經商剛起步的時候不過是一家小食品店的老闆，後來他之所以能夠成為世界最大的穀物交易跨國企業的老闆，主要因為他善於借助先進的通訊設備和科技以及一批懂得高級技術的人才。為了得到最先進的通訊設備，他可以提供高出別的公司幾十倍的薪水去聘請世界頂級的管理人員和技術人員。

或許有人會說像他這樣獲得成功的人真是少如牛角，平凡又普通的我不可能獲得像他那樣的成功。然而事實上，作為一個普通人正是你需要借力的原因。

一位名叫艾布杜的阿拉伯小夥子，他原本身無分文，窮困潦倒，可是後來因為自己的一個小點子，他的命運就開始發生了根本性的轉變。

原來，他一直都有個癖好，那就是收集世界名人的照片及簽名，而且他還特別擅長模仿別人的筆跡，於是他就想到了一個賺錢的好方法。

他先是整理了一些自己收集的名人照片，並在照片上簽上名字，然後艾布杜便決定帶著自己的這幾本簽名簿去走訪工商鉅子和一些名聲較好的富翁。

每拜訪一位鉅子或是富翁，他都會說：「因為仰慕您的威名，我千里迢迢從阿拉伯過來拜訪您，希望您能在這本世界名人錄上提供一張帶有簽名的玉照，之後我們會幫您加上簡介，這本世界名人錄出版後，我們會免費寄贈一冊給您……」

能得到和世界名人排名在一起的機會，那些有錢人都特別高興，在高興之餘為了表示自己的感謝，他們通常都會毫不吝惜的提供給艾布杜一筆為數可觀的酬勞。

就這樣，原本出版以後成本不過幾美元的簽名簿所獲得富人的報酬，卻常常會超過上千美元。艾布杜花了六年的時間，拜訪了很多個國家的兩萬多名富人，

注重提升自我價值

他們付給他的酬勞總共竟然達到了五百萬美元，甚至有些人一次就支付給他兩萬美金的酬勞。跑遍了大半個地球之後，艾布杜已經從一名一文不值的窮小子變成了百萬富翁。

成功有時候就是這麼簡單，想方設法的借助一下別人的感情、力量或是幫助，我們很快就能改變現狀，而不會因為個人能力的局限性而局限了自己的發展。

或許大家早就對三國時代諸葛孔明草船借箭的故事耳熟能詳了，的確，我們不得不承認孔明是一位善於借勢借力的能手。沒有「草船借箭」，沒有「萬事俱備，只欠東風」，估計也就沒有三國故事裡著名的赤壁之戰了。

美國前國務卿季辛吉也是一個善於借勢借力的能手。他有一個習慣，就是所有下級呈上來的工作方案或議案，他都不會當天去看，而是會先壓個幾天，期間，他會把提交這些東西的人叫過來，問他們：「你所提交的方案是最成熟的嗎？」被他這麼一問，下屬一般都不敢肯定的回答，於是他們只好回去繼續思索方案的漏洞和不足。

等到過了一段時間下屬認為自己想的方案基本成熟了，就會再去提交方案，這次季辛吉會當面看方案，然後問他們：「你確定這是最好的方案嗎？還有沒有更好的呢？」於是，下屬回去之後會繼續深入思索這個方案，直到他們提交出最好的方案。季辛吉就是透過這種方法借助屬下的智慧、時間和精力來完善他的各種工作的。

所以說，懂得借勢借力是一種智慧，實際去運用借勢借力是一種策略。凡是成功之人必定是一個懂得並善於借勢借力的人，而具有理論知識的人，則是很有發展潛質的人，如果你渴望成功，渴望尋求更快的發展，那麼你不妨也尋找一些可以供你借助的勢力，來幫你實現騰飛的願望。

CONNECTIONS LEDGER

第七章
拓展人脈，多個朋友多條路

拓展人脈的七大策略

拓展人脈的七大策略

一、選擇策略

街上，飯店餐廳裡，機場，公車站，酒吧，舞會，朋友的聚會上，處處都有不少潛藏的人脈。不妨與人談上一兩個小時，你一定可以學到一點東西。出差、郊遊也是拓展人脈的好機會。

但是拓展人脈一定要有選擇策略相助。人際關係，交的是真情摯友，而不是狐群狗黨，要想結交關鍵時刻能助自己一臂之力的朋友，平時就得多給予和付出、接納和關心別人。長期累積下去，才能真正贏得別人的尊重和認同，才能在危難時得到人際關係的支持，這是拓展人際關係的要領所在。

二、目標策略

建立關係最基本的做法就是：不要與人失去聯絡，不要等到有事情時才想到別人。「關係」就像一把剪刀，常常磨才不會生鏽。若是半年以上不聯絡，你可能已經失去這位朋友了。

此外，預定可以變通的目標，試著每天打一到十通電話或傳訊息，不但要拓展自己的「人面」，還要維繫舊情誼。如果一天打五通電話，一個星期就有三十五通，一個月下來，更可到達一百五十多通。平均一下，你的人際網路中每個月大概都可能增加十幾個得力人士。

對於目標策略的實施，每一個目標都不要放過。

大忙人雖然難找，但並不表示絕對無法接近。不必浪費時間在上班時間打電話給他們，這些人不是在開會就是在做簡報，或者是出差了。

要利用的是空檔，「拉關係」的高手認為傍晚六、七點是這些忙人的「黃金時段」。祕書、助理等大概都下班了，只剩下一些工作狂，希望以自己的「埋頭苦幹」給老闆留下美好的印象。此時是聯絡這些「貴人」最適當的時機。

總之，大膽一點，不要以為位高權重者都是高不可攀的人物。只要抓住訣竅

第七章　拓展人脈，多個朋友多條路

和時機，就能聯絡到你目標中的每一個人。凡是有能力有地位的人幾乎都有層層的關卡，若能突破這些障礙，剩下的也就不攻自破了。

每個企業都有保全，設法找到他們，跟他們建立某種關係，他們就能告訴你通往老闆辦公室的祕密通道。惹惱了他們，只會讓你吃不了兜著走；化敵為友，日後才能一馬平川。

三、循序策略

生活中有這樣的人，剛剛認識別人，就迫不及待的大談他的偉大藍圖方向，積極尋找合作機會，結果弄得對方既沒興趣又尷尬。這類人太急於求成了，他忘了一條原則：「初識不宜言利。」初次相識，盡量談一些雙方共同的話題，少談關係到自身利益的話題。熟了以後，再進一步也不遲啊！

拓展人脈時，若是揠苗助長、急於求成，只會使別人離你越來越遠。你的積極進取在別人眼裡可能是不擇手段、急功近利的。最糟的情形，可能會使我們想親近的人紛紛逃之夭夭。

要拓展真正的關係，並不像「攻城略地」或是像來個「全壘打」一般，可持續發展的人脈，應該是久而穩的。正如一位著名人士所說：「我從不相信那些在三分鐘就跟我稱兄道弟的『朋友』。如果要聘用一個人來做重要的事，我一定要找信得過的人。」

四、多燒香策略

有的人無事不登三寶殿，有事就找你，沒事時連個人影都見不著。人際關係要不斷拓展，更需經常性的燒香拜佛。長期維護的人際關係，才會如陳年的酒越久越醇。

五、記錄策略

像寫日記一樣，數十年如一日，這可能不容易做到；然而如果有恆心、有耐力，一定會功夫不負有心人。如果你很認真的在拓展自己的人際關係，認識的人一定不少。要追蹤成果、找出真正的「貴人」，不妨記錄每一次聯絡的情形。在

記憶猶新的時候就要趁熱打鐵,如果等到日後再來補記,效果就大打折扣了。

可記錄的要點包括姓名、地址、聯絡方式、你的看法以及日後再聯絡可用的理由,用不著巨細靡遺的像在寫一篇動人散文。

要有收穫,一定要下不少工夫。但是,想到日後可以跟這麼多傑出的人士見面,也是在所不惜的。一旦習以為常,也就不以拓展關係為苦了,反而覺得興奮、刺激。

六、誠信策略

人正、心誠、守義、守信,才能拓展人際關係。要樹立「誠實守信」的公眾形象,否則人際關係越廣,就越是臭名遠揚。

七、互利策略

還有一點要提及的是,人際關係的最高策略是互惠互利。有人深諳此道,經常主動幫朋友解決一些實際困難,增加自己的價值與被利用的機會。

世上沒有陌生人,只有未結識的朋友

美國前總統羅斯福是一個非常善於結交朋友的人。在一次宴會上,他看見席間坐著許多不認識的人,便想與這些人相識。於是,他找到一位熟悉的記者,從記者那裡一一打聽清楚了那些人的姓名和基本情況。然後他主動和他們接近,叫出他們的名字,並與他們談論一些與他們的生活或工作有關的事。當那些人知道這位平易近人、了解自己的人竟是著名政治家羅斯福時,都大為感動。後來,這些人都成了羅斯福競選總統的支持者。

有一句名言是這樣的:「世界上沒有陌生人,只有未結識的朋友。」

任何深厚的友誼都是由陌生向成熟的階段培養而建立的。可以說,學會和陌生人交往,既是提高個人社交能力的需要,也是結識新友、建立人脈的重要途徑。

第七章　拓展人脈，多個朋友多條路

大多數人都有不善於和陌生人打交道的習慣，比如，當我們赴一個規模較大的宴會的時候，大家都會有一種不約而同的想法，就是最好避免和陌生的人同席，因為和熟人同席就可以有說有笑，和陌生人同席就失去樂趣了。這種想法正是畏於交際的意識在作祟，正如走進網球場而不想練球一樣可笑。

其實，所有的朋友都是從陌生到認識再到一步步發展成為朋友的。就拿宴會來說，怎樣與陌生人接觸、認識並成為朋友呢？說起來太簡單了，那就是交談。在陌生人的宴會上主動與人談話，透過互致問候、探討共同關心的話題等方式自然就能說到一起。話匣子一打開，大家必然會你一言我一語，你作為其中的角色，這時便可乘機詢問各自的情況，藉此認識許多人。之後，再和大家進一步的深聊下去，就很容易使這些人成為自己的朋友。

結交陌生人並非難事，而你的從陌生人發展而來的朋友則可能會成為你的貴人。

有一次，王柏的朋友請他去參加一個飯局，在席間他認識了這位朋友的一個朋友。因為還不大熟悉，他們彼此便交換名片，結果王柏發現他是一家大公司的人力資源部主管。交換完名片，自然要就對方的工作寒暄幾句，於是王柏開玩笑的說「以後貴公司有什麼好職位空缺，一定要記得我。」結果對方馬上問，有沒有可能給他介紹一個「有媒體經驗又有心理學背景」的朋友，因為他們公司正好有這樣一個內部溝通的職位空缺。

王柏跟很多媒體的朋友都很熟，就答應幫他一打聽，原來那些跑人才專線的記者拿到什麼心理諮詢師、職業規劃師之類證書的還真不少。於是王柏牽線搭橋，介紹了幾個人去面試，最後還真的有一個女孩被招進了那家公司。

後面的事情自然不用多說。投之以桃，報之以李，等後來王柏在事業上遇到困難的時候，那位主管還真的幫王柏物色了幾家公司，從而幫他拓展了事業上的空間。

在與陌生人的交往中，人們遇到的最多的問題通常是覺得「實在沒有什麼好

打造親和力，拉近和陌生人的距離

說」。這時，你不妨採取以下做法：

一、坦白說出你的感受

例如你可能在晚餐會上對自己嘀咕：「我太害羞，與這種聚會格格不入。」或是剛好相反，你認為許多人討厭這種聚會，但是自己卻很喜歡。

不管你怎麼想，把你的感受向第一個似乎願意洗耳恭聽的人說出來，這個人可能就是你的知音。無論如何，坦白說出「我很害羞」或「我在這裡一個人也不認識」，總比讓自己顯得拘謹、冷漠好得多。

最健談的人就是勇於坦白的人。這樣還有一個好處，如果你能坦誠相見，對方也會無拘束的向你吐露心聲。

二、與陌生人一起談談周圍的環境

如果你十分好奇，你自然會找到談話的主題。有一次一個陌生人審視周圍，然後打破沉默，開口說：「在雞尾酒會上可以看到人生百態！」這就是一句很有趣的開場白。

三、對陌生人提出問題

許多難忘的談話都是從一個問題開始的，比如問別人：「你每天的工作情況怎樣？」通常人們都會熱心回答。

與陌生人交談要積極尋找話題，但要注意，此時的話題不宜海闊天空，否則會給對方留下輕浮、不可信任的印象，從而影響交談的進行。另外，要盡量多給對方說話的機會，讓自己處在傾聽的位置上，這對於彼此之間的交往將更加有利。

打造親和力，拉近和陌生人的距離

美國前郵政部長詹姆斯‧法利是個謙虛謹慎、不狂妄自大的人。一個有趣的事例表明，法利先生是一個知道如何讓人喜歡自己的專家。那是發生在費城舉

第七章　拓展人脈，多個朋友多條路

辦的一次「讀書和讀者」會上的事。當法利先生和其他演講者到賓館去吃午飯的時候，他們在走廊遇到了推著餐車的女服務員。他們繞過餐車走了進去，這位服務員絲毫沒有注意到他們。這時，法利先生向她走了過去，並且伸出手說：「嗨，你好，我是詹姆斯・法利，能告訴我你的名字嗎？很高興認識你。」

當這群人走過大廳的時候，一些人回過頭看了看那位女孩。她嘴巴張得大大的，顯得十分驚訝，但轉而，她的臉上立即綻開了甜美的微笑。這就是一個在現實生活中取得成功的人士，他在社交場合中平易近人，善於營造舒適、自然、輕鬆的氣氛，並擁有良好的人際關係的很好的例子。

無疑，詹姆斯・法利是一個具有親和力的人，這種親和力讓那位女服務員和其他人樂於接近他、與他相處。親和力也是一種重要的品質，許多偉大人物都具備這種品質，比如美國歷史上偉大的總統林肯等。

親和力會讓人萌發親近的願望，親和力會使得即使是陌生人也一見如故。人們總是喜愛與謙和、溫良的人交往，而不會心甘情願的將自己置於一個威嚴的人之下。

就個人而言，親和力加速了人的社會化進程，使人從誕生之日起就浸泡在關懷、愛護的親情之中，一點一滴的受到薰染，得到強化與培養。親和力有利於人的身心健康，減少心理障礙產生的機率。人們社交的範圍越廣，精神生活就越豐富，親和力就越強，心理發展也就越平衡。親和力是培養良好個性、求取知識、獲得事業發展必不可少的重要條件，也是建立友誼、發展友誼的堅強動力。只要親和力的動機純正，就會贏得許多朋友，就會在人生的道路上一帆風順。

某大學植物系有一位植物學教授，開的課雖然是冷門課程，但卻幾乎堂堂爆滿，甚至還有人寧願站在走廊邊旁聽。究其原因，並不是這位教授的專業知識有多傲人，而是他的幽默風趣風靡了全校，使得學生們都喜歡上這位教授的課。

有一次，該教授帶領一群學生深入山區做校外實習，沿途看到許多不知名的植物。學生好奇的一一發問，教授都詳細的回答解說。一位女同學不禁停下了腳

打造親和力，拉近和陌生人的距離

步，對著教授讚嘆的說：「老師，您的學問好淵博呀。您對什麼植物都知道得那麼清楚！」教授回頭眨了眨眼，扮個鬼臉笑道：「這就是我為什麼故意走在你們前頭的原因了，只要一看到不認識的植物，我就『先下腳為強』，趕緊踩死它，以免露餡！」學生們聽了個個笑得前俯後仰。可以想見，這次實習之旅是一趟充滿了笑聲的愉悅之旅。

當然教授只是開了個玩笑，幽默一下而已，但這就是他廣受學生喜歡的原因。

讓陌生人親近你的技巧有很多種，主要有以下幾個方面：

一、平易近人、輕鬆自如的與陌生人交往

在別人和你打交道的時候，不要讓人有一種緊張感。一個平易近人的人很好相處，而且言談舉止都很自然。他會營造一種舒適、愉快、友好的氛圍，和他在一起，你絕不會陷入尷尬的境地。而一個表情僵硬、冷漠、毫無反應的人，是難以融入一個團體之中的，他往往是一個桀驁不馴、不太合群的人。你常常不知道該如何和他打交道，你也難以揣摩他的內心世界，不知道他會對你的言行作出怎樣的反應。讓人去喜歡這樣一個怪僻的人，確實不是一件很容易的事情。

二、要體貼他人，替他人著想

一個體貼別人的人，總會設身處為別人著想，不讓別人緊張、拘束，更不會讓別人尷尬難堪。據說，莎士比亞就具有善解人意的美德。在和人交往的過程中，他寬容靈活，能根據交往對象的不同特點，隨著時間、地點的變化進行應變。

三、大方得體，不卑不亢

總體來說，具備這種素養的人首先得具備開闊的胸襟。因為那些特別看重別人對自己的態度的人，那些害怕別人嫉妒自己的地位和名聲的人，那些在生活中處於優勢地位的人，是很少對別人失去禮節的，而且一般也不輕易對別人生氣。

第七章　拓展人脈，多個朋友多條路

四、要真正忠誠和具有愛心

某個大學的心理學系對那些受人喜愛的和不受人喜愛的人的性格進行了分析。他們對一百種個性特徵作了科學分析，最後指出：一個人要想贏得別人的喜愛就必須具備四十六個能夠引起人們好感的個性特徵。也就是說，你要想被大眾所接受，就必須具備許多招人喜歡的優秀品格。

要想讓別人親近你，你必須具備一個最基本的品格，這就是要忠誠、正直和具有愛心。事實上，只要你具備了這一基本品格，你就具備了做人的基點。

人脈也需要互動

想要依附別人而拓展自己的人際關係網，首先必須有一個社會條件，我們所擁有的人脈資源如同做生意，也是一種平等兌換。我們跟朋友之間之所以可以維持互動關係，是因為我們各自有可以提供給對方的東西，而且這種交換可能是同等價值可能是不等價值，是透過交換來滿足各自的需要，而且這對雙方都有意義。

拓展人脈網時也是這樣，沒有付出哪有收穫？這樣的互動，雙方都不吃虧，何樂而不為？

里奧納多任職於紐約市的一家大銀行，他奉命寫一篇有關某公司的機密報告。他知道有個人擁有他非常需要的資料，於是，里奧納多先生去見那個人，他是一家大銀行的董事長。當里奧納多先生被迎進董事長的辦公室時，一個年輕的婦人從門邊探頭出來，告訴董事長，她這天沒有什麼郵票可給他。

里奧納多覺得很納悶，怎麼董事長還有集郵的愛好？

「我在幫我十歲的兒子搜集郵票。」董事長對里奧納多解釋。

里奧納多先生說明他的來意，開始轉入話題。董事長的說法很含糊，模棱兩可，說的都是沒有什麼價值的資訊。因為他根本就不想把實情說出來，無論怎樣試探都沒有用。這次見面的時間很短，事實上也沒有達到效果。

抓住時機、抓住場合溝通

　　「坦白說，我當時不知道怎麼辦？」里奧納多先生說，「接著，我想起他的祕書對他說的話——郵票、十歲的兒子……我也想起我們銀行外交部門搜集郵票的事——從來自世界各地的信件上取下來的郵票。」

　　「第二天早上，我再去找他，託祕書傳話進去，我有一些郵票要送給他的孩子。我是否很熱誠的被請進去了呢？是的。他滿臉帶著笑意，客氣得很。『我們吉米將會喜歡這些的！』他不停的說，一面撫弄著那些郵票。『瞧這張！這是一張價值連城的稀世珍藏。』

　　「我們花了兩個小時談論郵票，看他兒子的照片，然後他又花了一個多小時，把我所想要知道的資料全都告訴我——我甚至都沒提醒他那麼做，他把他所知道的，全都告訴了我，然後叫他的祕書進來，問她們一些問題。他還打電話給他的一些同行，把一些資料、數據、報告全部告訴我。以一位新聞記者的專業水準來說，我大有所獲。」

　　里奧納多透過郵票的互動，不僅完成了任務，還與董事長有了較深入的溝通。你敬我一尺，我敬你一丈！人脈中的微妙就在於此！

　　想一想，目前你的人脈網有多大，你想擴展你的人脈資源嗎？這個世界上沒有人可以控制你人脈網的大小，唯有你自己可以掌握，它可以無限大，也可以無限小，這要看你的打造程度了。

　　你有一個香蕉，我也有一個香蕉，如果彼此交換，還是各有一個香蕉；但是，倘若你有一種建議，我有另一種建議，而彼此交流這些想法，那麼，我們就各有兩種建議，你有一個非常好的人脈網，我有一個非常好的人脈網，如果我們互相交換，那麼，你有兩個人脈網，我也有兩個人脈網。所以，擴展人脈資源最有效的方法就是與別人互動人脈資源。

抓住時機、抓住場合溝通

　　我們經過很大的努力，建立了不錯的人緣，但我們能滿足於此嗎？能使人緣

第七章　拓展人脈，多個朋友多條路

不斷拓展才是最理想的。人緣就像是一種回應，你送出去什麼，它就送回什麼，你播種什麼就會收獲什麼，你給予什麼就會得到什麼。因此，要想有個又寬又廣的人脈網，你必須不失時機、場合的與人溝通，與人建立長久的聯絡關係。

人們往往會碰到這種情況，在某一場合裡有很多人，那麼你要怎麼能在這很多的人裡游刃有餘，讓更多的人關注你，重視你，讓陌生人結識你，讓不熟悉的人存入你的人脈存摺呢？

在這種場合下，不妨利用你的熟人，讓熟人介紹一下你想認識的陌生人。

不是超乎一般的關係，一般人不會主動把自己的朋友介紹給別人，尤其是在大家都很忙的時候。所以，想認識誰，就要主動去尋找管道。比如，當朋友與別人交談時，你主動走上前去和朋友打聲招呼，他可能會主動介紹一下正在與他說話的人。如果沒有介紹，你可以冒昧的問一句：「這位是……」他告訴你後，你趁機與對方搭上話，但不要談太長時間，以免耽誤朋友的事情，對方也會認為你不禮貌。簡單說兩句之後，起身告辭，或再加上一句：「回頭我們再敘，你們先談吧。」

如果去的場合是某人舉辦的活動，你可以主動請東道主引見幾位朋友。如果人不太多，可以讓東道主主動把你介紹給大家，然後你就可以與任何一位聊天。其他人因為你與東道主關係親密，也會很高興結交你。即使你與東道主關係一般，他只要把你請來了，就會滿足你的這個要求，但你必須主動提出來而且要注意時機的把握。

參加各種研習會或培訓班的人來自不同的群體，不同的領域。這並不重要，重要的是他們都有愛好學習、熱愛成長、追求事業成功這一共同目標。

如果是同行，可以彼此交流工作經驗，探討行業趨勢，了解更多有關的行業資訊。這些資訊對於制定決策、發展事業是很有幫助的。如果不是同行，那他就有可能成為你的客戶。同時，他也有可能帶給你正在尋找的東西。從這些聚會中可以建立深厚的友情。

抓住時機、抓住場合溝通

　　美國保險明星諾曼・拉文參加過許多培訓班，同時他也參加一些研習會。他參加的研習會多半是一年聚會一次，然後由每個會員平均分攤所有交通和住宿費用。他們有一個共同的默契，就是會中所討論的每一件事，都要保密，所有的資訊都只跟會員分享。他們彼此都變成非常友好的好朋友，同時會經常保持聯絡，有事互相幫忙。

　　再看搭乘頭等艙的乘客大都是政界領袖、企業總裁、社會名流。在他們身上可能會存在潛在商機。也許你乘坐一次頭等艙，就可改變你的一生。

　　頭等艙真的有必要搭乘嗎？搭乘是為了更安逸？享受更好的服務？還是為了比其他乘客早三十秒下飛機呢？或是為了生命安全？統統都不是，要強調的是，為了拓展自己更高層次、更高品質、更高價值的人脈網。

　　這樣的例子不勝枚舉，你有可能在短短幾個小時的飛行中談成幾筆生意，也有機會結下難得的友誼，這在經濟艙內的旅行團體中是很難巧遇的。坐頭等艙的人都希望了解同艙裡的其他乘客為什麼願意多付百分之二十到百分之三十的費用來換取喝香、比其餘乘客早三十秒下機的權利。特別是在長途的旅行中，你真的可以結識些飛行出差的貴人，從而建立珍貴的友誼。

　　你還要積極參與公司內外各式各樣的聚會。不僅是公司，自家親戚朋友聚會也要參加，不要嫌麻煩。如果有不同行業的交流會，也要主動的參與籌劃；加入有共同興趣的圈子也是結交新朋友的最佳時機。

　　在適合的場合、合適的時機拓展人脈時要注意：

一、真誠付出

　　只求獲取，不願付出的人會使人感到反感。只要你付出了自然就會有獲取的機會。給予別人資訊與建議，自然也會得到自己需要的資訊。

二、「哀怨聲聲」的聚會少參加

　　那些懷舊的、安慰的聚會上，大家一邊喝酒一邊互相埋怨，杞人憂天，這樣的聚會只會使人變得沒有活力，意志更加消沉。曾見過一次這樣的同學聚會。一

第七章　拓展人脈，多個朋友多條路

幫進入職場已經二十年的同學聚在一起，由於分別太長時間，一見面就是以淚洗面。談起現在的工作，幾個提前退休或離職帶孩子的女同學更是撕心裂肺，全無當年那種為事業拚搏英姿颯爽的氣概。這種聚會百害而無一利，不小心參加了也可以尋機盡快撤離。

三、爭取在聚會中表現自我的機會

如果只是滿足於當一般的成員或聽眾，就沒有多大的價值，也不可能借聚會之機建立起廣泛良好的人緣。所以如果有發言的機會時，要爭取積極主動的發言，提出各種活動建議。自己不妨率先組織第二次聚會。總之，要努力使自己的存在得到參與者的認可和好評，從而獲得聚會的領導地位。

不怕欠人情，只怕忘恩情

朋友是相處出來的，關係是走出來的。朋友之間的幫忙也需要講一下感恩之情。

有人認為，相互之間非常投緣，彼此都能理解對方，過於客套，也會給人一種虛假的感覺甚至是壓力，朋友之間還需要講那些客套話嗎？

想起霍金，眼前就浮現出這位科學大師那永遠深邃的目光和寧靜的笑容。世人推崇霍金，不僅僅因為他是智慧的化身，更因為他還是一位人生的勇士。

有一次，在學術報告結束之際，一位年輕的女記者快步登上講台，面對已在輪椅上生活了三十餘年的科學巨匠霍金，不無悲憫的問：「霍金先生，漸凍人症已將你永遠困在輪椅上，你不認為命運對你太不公平了嗎？」

這個問題顯然有些敏感和尖銳，報告廳內頓時鴉雀無聲，一片寂靜。

霍金的臉龐卻依然充滿恬靜的微笑，他用還能活動的手指，艱難的叩擊鍵盤，於是，隨著合成器發出的標準倫敦音，寬大的投影屏上緩慢而醒目的顯示出如下一段文字：

不怕欠人情，只怕忘恩情

我的手指還能活動，
我的大腦還能思維，
我有終生追求的理想，
有我愛和愛我的親人和朋友，
對了，我還有一顆感恩的心……

在受到心靈的震撼之後，全場雷鳴般的掌聲響起。人們紛紛擁向台前，簇擁著這位偉大的科學家，向他表示由衷的敬意。

感恩的心！是啊，在現代的人際相處中，我們太缺少感恩的心了，人與人之間多了份冷淡，但是感恩的心是不可忽視的！

時刻記住別人對你的好，對你的幫助，反過來，你就會對他好，循環下去，你們彼此友好的相處下去，友誼不是更堅固嗎？

這是一個關於二戰歸來的英國士兵的故事。

他從蘇格蘭打電話給他的父母，告訴他們：「爸媽，我回來了，我想帶一個朋友和我一起回家。」「當然好啊！」他們回答，「我們會很樂意見到他的。」

不過兒子又繼續說下去：「可是有件事我想先告訴你們，他在二戰中為我受了重傷，少了一條胳臂和一隻腳，他現在走投無路，我想請他回來和我們共同生活。」

「兒子，我很遺憾，不過或許我們可以幫他找個安身之處。」父親又接著說，「兒子，你不知道自己在說些什麼。像他這樣殘障的人會給我們的生活造成很大的負擔。我們還有自己的生活要過，不能就這樣被他影響了。我建議你先回家，然後忘了他，他會找到自己的落腳之處。」

就在此時，兒子掛上了電話，他的父母再也沒有他的消息了。

幾天後，這對父母接到了蘇格蘭警局打來的電話，告訴他們親愛的兒子已經墜樓身亡了。於是他們傷心欲絕的飛往蘇格蘭，並在警方帶領之下到停屍間去辨認兒子的遺體。警方相信這只是單純的自殺案件。那的確是他們的兒子沒錯，但

第七章　拓展人脈，多個朋友多條路

令人驚訝的是，兒子居然只有一條胳臂和一條腿。

故事裡的父母肯定很後悔，但是亡羊補牢為時已晚，如果他們知道感恩的話，結局何至於此？兒子告訴父母這個殘廢的人是為自己而受的重傷，可是父母只覺得這個人是個殘廢人會拖累他們，唉，失去了兒子不能怪別人，只能責怪自己！

懷著一顆感恩的心去歡迎別人，以施惠於人為樂，享受施予的快樂，那才是人間最美的事。

給予別人適時的關心

任何人都渴望他人的關心和關注，都希望感受溫暖和友好的氣氛，那些不為人們所關注的小人物和困境中的人尤其如此。所以，如果你想贏得好人緣，想與他人建立友好和諧的關係，想找到自己生命中的貴人，那麼你就應該對人給予適時、適當的關心。關心會讓他人感動，小則引起他人對你的好感，大則讓他對你銘記在心，甚至於「士為知己者死」。古代那些「壯士酬知己」的轟轟烈烈的大事有很多都是在這種情況下發生的。

與小人物交往更應當如此：用適時的關心讓他們感動。

在日本神戶的一家華人開的夜總會裡有一個員工，在來這裡工作之前，他曾經在好幾家外國人經營的公司服務過。但他的運氣太差，無論怎樣努力工作，那幾家公司的老闆都認為他不聽話，總是不說明理由就隨便開除了他。他工作的最後一家公司，老闆就是以遺失東西為由，把他和所有有嫌疑的人都炒了魷魚。

此後，他才來到這位華僑開的夜總會謀生。

就是這名員工，有一天，他在上班的時候看見辦公室的桌子上擺放著一個大蛋糕。但他並沒在意，一會兒就把這件事忘記了。

突然有人通知他說：「你太太馬上就要到公司來，是董事長請來的，聽說是為了一件非常重要的事。」

廣交朋友，成就大業

這位員工心中猛然一驚，忐忑不安起來：「又出了什麼事？」

就在這時，公司廣播通知所有員工到辦公室去。

隨後，董事長步入辦公室興高采烈的宣布：「生日宴會現在開始！」

而公司裡只有他一個人是今天過生日，於是他驚訝的坐在被指定的中央位置上，他的妻子則被安排在他旁邊的椅子上坐下了。

桌子上面放著他上班時看到的蛋糕，上面用巧克力寫著他的名字。他的眼睛溼潤了，自己連自己的生日都記不得，而董事長卻在百忙之中親自來主持宴會，這真讓他有點受寵若驚。

接著董事長又宣布公司特許他休息一天，可以帶太太出去玩一玩。

從此以後，他更加努力工作了。

關心他人也是有學問的，不要以為付出真心就可以了。尤其是關心小人物的時候，有許多要注意的事項。

關心小人物要掌握合適的「度」，即不要太過度，要顧及他們的自尊。萬萬不可以自己的所想為出發點，而要以小人物的需要和承受能力為出發點。

關心要真誠，要發自內心，而不是浮於表面。在他們遇到困難的時候，要給予實際的幫助，比如資金上的支持、辦事方面的便利等。

有的時候，真誠的關心只靠一個重視的眼神、一個親昵的表情就能夠表達得淋漓盡致，而無須太多語言。

關心他人時不要侵犯他人隱私。有些人內心潛藏著極強的窺探欲，看到他人情緒低落便伺機詢問。這看似關心，實為干擾他人正常生活，類似這樣的做法是不可取的。

廣交朋友，成就大業

古語云：「得人心者得天下，失人心者失天下」。眾所周知，人生活在社會中，一個人的成功只能來自於他所在的人群和所處的社會。也就是說，一個人只

第七章　拓展人脈，多個朋友多條路

有在所處的社會中如魚得水，游刃有餘時，他才可能為自己在事業上的成功開闢出寬廣的大道，這就要求他有一定的社交能力。而這種社交手腕，正是他賴以建立良好的人際關係，獲得人心的基礎。

美國前總統西奧多‧羅斯福曾說：「成功的第一要素是懂得如何搞好人際關係。」成功學大師卡內基經過長期的研究，得出結論：「專業知識在一個人成功中所起的作用只占百分之十五，而其餘的百分之八十五則取決於他的人際關係。」哈佛行政學院的教授吉威特認為：「每一個偉大的成功者背後都有另一個成功者。沒有人能僅憑個人力量就會達到事業的頂峰的，要成為出類拔萃的人，你就要吸收有助於你事業成功的資源，而在其他領域有所建樹的人是你最大的資源。你要做的就是找到他們，構建有助於你的事業的『關係網』。」

由此可見，一個人要獲得事業上的成功，必須有收買人心的能力，創造出良好的人際關係。先得人心，然後才能得天下。

中國古代思想家荀子曾說：「泰山不讓土壤，故能成其大；河海不擇細流，故能就其深。」一個好漢三個幫，借助別人之力，廣交人心，才能成就自己的事業。

在現代社會中善於社交者，善於編織一個利於自己的人際關係網路，往往是人生事業成功的基礎。

在某冰箱企業維修部工作的范先生一下班就騎上腳踏車趕往他的好朋友關飛家，因為關飛家的冰箱突然不運作了，他讓范先生瞧瞧出了什麼毛病。「好朋友的事當然要幫忙了。」范先生趕到關飛家裡，飯也沒吃就忙開了，一直修到很晚，總算修好了冰箱。關飛很感激的對范先生說：「太謝謝你了，老范！要不是冰箱急用，也不會讓您下了班還來幫忙。耽誤了您這麼長的休息時間，實在過意不去。」范先生爽朗的笑了：「咱們都是多年的老朋友了，還說什麼客氣話！」

下了班，誰都有自己的事，但范先生能犧牲自己的休息時間解朋友之急，這種事在現實生活中並不少見。相信當他們日後有了什麼困難，或要辦什麼事時，

廣交朋友，成就大業

曾經被他們幫助過的人也絕不會冷眼旁觀，畢竟人心都是肉長的，誰的心裡都有一桿秤。

其實，不僅朋友間如此，熟人之間也是如此。俗話說：「熟人好辦事。」我們經常碰到這樣的事：當一個人為公司去辦某事時，他對著那家公司的一位老熟人說：「朋友，這事交給你了，你可得當作自己的事來辦啊。」這言外之意是，此件事雖是公事，但與自己的關係重大，囑咐其留神、細心、迅速的幫助自己完成，這就是公事私辦的關照語。

也許他託熟人辦的這公事按正常的程序需要一星期，但他又等不了一週，於是只能拜託朋友加快速度，提前交貨。自然，他的熟人會盡心幫助他的。當然當別人下次有求於他的時候，他也絕不會拒絕。

人都是有感情的，特別是臺灣人之間那種千絲萬縷的親戚關係實在讓外國人望塵莫及，子女一輩子靠爸爸、媽媽養活也不以為過，反而以「我爸爸有錢、是大官」而自傲。更令人叫絕的是臺灣人的人情網只要一開，就根本不用指望能夠合上，這類彎彎繞出來的人情網在社會中處處皆是。

美國億萬富翁哈默素有「點石成金的萬能商人」之稱，他的事業起步與他和列寧的關係緊密聯繫在一起。

哈默的父親是個俄國移民，一個熱情的社會主義者，美國共產黨的創始人之一。哈默父親的身份使哈默在訪問蘇聯時得到了特殊的待遇。哈默第一次訪問蘇聯正值蘇維埃內戰時期，由於連年的國內戰爭和外國武裝力量的干涉及封鎖，蘇聯經濟已凋敝不堪，國內食品供應非常緊張，而當時美國糧食連年豐收，價格相當便宜。儘管哈默從未做過糧食生意，但他見此情形，決定要做一筆跨國大買賣，即從美國購買糧食，賣給蘇聯。哈默的建議得到了列寧的賞識，列寧接見了哈默，並指示外貿部門確認這筆貿易，哈默與列寧因此締結了真摯的友誼，透過這次貿易哈默也賺取了很多錢，從此他的錢開始數不清了。

一九二一年哈默在蘇聯做完一筆生意準備回國時，偶然想起要買一支鉛筆，

第七章　拓展人脈，多個朋友多條路

這個偶然的想法又給他創造了絕好的機遇。他到商店一問鉛筆的價格不禁大吃一驚，每支鉛筆竟賣二十六美分！而當時在美國不過兩三美分而已。吃驚之餘，一個設想打消了哈默回家的念頭。儘管他對製筆業一無所知，但他毅然決定在蘇聯建立一個鉛筆廠。哈默憑著與列寧的特殊關係，取得了在蘇聯生產鉛筆的許可證。但是哈默遇到了一個難題，就是當時蘇聯還沒有製造鉛筆的技術。哈默了解到德國紐倫堡的輝柏鉛筆公司是當時世界鉛筆生產的壟斷者，要獲得技術，就必須去輝柏公司取經，但是輝柏公司對這項技術嚴守祕密，拒不外傳。哈默在輝柏碰了釘子後，他並未灰心，他明察暗訪，終於得知一名懂這項技術的叫喬治‧拜爾的輝柏公司的工程師對公司不滿，於是哈默私下裡找到喬治‧拜爾，許以重金請求他去蘇聯幫助自己。得到應允後，哈默把從德國購買的機器拆散，帶著喬治‧拜爾一家一同來到蘇聯。鉛筆廠建成後，第一年的產值就達二百五十萬美元，第二年迅速成長到四百萬美元。到了一九二六年，產量已達到一億支，不僅滿足了蘇聯市場的需求，還出口到十幾個國家和地區。從這個鉛筆廠，哈默賺取了幾百萬美元的財富。從上述事例中，我們不難看出，良好的人際資源是取得成功的關鍵因素，此種人際資源有助於創業者實現財富的增值與飛躍。

在正常人際交往中恰當的運用人情關係，在處理公事時加以靈活運用，更能避免受到不公平的待遇，進而達到與人合作的目的。很多人認為，公事私辦根本不是好現象。這種觀點很有道理。但這裡說的公事私辦並不是讓對方違反國家法律和工作紀律，而是在可通融的情況下，透過人為的擠壓時間或加班，自願的幫助別人。

正因為在公事公辦與公事私辦之間存在較大的回旋餘地，這才給善於人際交往的人創造了有利的機會，他們盡自己的所能，常常收到意外的效果。

有句諺語說得好，每個人距總統只有六個人的距離。你認識一些人，他們又認識一些人，而他們又認識另外的一些人……這種連鎖反應一直延續到總統的辦公室。而且，如果你僅僅距離總統六個人的距離，那麼你距離你想見的任何人也

朋友多了，路好走

最多只有六個人的距離，不管他是一家公司的總經理，還是好萊塢的製作人，還是你想讓其加入你的團隊支援你的名人。

朋友多了，路好走

　　常言道，一個好漢三個幫。自古以來，成就一番事業的人都少不了別人的幫助。

　　「朋友多則門路多，人際資源是財富，多個朋友多條路」。相對來說，透過朋友介紹找工作也容易得多。因此，多交朋友會為你以後的求職創造條件並且增加機會。有研究證明：「你和世界上任何一個人之間只隔著四個人，不管那個人身在何處，哪個國家，哪類人種，何種膚色。不用驚奇，你和歐巴馬或者蔡英文之間也只有四個人，而且構成這個奇妙六人鏈中的第二個人，絕對就是你認識的人，也許是你的父母、你的大學同學、更可能是在辦公室裡每天幫你擦桌子打掃衛生的阿姨......仔細想來，透過打掃阿姨的關係網竟可以讓你聯繫到歐巴馬，是不是很奇妙呀！

　　關係網就好比是一條八腳章魚，每一條八腳章魚在每一天每一分鐘裡都在不停的集合、交錯，只是我們自己常常不自知、不在意，因此常常和貴人擦身而過！不要只看著關係中的顯貴，太看重顯貴而忽視其他更多的普通人。在適當的時機，任何一個普通人都可以扭轉乾坤，成為你的大貴人！但也要注意，毫無誠意的點頭之交等於零，關係需長時間的累積和沉澱。機遇和貴人是在適當時候出現的適當的人、事、物的組合體。我們無法控制這種完美的巧合何時出現，但我們可以透過控制自己的關係給自己創造更多的可能。

　　「千金易得，知己難尋」。真正的朋友不是從我們出生時就在我們身邊的，朋友需要我們用心去尋找。當你付出了真心的愛與關懷的時候，相信就會有相同的有心人走入你的視線。

　　朋友是辦事藝術中不容忽視的環節。有多少朋友，就打開了多少扇辦事的方

第七章　拓展人脈，多個朋友多條路

便之門。一個人的智慧是有限的，精力更有限，所以做一番大事情，想做個好漢，那就得善於採用別人的幫助。世界上有很多人獲得成功，去除環境、機遇和個人能力等因素外，最重要的是因為他們能處理好人際關係，特別是善於結交朋友。

在這個競爭激烈的社會裡，每個人的生活都是忙忙碌碌的，沒有時間過多的和朋友交往，日子一長，許多原本牢固的人際關係就會變得鬆懈，朋友之間逐漸互相淡漠，這是很可惜的。人人都應該珍惜人與人之間寶貴的緣分，即使再忙，也不應該忘了人情投資。

嚴偉畢業於清華大學，在校期間是非常優秀的學生幹部，結交了許多好朋友。畢業後自己創業開辦一家公司，剛開始生意很好，賺了一些錢，他就拿自己賺的錢，幫助其他的朋友創業。

嚴偉看準了一個很好的機會，投資一個專案，把公司的資金全部投入進去，可是資金回收得很慢，很快就周轉不開了，如果資金跟不上，那公司就徹底垮了，可是嚴偉又實在沒錢了。他的同學和朋友聽說了，全都願意傾囊相助，幫助嚴偉渡過難關。這個專案後來又讓嚴偉賺到很多錢，不但可以很快還給朋友們，公司的資產也翻了幾倍。

所以說，朋友多了好辦事，好朋友會在你經濟遇到困難時，慷慨解囊，傾力相助。

董小姐自己開了個房屋仲介所，幾乎每一個到社區租房子的人都會找董小姐幫忙，為什麼呢？原因就在於董小姐和大門口的警衛關係特別好。

社區大門口的警衛等於是社區的一扇窗口，每次有人要租房子，第一個就是問他們：「這裡有沒有人要出租房子？價錢多少？」

只要有人向他們問詢一些消息，他們每一次的回答都是：「你去問問那個住在八樓的董小姐，她有很多資訊，找她你就不需要再去找其他仲介了！」結果那位董小姐在大樓裡住了十八年，靠做出租房屋的仲介就賺了很多錢。

同學資源不能白白浪費

　　為什麼警衛會對董小姐這麼好呢？因為在這之前，每一天從大門經過的時候，董小姐總是會向他們打招呼，把這些警衛當成自己的朋友，不但逢年過節送紅包，平常有好吃的，也記得拿出來與他們分享，這些都是出自內心的感謝以及報恩。這些警衛們自然對董小姐心存感激，自然也就願意幫董小姐的忙了。

　　董小姐就是利用和這些警衛的良好關係，使自己十幾年來一直從出租房屋中不斷的得到事業發展。

　　誰都不會相信順手送一盒餅給警衛，利用與警衛的關係會賺進很多錢！但董小姐的做法告訴我們：辦事的關鍵並不在於你多麼聰明、懂得算計，這些都是次要的。而最重要的是，如何建立關係和利用關係。

　　純粹意義上的赤手空拳打天下，白手起家是不存在的。也是不現實的。凡是成功的人必是善於利用他人之力，從而使自己擁有一對翱翔宇宙的豐滿羽翼，比其他人升得更快，飛得更遠。從辦事的藝術上來講，善於利用關係，你辦起事來，將如虎添翼，一帆風順。

同學資源不能白白浪費

　　誰沒有幾位昔日的同窗呢？說不定你的音容笑貌還存留在他們的記憶中。千萬不要把這種寶貴的人脈資源白白浪費掉，要改變處境，就要學點「手段」，從現在開始，你就要努力的去開發、建設和使用這種關係。

　　同學關係是非常純潔的，有可能發展為長久、牢固的友誼。因為在學生時代，人們年輕單純，熱情奔放，對人生對未來充滿浪漫的理想，而這種理想往往是同學們共同的追求目標。加之同學之間朝夕相處，彼此間對對方的性格、脾氣、愛好、興趣等等能夠深入了解。因此，在同學中最容易找到合適的朋友。

　　現在，具體來談談在同學中尋找和建立朋友關係的做法：

　　（一）雖然彼此的工作領域不同，但可以將焦點對準目前的現狀。原則上，只要擁有進取心且正在奮鬥中的人即可。即使對方在學生時期與你交往平淡亦

第七章　拓展人脈，多個朋友多條路

無妨，你必須主動加深與其交往的程度。如果你很幸運的找到凡事均能熱心幫忙的對象，就更易與其建立良好關係了。

（二）在運用前述的方法時，同時也可並用另一種方法，以擴大交往的範疇。這個方法是透過同學錄上的工作性質來加以取捨，再展開交往。

如果，你在學生時期不太引人注目，想必交往的範圍也很有局限。然而，現在你已大可不必受限於昔日的經驗，而使想法變得消極。因為，每個人踏入社會後，所接受的磨煉是不相同的，絕大多數的人會受到洗禮，而變得相當注意人脈資源的重要性，因此即使與完全陌生的人來往，通常也能相處得好。由於這種緣故，再加上曾經擁有的同學關係，你完全可以重新展開人脈資源的塑造。換言之，不要拘泥於學生時期的自己，而要以目前的身份來展開交往。

此外，不論本身所屬的行業領域如何，應與最易聯絡的同學（國中、高中、大學等）建立關係。然後，從這裡擴大交往範圍。不妨多運用同學身邊的人脈資源，來為自己的成功找到助力。

同學之間的關係，是人生中最親近的一種關係。也是你人際圈中最重要的人脈。

同事是每個人最大的人脈財富

同事是職業人生最大的財富，無論是現在的同事還是舊同事，都會因朝夕相處而成為朋友。珍惜職業友誼，它不僅能在你不開心的時候為你找到快樂，讓你寂寞時不覺得孤獨，他還會影響與架構你的事業和未來生活。

人與人之間的誤會常常是在工作中產生的，雙方的誤解涉及許多因素，個人自行解決可能會受到限制，以至於不能明白透徹。所以在有些時候，請上司和同事幫忙，也不失為一個好辦法。

每一個人在公司都有表現自己的欲望，請同事幫忙辦事就等於為他提供了一次表現個人能力的機會，即便遇到困難也得辦，即便有時擔心上司不滿也得辦，

同事是每個人最大的人脈財富

以此在同事中維護自己急公好義的形象。同事的事和公司的事一樣，每個人都會感到自己有一份責任和義務。因此，找同事辦事不用存在任何顧慮，該開口時就開口。

李克在家具工廠工作，他話雖少卻極富想像力和獨創性，是一位很了不起的木工藝術家。他設計的款式非常有創意，因此，在工廠裡他是一個引人注目的人物。但是，可能是因他不善交際，多少有點討人嫌，總是受到前輩們的排擠，特別是在職員們發起的每年幾次的研習會上。他參加研習會的感受是這樣的：「無論我提出什麼樣的方案都會遭到幾位前輩的反對，無法得到採納，前幾次是這樣，這次也是如此。本來研習會是提出新想法的場所，但現在卻成了前輩們耀武揚威的地方，即使勉強去參加，自己的方案也得不到採納，所以我已經不想再參加了，但總無法明確說出不想參加。所以我每次都是很勉強的去參加。」

據他所說，他的一個同事就是因為對那些前輩們不滿而沒有再去參加學習。他心想，自己若能像其他同事那樣勇於發表意見，清晰表達自己的意見和創意，就不至於像現在這樣什麼都說不出來，感到很痛苦，甚至還想辭掉工作了！但他還不想離開這裡，他說，除了那幾位前輩外，工作的心情還不算壞。

他對自己在設計上的表現並無不滿，但在語言表達這方面卻缺乏自信。不過他在與知心好友聊天、用餐時，和其他人一樣能侃侃而談，而且說的話也像他的設計一樣富於表現力，非常生動。這時的他與受到壓抑時的他完全兩個樣。要事酒後心情放鬆，他還可以妙語如珠的說個不停。但是酒醒之後，又回到了沉默寡言的他。

對於自己的現狀，他決定找同事幫忙。於是，他找來了幾位同事作為觀眾，鍛煉自己當眾講話。他讓他們幫忙找出自己的缺點，不斷加以改進和鍛煉，幾天下來，他不像以前那麼緊張了。終於在一次會議上，他完完整整的把自己的創意表達了出來，並受到了上司們的好評。

辦事時利用關係是能最快達到預期效果的。同事關係是辦事最直接、最方便

第七章　拓展人脈，多個朋友多條路

利用的關係，那麼如何讓同事為自己辦事呢？

一、以誠相待

同事之間了解得比較多也比較深，如果找同事辦事神神祕祕的不把事情說明白的話，容易使同事產生你不信任他的感覺。因此，找同事辦事，就要先說明究竟要辦什麼事，坦言自己為什麼辦不了，為什麼要找他。這樣，精誠所至，同事只要能辦到的事，一般是不會回絕你的。

二、態度謙和

同事不是朋友，一般都沒有太深的交情。因此，找人說話一定要客氣，而且要以徵詢的口氣與同事探討，請他幫忙想辦法。受到如此的尊重，同事如果覺得事情好辦，自然會自告奮勇的去辦，幾句客氣話，省去許多麻煩。辦完事之後，一般不要用錢來表示謝意，客氣幾句，說聲謝謝就可以了；如果執意要拿錢來表示，容易引起對方反感，因為同事之間辦點事就接受物質感謝，會給大家留下壞印象。

三、目標明確

一些比較不明確的事一般不找同事去辦，辦一件事之前，要先知道你這位同事的社會關係，以及他辦起來是否有太大的難度，只有掌握了這些情況，你才能做到張口三分利，也不至於叫同事左右為難。

四、分清有些事情不能找同事

自己能辦的事盡量自己去辦。如果同事不能直接辦還得「人託人」的話，這樣的事，不如轉求他人幫忙。和同事利益相抵觸的事不能找同事去辦，即便這利益涉及的是另一個同事。

同時在找同事幫忙時，要注意以下幾個方面。

（一）不說難聽的話。

在找同事幫忙時，需要使對方產生好感，所以，必須言語和善。尤其是那

些心直口快的人，更要深思慎言，不說讓人生厭和惹人不快的話，那樣會事與願違的。

（二）不說沮喪的話。

既然去求人，就處在比較卑微的位置。在出現困難和危難的時候，人往往心力交瘁，情緒低落，會有意無意的在和周圍人的交往中，說一些情緒沮喪的話，這是不得體的。因為容易給人一種壓抑的氣氛，引起對方的不快，也容易話不投機。

（三）不說貶低自己的話。

有個別求人者喜歡貶低自己來抬高別人，殊不知你的謙虛有時在對方看來卻是一種畏縮。謙虛要用對地方，不能自貶的時候，還是實事求是的好。

（四）不擔心、懷疑對方的話。

求同事辦事的人，往往事情都比較迫切，因此，容易說一些急於求成，催促對方的話，懷疑對方能力、權力和身份的話，或是表現自己的擔心和情緒低落的話。這些話暴露的大多是一些負面意識，因而也會產生一些負面效應，這是應盡力避免的。

在家靠父母，出門靠朋友。懂得與他人良好的相處，並善於利用你身邊的資源，巧妙利用同事為你辦事，對你會大有幫助。

忘年之交也是你的一筆重要財富

不能否認，年輕人的拼勁和老年人的沉穩，是兩種很難同時具備的優勢，所以說在人際交往的過程中，忘年之交對我們來說也是一筆很重要的財富。

年輕時，人們難免都會羨慕年長者的性格穩健、思維縝密、經驗豐富，不像年輕人那樣青澀，不懂人情世故，做事不考慮後果；相反的年老了以後，大家又會十分羨慕年輕人精力旺盛，思維活躍不受羈絆，不像年長者那樣，動不動就會感到疲倦。於是人們就常常幻想如果一個人可以同時擁有兩個年齡段的優勢那該

第七章　拓展人脈，多個朋友多條路

有多好呀！

人脈資源中的忘年交剛好就可以實現我們這種願望，透過兩種人的特徵的綜合，可以有效的幫我們彌補不足，發揮特長。

甄智勇是某事業公司的一個年輕有為的中青年幹部，他在公司高層領導的一次聚會中認識了呂成梁。呂成梁當時已經是退休多年的老主管了，有時他閒著沒事也會去公司參加一些聚會。兩人一見如故，很快就成了忘年交。

甄智勇一遇到什麼難以解決的問題就會去呂成梁家請教，久而久之，甄智勇的工作業績突飛猛進，受到了上司的誇讚。而呂成梁也因為經常和甄智勇這樣的年輕人在一起聊天而感染到年輕人積極向上的熱情，所以呂成梁雖然已經年近七十，但是還依然很有活力，精神也很好，周圍的老年朋友們都很羨慕他的精神狀態。

從這對忘年交的生活品質上我們不難看出，多交幾個忘年交對我們是益處多多。然而，年輕人和年長者，無論在思想、感情、思維方法，還是在心理素養上有較大差異，作為兩種差距如此之大的人，他們之間怎麼能夠建立友誼呢？

我們先來分別看看這兩種人的特性。年輕人的性格猶如一匹野馬，不管前面是什麼樣的道路，只管一心往前衝。他們頭腦靈活，容易接受新事物，勇於改革和實踐，但由於缺乏足夠的經驗，他們在做事的時候往往缺乏理性的思考，總是會犯脫離實際的毛病，而且常常因為浮躁、莽撞而失敗。而老年人恰恰相反，他們考慮問題周到，邏輯縝密，經驗豐富，對待事物有比較客觀冷靜的態度，但是他們卻因此會犯一些固步自封、猶豫不決的毛病。

雖然這兩種性格的差異是客觀存在的，但是在這兩種人的心裡都存在著對對方特性的一種嚮往和羨慕，正是這種對對方的憧憬，構建了雙方成為好朋友的感情基礎。此外，雙方的結合剛好可以截長補短，這就使忘年交成了一種可能，成為了一種現實。

忘年交對於年輕人來說至少有以下三點好處：

忘年之交也是你的一筆重要財富

（一）一個經驗豐富的前輩對年輕人來說就是一本活字典，從他們那裡年輕人不僅能夠學到相關的知識，還能學到為人處事的方法。

（二）由於，年輕人和年長者的需求不同，這兩種人在一起交朋友，最容易出現的就是各取所需。由於雙方對待事物的不同觀點，年長者一般都會把自己不需要或是對自己不太重要的一部分物質和精神財富，不計回報的提供給年輕人，從而使年輕人獲得更多的發展資本。

（三）透過和年長者相處，年輕人可以有機會結識更多事業有成的前輩，從而進一步提升自己人脈網的品質，為自己的發展贏得更多優勢。

而與年輕人相交，對老年人來說至少也有以下三點好處：

（一）由於年長的原因，老年人一般身體虛弱、記憶減退、行動不便，所以他們容易產生精神萎靡、生活懶散、態度悲觀等情況。而年輕人身上所具有的活力，好像老年人陰暗屋子裡照進來的一縷陽光，可以讓老年人感到身心舒暢，從而做到人老而心不老。

（二）由於所處的時代不同，年輕人與老年人認識和熟悉的社會現象也會有所差異，透過和年輕人聊天，可以讓老年人開擴眼界，成長見識，從而做到與時俱進，同時還有助於他們理解子女的想法和行為，對於改善他們的人際關係也有很大的幫助。

（三）由於年齡的原因，老年人難免會遇到一些力不能及的問題，如果有一兩個忘年交，那麼他們就能輕鬆的解決這些問題。

俗話說要想維持身體的健康就需要缺什麼補什麼。實際上，在我們的人脈構成中，依然有必要遵循這樣的原則，我們缺乏什麼知識或是性格特徵，那麼我們就不妨多結交一些這方面的朋友，而忘年交對我們來說則是一群能夠很好的彌補我們的不足的朋友。透過與他們優勢互補，我們的能力就能夠呈幾何倍數的增加！

第七章　拓展人脈，多個朋友多條路

把握現在的人脈資源

在英語語法中，「現在式」是指現在發生的事情。而在人脈資源中，現在式人脈資源指的也是現在擁有的人脈資源。這個定義其實很好理解，凡是現在和自己有某種關係、對自己的事業有所幫助的人脈，都屬於這個範疇。比如現在的上司、同事、客戶等，都屬於現在式人脈資源。對於這部分資源，大多數人心裡都很明白，不能輕易放棄他們。但是，在和他們的交往中，我們到底該如何做，才能將這部分資源牢牢抓在自己的手中呢？

柴田和子就是一名懂得靈活運用現在式人脈資源的銷售女神，在日本她連續三十年獨占日本第一保險寶座，她還是國際組織國際百萬圓桌俱樂部會員。她的業績相當於八百零四位業務員的業績之總和。

柴田和子有一個習慣，那就是總會以清新、明朗的形象出現在她的同事、上司及客戶的面前，對此她的解釋很簡單，她覺得自己的身材渾圓，沒有明顯的特徵，在初次會面時無法吸引對方的目光，因此，她一般會藉著服裝給人強烈而明朗的第一印象。之後，她會主動和她的人脈進行交流和溝通。柴田和子累積的這些人脈對她將來的發展起到了很好的促進作用，比如柴田和子高中一畢業就到三陽商會任職，直到結婚為止，而其周邊人脈資源也給了她極大的幫助。她最初的人脈資源完全是以三陽商會為基礎，然後透過他們的介紹而來的。

柴田和子是如何把握住自己的現在式人脈資源的呢？

首先，柴田和子懂得把握住現在式關鍵人物資源，比如她是首先從老闆開始的，這是最有效率的做法，因為老闆是有決定權的關鍵性人物，只要使他說「好」，剩下的就只是事務性工作了。因此，在把握現在式人脈資源的時候，我們必須要能洞悉誰才是問題的關鍵。

其次，柴田和子認為有效率的做事方法，就是將已經建立的人脈資源活用於企業集團之中。每個人總有親戚、校友和鄉親，可以從這些關係中開展她的事

把握現在的人脈資源

業，可以將這些人脈資源靈活運用於工作中。比如在合作的過程中以企業的母集團為著眼點，只要與某企業集團旗下的公司簽訂契約，則該公司所屬企業集團的人脈資源也可收入囊中，從而迅速擴大自己的市場。

最後是培養人情的行銷方案，柴田和子絕不耽誤別人的時間。她絕對不帶給別人不愉快的感受。即使是自己的祕書，她也認為讓他在嚴寒或是酷熱的地方等候是不對的，如果一定要讓某個人受熱或受凍，她寧可自己來承受。

總之，建立現代式人脈資源應懂得體諒別人，不能一個人唱獨角戲，不能一味拼命的埋頭苦幹。如何使對方打開心扉、使對方信賴自己，才是最重要的。要達成這個目標，相對的就是要體恤對方，要有為對方著想的心意。對此，柴田和子總結出幾條祕訣：確立明確長遠的目標，並想方設法去達成它；時常站在客戶的立場上考慮問題；像「愛的使者」一樣出現在客戶面前，用真誠打動客戶。

對於我們來講，應該學習的是將自己的人脈資源看成上帝，對待我們現在的上司、同事、客戶、朋友等人脈，我們應該保持自己的原則，用細節去打動他們，並逐漸培養起自己的人脈資源。

首先，我們可以經常幫助別人，同時又不讓對方感覺到被幫助；在工作的過程中，我們不去討好誰，也不去挖苦誰，對待任何工作我們都是對事不對人，對事講理，對人要有情，做人第一，做事其次。在和別人的交往中，我們要經常檢查自己是不是又自負了，是不是又驕傲了，這樣做會不會使人產生被看不起的感覺？

其次，在遇到任何事情的時候，我們都要懂得忍耐，忍耐不僅是我們一生的必修課，在人際關係這個問題上，忍耐也能為我們累積一生的人脈財富！忍耐一般都展現在一些小的細節上，比如新到一個地方，不要急於融入到其中某個圈子裡去。等過了足夠的時間，屬於你的那個圈子就會自動接納你。

再次，我們要有一顆平常心，不要把事情看得過重。遇到好事的時候不妨往壞處想想，遇到壞事的時候不妨再往好處想想。如果你不小心遇到了辦公室戀

第七章　拓展人脈，多個朋友多條路

情，也一定要以平常心對待。首先，你應明白這其實沒有什麼大不了的，但同時也要明白，如果你們的行為或言詞被同事或上司發現，那就非常不得了了！因此，一定要盡量避免辦公室戀情，如果實在避免不了，就應在辦公室避免任何形式的身體接觸，包括眼神接觸。

最後，你應該明白職場中不管你是上司還是員工，資歷都是一件非常了不起的事情！因此，你千萬不要和老同事賭氣、耍心機，否則你不僅會失去自己的人脈資源，還會使自己陷入孤立的境界中去。

對於和你有所聯繫著的現在式人脈資源，你一定要懂得待上以敬，待下以寬。即使你帶領著一個團隊，也不要在檢討工作的時候把錯誤都推在別人身上，把功勞都記在自己身上，那樣會使人對你有所不滿，不利於人脈資源的培養。你要懂得，當上司和下屬同時在場時，要表揚你的下屬。而批評一定要在只有你們兩個人的情況下才能進行。

和諧的工作氛圍對你現在式人脈資源的培養是非常有好處的，你必須為自己樹立一個非常明確的目標，然後在你的人脈資源中按順序羅列出其重要性，使自己融進人脈之中，讓你的人脈資源感受到你是他們中的一分子，你和他們是站在同一戰線上的。你們一起努力，大家都明白自己這樣做的結果是什麼。要知道，如果目標明確，那麼實現目標就容易得多。反之，往往會造成許多誤會。而這些協調性的工作都需要你來完成，你必須了解自己的職責，另外還要知道你周圍的人是怎樣看待你的。清楚自己的權限職責，並懂得如何朝著目標邁進，這種良性循環，會形成一種和諧的氣氛，非常有利於你培養起自己的高品質人脈資源。

拉攏潛在的人脈資源

和現在式的解釋方式相同，將來式人脈資源說白了就是將來或許能用得上的人脈資源。對於這個概念，很多人會感到很迷茫，因為將來會發生什麼，誰都推斷不出來，現在擁有的人脈資源，將來或許還能用得上，而現在感覺不起眼的

拉攏潛在的人脈資源

人脈資源，不知道將來是否真的會用上，那麼，該如何為自己儲備這類的人脈資源呢？

不知道你上大學的時候是不是參加過「聯誼會」，大家總是找出各種理由來聚會，比如同鄉、同校、同班，甚至於同齡等。當我們走進職場，我們也會經常參加這些聚會，比如某個論壇的聚會等。或許一開始我們都不以為然，但是經過一段時間後就會發現其中的不同。

如果細心一點的話，你會發現，在大學裡的那些同學之間的聚會，有時候你的教授也會參加。這是為什麼呢？事實證明，「組成團」的宗旨，確實能給人們帶來很多的實惠，能互相幫助，解決很多困難。比如「同鄉會」，它的形式雖是鬆散的，但「親不親，故鄉人」，這種同鄉觀念，有一定的凝聚力，它在「對外」上會保持一致性，對內互相提攜，互相幫助，對外則團結一致，抵禦困難和外來的威脅。很多聚會也是如此，看上去是玩，而實際上卻是一種累積將來式人脈資源的大好機會。

對於將來式人脈資源的拉攏，很多人覺得很困難，畢竟已經不像上學的時候那樣，大家都挺單純的，聚在一起就可以有說有笑了。很多人進入社會後，就開始變得內向和不知所措了！到底該如何發現和拉攏將來式人脈資源呢？

我們要明白一個事實，那就是無論你是內向還是外向，這個世界都在運轉。你的人脈資源的強與弱，並不是由性格決定，而是由方法決定。人脈的投資，不是一兩天能完成的事情，而是一項長期的投資。那麼，你是不是需要有很好的人脈資源呢？比如，你想要得到一個東西，在你打了一兩通電話後，你就擁有了這件東西！可見，將來式人脈資源的強大，可以使你將來一旦遇到事情時，能迅速找到能幫你解決的那個人。如此一來，你節省了時間，別人也獲得了滿足！

那麼，累積將來式人脈資源，需要在哪幾個方面做出努力呢？

一、多多嘗試後才能有所選擇

比如我們開篇所講的一些聚會活動，或許一開始的時候，你只是盲目的選擇

第七章　拓展人脈，多個朋友多條路

參加一些社交活動，但是參加後卻發現這裡並不是你喜歡的地方，人也不是你喜歡交往的人。於是，你很不高興的待上了一個小時......那麼。之後呢？之後或許就會有人對聚會之事一律拒絕，而有人就懂得對聚會有所選擇了。比如，他們可以在這些聚會中找到適合他們的聚會，並找到他們喜歡的人和喜歡的活動，從而培育自己的將來式人脈資源！

二、控制好自己的時間

將來式人脈資源其實沒有必要專門去培育，只要注意日常交往的人群就可以了。如果你確實想為自己創造機會去認識很多的人脈，那麼就要為自己制定一個上限，比如一個月只參加一兩個活動。關係的建立需要很長時間，所以與少一點的圈子保持長期的關係比參加很多圈子卻只能保持短暫關係要好。

三、請對方吃飯

如果你遇到一個性格特別內向的人，而你覺得和這個人情投意合，於是你想把他拉入你的人際關係網中。那麼，最好的方式就是請這個人吃飯了！比如，你可以下班的時候請他一起喝咖啡，順便閒聊。他一旦答應你，就意味著你們的關係會更上一層樓了！對於內向型將來式人脈，一定不要等著對方請你，因為他或許根本不會邀請你，所以要想將對方拉入你的人際關係網，你必須先做出邀請。

四、保持一定的興趣

每個人都有自己的興趣，而很多人往往會被一些事情影響而不能做自己喜歡的事情。事實上，那些長期保持自己獨特興趣的人，往往能在自己的興趣領域中發現和自己情投意合的人，並將其發展成為人脈財富！比如一名充滿理想的少年人參加一個為企業主和投資者開設的創業者論壇，很快他從中學到很多東西，但是那裡的人卻在六個月之後才開始認識他，一方面是這個少年人沒有太多的名銜在身，另一方面他的年齡和滿屋子中年人的年齡也有差距。但是他卻保持了自己的興趣，並經常露面，日復一日，大家也就認識他了。經過交談，很多人很佩服眼前這個年輕的少年，願意為他投資。後來這個少年人憑藉在論壇累積的人脈，

保持好奇心，不放過任何一個交朋友的機會

創立了自己的公司，並賺到了很多的金錢！

五、學會找到人際網路中的關鍵點

什麼叫人際網路中的關鍵點？其實這很好理解，就是你所要做的事情的決策人！比如，你想買一件商品，但你單單請一名銷售人員吃飯，然後想讓對方幫你降低價格。這名銷售人員即使對你非常感恩，並很想幫助你，他也要請示自己的上司才行。但如果你事先直接找到他的上司呢？事情就會非常不一樣了！如果你請他的上司吃飯，培養感情在先，之後你要買什麼商品，只要向上司一提，上司就可以安排個業務員幫你辦理。不僅價格優惠，而且少受周折！這就是策略！這就是人際網路中的關鍵點！

那麼，我們如何去尋找這個關鍵點呢？找到關鍵人物要花很多時間，首先你要對他們的工作性質及負責的工作內容有所了解，然後你要學會尋找理由和他們走近。如果你確實不喜歡人際網路，那麼你一定要學會找關鍵人物，因為有時候你認識十幾個關鍵人物會比你認識上百個非關鍵人物好上很多！

有一本書叫《永遠不要獨自吃飯》，這本書雖然是寫給內向的人的，但是有一點卻是我們在發展自己的將來式人脈資源時應該學習的，那就是隨著你認識的人越來越多，你要專注於那些與你最合得來的人，不必過多的關注新認識的人。或許你對此並不太理解，其實你仔細想想也就明白了，當你走出校園步入社會後，你每天都在接觸不同的人！而隨著你的閱歷的增多，你會發現你的身邊都是熟悉的人！而這些熟悉的人的性格你已經大多了解清楚了。那麼，這個時候，你目前的這些人脈資源就不僅是你的現在式人脈資源，也是你的將來式人脈資源！這些人脈資源在某種程度上要比你新認識的那些人脈資源具有更高的價值。當

保持好奇心，不放過任何一個交朋友的機會

走在大街上，我們常能看到有些江湖藝人大肆叫囂：有錢的捧個錢場，沒錢

第七章　拓展人脈，多個朋友多條路

的捧個人場！為什麼他們需要「人場」呢？

因為人氣有了，錢也會源源不斷的流進來。這就從側面證明了一點——人就是資源，人脈就是財脈！

事實也正是如此，很多人在做一件事時，雖然沒有資源、沒有經驗，沒有技術，可以說幾乎一無所有。但是他就是有朋友，有了這些朋友，就足夠了！在這幫懂行朋友的幫助和扶持下，他的成功簡直不費吹灰之力。

人脈雖然重要，但有一些人就是缺少投資的意識。在現實生活中，他們因為缺少朋友而孤單、迷茫。要知道，人生在世，怎麼可以沒有自己的朋友呢？朋友就像生命之雨，滋潤了我們單調枯燥的心田，增進了我們的生活情趣和事業進步。

為了擴充我們的人脈，我們一定要讓自己時刻準備著，及時而準確的抓住每一次交朋友的機會，不讓任何一個有意義的朋友從自己眼皮底下溜走！

有些人天生就是這方面的大行家，他們交朋友是隨時隨地的，簡直就是無孔不入的「交際王」！三兩句話就結交到了一個忠實的朋友，幾乎任何人，不管他的職業、個性如何，他總能夠與之相處得恰到好處。

看到他們在各式朋友間穿梭自如，如魚得水，惹得自己的心裡也是一陣陣的澎湃，他們這種交際的本領真是教人嫉妒啊！他們究竟是如何打造這麼好的人緣的呢？他們又是憑著什麼擁有了如此之廣大的交際圈呢？

答案是，是他們的熱誠，是他們的真心、善良，更重要的是對每一個陌生朋友的好奇，才讓他們的朋友源源不斷的湧進來。他們能夠把握住每一次交朋友的機會，見到陌生的朋友都懷著一種強烈的好奇心，有一種去探索、去結交的欲望，他們喜歡將一個陌生的朋友變為熟人的感覺，這樣他們的心裡就會充滿強烈的成就感。正是這種強烈的成就感，促使他們衝向一個又一個陌生的朋友。這樣一來，他們幾乎不會錯過任何一個交朋友的機會。

但是你或許會覺得兩個陌生人之間的距離好似一堵厚牆，無論如何不能打

破。事實上，推翻它很簡單，只需你時刻保持好奇心，推翻這堵圍牆就會變得很容易。要知道，這堵圍牆不過是一面紙老虎，而你的好奇和熱情，就像一團熊熊燃燒的火焰，能輕而易舉的將一切阻隔燒為灰燼！

誰都無法預料到自己下一步會如何，但擁有了豐厚的朋友資源無疑增強了內心的安全感和自信心。我們能不能抓住一切機會結交朋友，這其實也說明了一個人是否具備把握未來的能力。誰又能否認結識朋友是一種特殊有用的能力呢？

人的交際能力強不強，有著極明顯的差別。有的人五十元只能買一把青菜，可是就有人能用五十元買一把菜還贈送一些蔥薑蒜或者香菜。或許有人會說那是貪小便宜的事。但是請仔細想想，便宜人人想貪，但是能得到便宜卻不是人人能做得到的！而且還是人家心甘情願贈送的，這就是人際關係的一種展現了。總是有人幫忙著，那是一種幸福，能不能得到幫忙就是你自己的能耐了。抓緊機會擴大人際交往，因為你並不能保證你下一步會怎樣。你若是一直安於現狀不建立人脈的話，就不要等到需要朋友的時候才後悔莫及。

如果你想有朝一日大展宏圖，那麼就及早投資你的人脈吧！

交朋友要懂得謙虛

羅傑訂購了一套茶具，設計非常精美，但是隨後送來的帳單令他大吃一驚，這套茶具的費用遠遠超過了他所預計的，這令他心疼不已。幾天後羅傑的朋友傑森來拜訪他，看到了那套茶具，他說：「這套茶具顏色不錯，但是設計太過時了，我真不明白你怎麼會喜歡這樣的設計風格。」羅傑皺了皺眉頭，傑森又問了價格，他大吃一驚，大聲叫道：「什麼？！這套茶具居然要這麼多錢？你上當了，你居然會受這種小生意的騙，真是太讓我意外了！」羅傑聽了他的話，感到很生氣，他開始辯駁道：「這套茶具是根據義大利風格定做的，好貨當然會有好貨的價錢，難道你妄想以低廉的價格買到高品質的東西嗎？」

羅傑氣得臉都紅了。

第七章　拓展人脈，多個朋友多條路

　　第二天，羅傑的朋友里昂來拜訪他，他對那套茶具表現出極大的興趣，並且讚嘆不已，聽說是根據義大利風格定做的後，更是對其愛不釋手，他說如果他負擔得起的話，真想也在家裡擺上這麼一套茶具。羅傑聽了反應大不一樣，他坦言：「說實話我也覺得價錢太高了，我挺後悔訂了這套茶具。」羅傑雖然表現出了自己的悔意，但是他並沒有因此而慚愧，相反他覺得無比自豪。

　　像羅傑這樣的情況，大概我們也經常碰到。當我們遇到了的尷尬的事情，如果對方能夠和顏悅色，將事情說得巧妙無比，話裡話外都是善意，那麼我們也會直面自己的錯誤，而且並不覺得多麼難為情；相反，如果對方絲毫不講顏面，話說得直接而且十分難聽，就好比將一塊枯澀難咽的硬石頭塞進我們的嘴裡，我們一定會萬分反感，像吃了蒼蠅一般大為鄙夷。

　　推人於己，我們在做事時，也要顧及到對方的心理感受，要用若無其事的方式提醒別人，如果對方確實不知道，我們也要表現得好像是提醒他不小心忘記了的。

　　十九世紀的英國政治家查士德斐爾爵士正是這樣教訓他的兒子的，他說：「你可以比別人聰明，但不要毫無顧忌的告訴人家你比他更聰明，如果那樣，你將是世界上最愚蠢的人。」蘇格拉底也表現出自己的謙誠：「這個世界上，你只需知道一件事就可以了，那就是你還一無所知。」

　　人，有時會很自然的改變自己的想法，但是如果有人說他錯了，他就會因為惱火而變得更加固執己見。人，有時也會毫無根據的形成自己的想法，但是如果有人不同意他的想法，那反而會使他全心全意的去維護自己的想法。不是那些想法本身多麼珍貴，而是他的自尊心受到了威脅之故。

　　所以，我們千萬不要犯了自作聰明的錯誤，很有可能你在不知不覺中就犯下了大錯。一個蔑視的眼神，或是一個不耐煩的手勢，你的一句不滿的嘟噥，對方聽了心裡可能會大為惱火，你的這種行為無疑否定了他的判斷力，更是嚴重打擊了對方的自尊心，哪怕對方真的是錯的，對方也會力起反擊，這時，哪怕你是柏

交朋友要懂得謙虛

拉圖在世或是蘇格拉底附身，對這件事造成的後果，你的努力也都將無濟於事。

紐約曾發生過一件案子。審判過程中，牽涉到一大筆錢和一項重要的法律問題。在辯論中，最高法院的法官對某位年輕的律師說：「海事法追訴期限是六年，對嗎？」年輕的律師微微一愣，然後恭敬的說：「不。庭長，海事法沒有追訴期限。」

法庭內頓時靜默下來，庭內的氣溫似乎也一下子降到了冰點。當然，這位年輕的律師是正確的，他說出了一個事實，可是，有一件事他卻做錯了，那就是他不該當眾指出一位聲望卓著、學識豐富、德高望重的人的錯誤。

事後，這位年輕的律師後悔不已，他說如果不是那次的錯，或許他早就成為了一名法官，這件事是他終身的遺憾。

所以，千萬不要說那些貌似你才是正確的，你才是真理的代表者，你才是世上最聰明的人等等這般的話。你可以這樣說：「哦，我想到了一個方法，但是這個方法也許不太對，我的方法是這樣的……」「我有一句話不知該講不該講，如果講錯了，你也別在意，我是想說……」如果你能夠這樣表達自己的觀點，那麼將會收到神奇的效果。

在日常生活中，很大一部分人都犯有武斷、偏見的毛病，固執、自負和嫉妒的缺點像生在我們身上的醜陋的斑點一樣，讓人們對我們反感，這是我們交際失敗的重要原因。

如果你真的想知道更多的有關做人處世的知識的話，那你不妨向班傑明・富蘭克林學習一番吧，他在自己的自傳中寫道：「我立下一條規矩，絕不正面反對別人的意思，也不讓自己過於武斷。我甚至不准自己在表達文字上或語言上持過分肯定的意見。我絕不用『當然』、『無疑』這類詞，而是用『我想』、『我假設』或『我想像』。當有人向我陳述一件我所不以為然的事情時，我絕不立刻駁斥他，或立即指出他的錯誤，我會在回答的時候，表示在某些條件和情況下他的意見沒有錯，但目前來看好像稍有不同。我很快就看見了收穫。凡是我參與的談

第七章　拓展人脈，多個朋友多條路

話，氣氛變得融洽多了。我以謙虛的態度表達自己的意見，不但容易被人接受，衝突也減少了。我最初這麼做時，確實感到困難，但久而久之，就養成了習慣，也許，五十年來，沒有人再聽到我講過太武斷的話。這種習慣，使我提交的新法案能夠得到同胞的重視。儘管我不善於辭令，更談不上雄辯，遣詞用字也很遲鈍，有時還會說錯話，但一般來說，我的意見還是得到了廣泛的支持。

富蘭克林並不比常人聰明多少，他其實只是運用到了一個技巧，那就是每說一句話，都讓對方立即說「是」，對方同意了他的觀點，就會暫時忽略你們爭執的焦點，願意認真聽完你的建議，如此，你與之交談的目的就算達到了。請記住這句話：「永遠比別人謙遜一點。」

交朋友要學會換位思考

從前有一位釣魚的智者，他叫姜太公，他一生中釣到的最大的一條魚，據說奇大無比，讓他享用了一生。而且值得一提的是他釣到這條魚的工具很特別，只是一尾直鉤。世人一直都感到奇怪：世上竟有如此之怪的釣魚者？其實，姜太公釣魚憑藉的不是魚鉤，魚鉤只是他藉以掩飾的工具，他釣魚用的是心，他知道他想釣的那條魚是怎樣的想法，於是，他便靜坐於渭水河邊，靜候「魚」的佳音。後來，周文王路過渭水，果然如姜太公所料，他被這位直鉤的釣者吸引住了，從而心甘情願成為了姜太公鉤上之魚。

這當真是世上最聰明的釣者，竟然能懂魚之所想，做魚之欲做，讓魚心甘情願的送上門。社會中的交際者，其實也是一位釣者。真正高明的釣者，他會針對對象的喜好，然後投其所好，一舉將魚兒拿下；而愚蠢的釣者，他並不是想魚之所想，而是思己之所思，他不拿魚兒喜歡的食物做釣餌，而是將自己喜歡的食物做釣餌，一點都沒有考慮到魚兒的喜惡，如此愚蠢之行徑，竟然妄圖釣到魚，真是痴心妄想，白日做夢。

世人大概都曉得人脈的強大功效，擁有強大的人脈，好比是坐擁強大的推進

交朋友要學會換位思考

器,在漫漫人生途中,就能揮灑自如、如履平地。所以,很多人們每天都在想著,如何認識某個重要人物呢?如何將有權有勢的某某某劃入自己的人脈圈,讓自己的人生也沾沾貴人的光……可是,你該如何去做呢?如何做才能讓這位大人物心甘情願的做自己的至交呢?

有句話說得妙,「你要想釣魚,就要像魚那樣思考」。魚的心理,你盡覽無餘;魚的目的,你無不深知;魚的需要,你無不滿足;魚的弱點,你緊緊把握……如此這般,你還怕魚兒不上鉤嗎?

其實,這便是人際交往中的同理心。善用同理心,你才能明白你所欲交往的對象的所思所想、所欲所望,然後找到與之接觸的切入點,然後你們之間的情誼就會像決堤之水波濤滾滾、水漲船高。

這是比較籠統的說法,細細說來,你要想建立起一個新人脈,首先,你要把他當做一位尊貴的客人,提前探聽下他的基本情況,像興趣愛好、生活習慣、教育背景、家庭狀況等等,必要的資訊還可以記錄下來;接著,你要去發掘一個現實,那就是他目前生活或工作中最急需的是什麼?當然這個需要最好是你能夠幫助解決的,盡力而為,盡心為其著想。讓他看到你的一片熱心,一腔真誠;再然後呢,就是你與之交往過程中需要注意到的一些問題,你要想對方之所想,料對方之所料,比如讚美,比如支持,這些都是交際中常用到的技巧。

當你做到了這些,他就會對你高看幾眼,對你的好感就此在他心中扎根。

對方願意與你交往,肯定是出於互幫互助,風雨同當的目的,所以在以後的交往過程中你就須時刻記住互惠原則。想要對方「為己所用」,首先你自己要能「為對方所用」。

你與「魚」之間往往是因為互為需要、互為被需要,於是你們間才有了良好的「釣」與「被釣」的合作關係。所以你在與之結交的時候,就要考慮到互惠原則,看自己是否「能為對方所用」。當然互為對方所用,絕不是世俗所說的「互相利用」,這裡利己的原始動機是在幫助別人的利他行為中得到心理滿足,對方

第七章　拓展人脈，多個朋友多條路

給予自己的幫助，只是自己利他行為的客觀報償，也就是說，利己的目的並不是要索取什麼，而是從給予中得到欣慰。

有一位雙目失明的有智慧的禪師，他有個習慣，那就是晚上走路，一直都不忘帶一盞燈籠，別人問他：「你又看不到光明，幹嘛要白費力氣打一盞燈籠呢？」禪師說：「我打燈籠，不是在為自己照明，而是在為他人照明，我幫別人照明，別人看清了路，也看到了我，就不會撞到我。其實，這盞燈籠也起到了為我照明的作用。」眾人大悟。

這個簡短的故事告訴我們：一盞燈，照亮別人的同時，更照亮了自己。這就是助人助己的道理。用在交際場合，就是幫人即是幫己，利他才能利己！

所以，在我們與人交往時，就要時刻考慮到對方的利益需求，當你能夠做到像釣魚那樣思考，那麼你的人脈就會越來越廣，影響才會越來越大，你們的關係是長久的，你們的利益也將是長久的。

交朋友要學會換位思考

CONNECTIONS LEDGER

第八章
親近人脈，找到你生命中的貴人

貴人是成功的一大籌碼

在生活中，人們常常遇到這樣的情況：為了做成某一件事，自己已經費盡心思、耗盡力量，無奈此時離成功尚差一步。這時，如果有一雙貴人的手伸出來推自己一把，就很容易到達成功的彼岸；如果沒有，就只能在中途停下，望著勝利的曙光深深嘆息。

人生變幻無常，成敗之間往往有數種力量和因素在融合、抗衡。當你徘徊在成功邊緣卻無力前進時，貴人就是適時出手相助的正面力量和推動因素。有了他們，你才能對成功有更大的把握。

徐浩在出版社工作已經有一年多了，他發現自己並不喜歡這份工作，在內心深處，新聞系畢業的他十分想當記者。但遺憾的是，大學畢業的時候，就業形勢十分嚴峻，他只能先抓住出版社這個就業機會。一年多平淡的工作之後，他內心潛藏的願望又開始波濤洶湧了。於是，他參加了一家知名報社的招聘。由於他在大學時期就曾參加過新聞社團，已經具備了良好的新聞敏感度和流暢優美的文筆，所以第一輪的面試很輕鬆就通過了。複試的時候，主編對他的表現也較為滿意。可是，錄取通知卻遲遲沒有到來，他也不清楚是什麼緣故。有一天，他的一位大學同學來看他，他就說起了此事。不想他的同學居然對他說：「你應該早一點來找我啊！我太太就是這家報社的部門主任，讓她幫你一把，這事一定能成。」徐浩沒想到還有這一層關係，於是趕忙向同學道謝。

果然，一週之後，報社打電話通知他去上班了。他在登門答謝同學的時候，同學的太太對他說：「這只是一件小事，你大可不必放在心上。其實本來主編就對你比較滿意，只是參加複試的人中還有二個人的能力也很強，主編一時之間拿不定主意。當我和他說了你的情況之後，他便很快決定了。其實，在當時的情況下，錄取誰都是一樣的。只是主編聽到了我的話，感覺對你多了份信任罷了。」這件事讓徐浩感慨頗多，原來，在人生的路途上，「有貴人」和「沒貴人」是這麼

第八章　親近人脈，找到你生命中的貴人

不一樣。

想要辦事成功，就必須找對幫助你辦事的貴人。這一類貴人沒有固定的特徵，要根據自己要做的事情來具體選擇。

一、尋找此類貴人必須有明確的針對性

有些人的能力很強，但他總還是有不太擅長的方面。所以，千萬不要請他辦這些不擅長的事，否則是不會取得理想的效果的。

二、盡量找一些「直接」的貴人

就是說你找到的貴人可以直接幫助你，而無須再求助於其他人。當然，有時「人求人」的情況在所難免。只是你要盡量縮短這一條「求人鏈條」，免得付出過高的成本，畢竟兩點之間最短的距離是直線。

三、找到熱心助人的貴人

在你鎖定了幾個有能力幫助你的貴人之後，要憑藉經驗和智慧選擇其中最有可能幫助你的一位，這就需要一點識人的本領。這本領來自於平日生活的累積。找到了有能力幫你且願意幫助你的貴人，你才不至於步步受阻。

讓貴人為自己的成功鋪路

唐代大詩人王維年輕的時候到京城長安，投靠好友張九齡。張九齡當時在朝野中頗有聲望，他為人熱心，願意提攜有才華的年輕人。但王維的才學並不為人所知，張九齡為此很是著急。

一天，京城來了一位賣胡琴的，要價百萬。許多有錢有勢的人都競相傳看，但沒有識貨的。張九齡得知後，就傾盡所有積蓄，買下了這把胡琴。許多熟悉他的人都覺得奇怪：你又不會演奏這種樂器，花這麼多錢買它幹什麼？

張九齡說：「我雖不會演奏，但我的一位朋友是演奏它的專家。明天我在酒樓裡設宴，請大家來欣賞演奏。」

讓貴人為自己的成功鋪路

第二天，長安許多官宦名流都趕到酒樓，想一睹演奏胡琴者的風采。張九齡卻對大家說：「我這位朋友王維是寫詩的高手，有上百首好詩等著請大家欣賞。可他來到京城後，卻一直淹沒在世俗人群之中，不被大家所欣賞。而彈琴的技藝，是低賤樂工的事情，哪是大詩人所為呀？」

他說著，猛的把價值連城的胡琴舉起，摔得粉碎，然後把王維的詩稿分給大家。就這樣，王維的名聲傳遍了京城。在人生路上，能遇到張九齡這樣的貴人真是一大幸事。成功之路從來都不是一帆風順的，上天在每個人的人生路上都布置了關口和障礙。對於年輕人來說，掃除這些障礙並不是一件容易的事。王維成功的障礙就在於他的「不知名」，張九齡想方設法讓他名聲大振，也因此成就了王維的前程。

「貴人」們往往能夠透過自己從前的經歷，總結出成功的方法。他們知道初涉世事的年輕人最需要什麼，由此幫助年輕人實現他們的夢想。

有這樣的貴人相助，就像走一條積雪得很厚的雪路，靠自己當然會深一腳淺一腳，費盡周折。而如果有一位貴人幫助就大不一樣了。他們或者熟悉方向和地形，率先走了出去，後人只要踏著他們的足印前進就可以了；或者他們會拿出工具，把積雪清掃乾淨，開出一條好走的小路來，從而使後人可以輕鬆通過。每個人都渴望成功，但這並不意味著每個人都必須在成功之路上篳路襤褸、披荊斬棘。這樣做既虛耗時間，又浪費資源。與其這樣大費周章，不如用心取巧，透過別人開闢的道路取得成功。也許這會需要你交些學費，卻是一條難得的捷徑。

陸明和李孚是從小一起長大的朋友，也是大學同學，畢業幾年之後的春節相聚在一起，大家都有了很大的變化。大學畢業後的李孚去了臺北，經過幾年艱辛的打拚，她終於從一名普通的公司職員一步步走到了一家跨國公司技術部門主管的位置。她透過自己的努力和聰慧的頭腦贏得了好的發展。而畢業後的陸明則選擇了回家鄉教書。老家的生活是安安靜靜的，一份比較穩定的工作讓他可以守著家門過著淡然而輕鬆的小城生活。這次春節相會，他們之間聊了很多。和李孚的

第八章　親近人脈，找到你生命中的貴人

聊天、攀談中，陸明覺得自己獲益匪淺。他和李孚是同一個科系，看看李孚的成就，陸明覺得自己不應該就這樣滿足於現狀。於是他向她說了說自己的想法，希望能跟李孚一起去實現自己新的夢想。李孚答應了。

春節之後，陸明和李孚一起北上。剛到北部的陸明舉目無親，只認識李孚一人。在李孚的幫助下，陸明在這個陌生的城市裡開始尋求自己的事業。李孚透過自己的客戶給陸明介紹了一份工作。陸明憑著自己的那份耐力和專業上的功底，現在已經成為這家公司的部門經理。這對於一個剛開始新的事業、在新的環境下生存的人來說是非常難得的成就了。

如今，陸明談起這件事，總會滿臉的感激之情，說是李孚改變了自己的現狀，改變了自己的人生軌跡。

尋找能夠幫助你開闢道路的貴人，可以從以下幾類人入手：

一、在你即將涉足的領域已經取得較好業績的成功人士

他們從自己開闢的道路走向成功，這條道路即使不完全適合你，也會為你提供有益的啟示。

二、那些有開拓精神、敢於冒險嘗試的人物

這些人走在時代潮流的前端，敢為天下先，能在沒有道路的地方開闢出道路來。正是這些人，憑藉勇氣和膽識取得了非凡的成就，也正是這些人，成為了同一領域後繼者的貴人。

三、不畏困難、不服輸的朋友

當你的事業遭遇阻礙時，他們會鼓勵你，為你打氣，幫助你找方法解決困難，而不是找藉口縱容自己去逃避。他們會為你驅除前方的攔路虎，讓你在成功之路上走得更加順暢。

不是懷才不遇，是沒找到貴人

不是懷才不遇，是沒找到貴人

　　二〇〇一年十一月十六日，布希總統提名萊斯擔任新一任國務卿，頂替前一日辭職的鮑爾。

　　萊斯出生於美國阿拉巴馬州伯明罕市的一個黑人家庭，父母從小就培養她的自信心和遠大志向。母親經常這樣教育她：「你要擁有這樣的自信：即使我現在不能從沃爾沃斯連鎖店獲得一份漢堡，但我總有一天會成為美國總統。」

　　萊斯像常人一樣，有她的愛好，喜歡瘋狂購物，喜歡穿豔麗的服裝，喜歡用黃金珠寶來裝飾自己，她也喜歡看足球比賽，喜歡體育鍛煉，但她最喜歡的還是音樂。

　　三歲時，萊斯就開始學習鋼琴，並曾經獲得美國青少年鋼琴大賽第一名；二〇〇二年，她曾和世界著名的大提琴演奏家馬友友一起表演過二重奏。因此，萊斯曾夢想當一名職業鋼琴家。

　　然而，一場主題為「史達林時代與政治」的講座改變了她的志向，使她決定棄樂從政。此後，萊斯開始攻讀政治學，並獲得了博士學位。

　　她知道，在美國政壇，如果沒有貴人相助是很難成功的，特別是像她這樣一個黑人家庭出身的女人。於是她開始積極尋找她生命中的貴人。一九九五年，她去德克薩斯州拜訪前總統老布希。在那裡，她第一次見到了現任總統小布希，但當時小布希還是新當選的德州州長。他們那次相談甚歡，但話題不是政治，而是他們都最喜歡的體育。

　　一九九八年，萊斯和小布希第二次相見。當時小布希已開始將目光瞄準白宮，兩人在老布希位於緬因州的夏季度假別墅見了面。萊斯回憶那次見面時說道：「除了打網球，我們還常出去划船，並坐在別墅後的走廊上進行了多次聊天，話題是下一任美國總統將面臨的外交政策。」就這樣，隨著小布希當選總統，萊斯的政治夢想也得以實現，並迅速問鼎了國務卿這一寶座。

第八章　親近人脈，找到你生命中的貴人

　　一匹好馬可以帶領你到達你夢想的地方，一個貴人可以帶你實現自己的願望。

　　在現實生活中，大多數人都有屬於自己的夢想和願望，其中也有一部分人像萊斯那樣，擁有十分遠大的理想和抱負。但是最後，能夠達成自己所願的人並不多，很多人對此的解釋是沒有機遇。

　　是的，機遇是人夢想成真的關鍵，但機遇不是某個人守株待兔等來的，而是需要自己去創造。要想創造機遇，就必須首先認識到貴人的重要性，因為貴人就是機遇的潛台詞。

　　貴人與機遇的關係雖然是隱性的、並非顯而易見的，但是這種關係確實存在，並發揮著常人難以想像的作用。

　　無數成功者的成功歷程，就是無數場伯樂相馬的故事的大集合。如果你擁有夢想，擁有成功的野心，即使你只是個普通人，也必須鼓起勇氣，找到自己的貴人，以獲取通向成功的關鍵門票。

　　趙勇是清華大學畢業的博士，他在清華讀書十四年，畢業後就參加了國家科學專案的研製開發工作。後來，趙勇與在長虹電子集團工作的戀人結婚，但因工作原因，他們夫妻二人不得不長期兩地分居。一九九三年，出色的完成了工作任務的趙勇，專程來長虹與長虹電子集團的領導倪潤峰商量調妻子回京工作一事。

　　但當倪潤峰得知趙勇是一個不可多得的人才時，他卻主動找趙勇商談，希望趙勇也能留在長虹。這看起來雖然有些不可能，可是倪潤峰鍥而不捨。經過兩次傾心長談，他終於打動了趙勇的心。結果，不但妻子沒調走，趙勇自己也留在了長虹。趙勇說：「是倪總的人格魅力吸引了我。」

　　留住趙勇後，倪潤峰馬上給趙勇安排了一班人馬，任他調度使用，給他攻克大螢幕彩電模具難關的任務。對於一個熱衷於科研事業的人來說，這是最大的鼓勵和誘惑。老闆的充分信任、自由的實驗空間、充足的資金來源，讓趙勇幹勁十足。僅在一年內，他就為長虹填補了這一設計製造上的空白。

留意身邊的長者和智者

　　倪潤峰對趙勇的貢獻也給了相應的獎勵——一九九五年趙勇就住進了一百八十坪的專家宿舍，一九九六年他又被提升為長虹設計四所所長。

　　機遇貴人並非可遇而不可求，他們往往就在人們身邊。只要學會辨識和利用，你也可以為自己贏得成功的機遇。

　　上司和老闆是最好的貴人，他們往往能夠為人們提供好的發展機遇，這一點不言而喻。

　　如果有機會，不妨多認識一些在你較感興趣的領域工作的朋友，尤其是從事人力資源工作的人士，因為他們對於「職位空缺」有最早的感知，可以為你提供有用的資訊。

　　主動結交善於編織人際關係網的交際高手，因為他們往往樂於雇用朋友的孩子、提攜球友或牌友的女婿、拉攏將來可能對自己有利的人。這樣，一旦自己需要尋求別人的幫助時，手上便有一堆現成的人情債可以討，而且往往不費吹灰之力便能討得到。即使他們由於某種原因不能直接提攜你，也有可能把你介紹給其他朋友。這樣，你的機會就更多了。

留意身邊的長者和智者

　　何家金先生出生於歸國華僑世家，他家中的祖輩都是在年輕的時候留學海外，奔波事業，年邁時歸國安度晚年。在這樣的成長環境中，童年的何家金備受薰陶，從小立志努力讀書，效仿長輩，到海外求學，為今後發展事業奠定基礎。今日的何先生仍然記得童年時身邊的一位長者姚先生對他的教誨：為人仁義、善良是做人做事的準則，要他將這句話牢記在心。

　　一九八〇年代，他完成學業後，便開始考慮開創自己的事業。他牢記家中長輩的教誨：從小事做起。何先生從他祖母那裡獲得了僅有的資助，一九八六年開始經營小規模的食品零售商店。俗話說萬事開頭難，據何先生講，他創業時最大的困難就是資金周轉問題。他曾經跑過幾家金融公司去貸款，但可以得到的貸

第八章　親近人脈，找到你生命中的貴人

款金額只有五百英鎊。從此，何先生決定從小商店做起，一步一個腳印的做生意，不做暴發戶，不貸款。後來，他從小規模的食品零售逐漸擴大到批發食品給餐廳、超市。經過他的苦心經營，這個小企業今天規模已經很大了。何先生說企業最重要的是信譽好、保證品質。他時常說的一句話是：「從小做起，一步一個腳印，這樣心裡很踏實。」目前，這個企業已經遍布阿拉伯、加拿大等地區，年營業額達三十億英鎊。除了這個企業以外，何先生還先後創辦了福清金融、福清房地產等企業。顯然，他現在的巨大成就與他小時候得到的師長教誨有直接的聯繫。

前輩的經驗就是從實踐中得來的智慧，如果你汲取了這些精華，就會在自己成長的道路上少走很多的彎路。如果你能接受長輩的良言和指導，就會縮短創業的時間，快速踏上成功的道路。

長者都是有著豐富閱歷的人，正是許多的閱歷和滄桑練就了他們洞明世事的眼睛。大師是擁有智慧的人，他們不一定特指學院裡的專家和教授，也指那些在某一領域有精深造詣的能人和智者，這些人並不是高不可攀、遙不可及的，他們都存在於普通人的身邊。

他們並非無所不能，但在某一時刻，他們的一句話、一個眼神、一種行為，卻可以如醍醐灌頂般讓人在瞬間徹悟一些深奧的道理。

他們是人們某種未成形的思想和觀念的點睛人，也是人們在精神塑造和道路指引方面的貴人。

古時候，有一位很有才華的詩人，他寫了許多寫景抒情的詩篇。可是他卻很苦惱，因為人們都不喜歡讀他的詩。這到底是怎麼一回事呢？難道是自己的詩寫得不好嗎？不，這不可能！年輕的詩人向來不懷疑自己在這方面的能力。這時，他的父親建議他去向一位遠方親戚——一位老鐘錶匠請教。他感到很詫異，鐘錶匠也懂得寫詩嗎？但最終他還是按照父親的建議去了。

老鐘錶匠聽後一句話也沒說，把他領到一間小屋裡，裡面陳列著各色各樣的

留意身邊的長者和智者

名貴鐘錶。這些鐘錶有的外形像飛禽走獸，有的會發出鳥鳴聲，有的能奏出美妙的音樂。

老人從櫃子裡拿出一個小盒子，從中取出一個樣式特別精美的金殼懷錶，這只懷錶不僅樣式精美，更奇異的是，它能清楚的顯示出星象的運行、大海的潮汛，還能準確標明月份和日期。這簡直是一隻魔術表，詩人愛不釋手，很想買下這個「寶貝」，於是他開口問錶的價錢。老人微笑了一下，只要求用這個「寶貝」換下青年那只普普通通的錶。

詩人對這塊錶真是珍愛之極，時刻都戴著它。可是，過了一段時間之後，他漸漸對這塊表不滿意起來。最後，他竟跑到老鐘錶匠那裡要求換回自己原來的那塊普通的手錶。老鐘錶匠故作驚奇，問他對如此珍奇的懷錶還有什麼感到不滿意的。

青年詩人遺憾的說：「它不會指示時間，可是錶本來就是用來指示時間的。我戴著它不知道時間，要它還有什麼用處呢？有誰會來問我大海的潮汛和星象的運行呢？這錶對我實在沒有什麼實際用處。」

老鐘錶匠微微一笑，把錶往桌上一放，拿起了這位青年詩人的詩集，意味深長的說：「年輕的朋友，讓我們努力幹好各自的事業吧。你應該記住：怎樣給人們帶來用處。」

詩人這時才恍然大悟，從心底明白了這句話的深刻涵義。

雖然長者和大師一般都比較慈愛和寬容，但是想從他們那裡學到知識和道理，也必須懂得一定的方法：

一、不要以貌取人

上了年紀的人或者有智慧的人必定會對名利、金錢、外表的浮華等看得很淡泊，他們不會像年輕人那樣喜歡出風頭和標新立異。所以，如果只憑外貌來識人，是很難發現他們的優點的。

第八章　親近人脈，找到你生命中的貴人

二、要對他們表現出「請教」的誠意

年長的人都希望年輕人對他們有足夠的尊重，如果你做出隨意的姿態，恐怕難以獲得他們的幫助。

三、接受忠告

對於他們那些具有深刻涵義的話語和忠告，要反覆品味和思量，並認真的踐行。只有這樣，那些道理才會發揮它們的指導作用。

與尊貴者加深友情

尊貴者是一個相對的概念，每個人都是尊貴者，同時又有自己的尊崇對象。隨著交往對象不同，我們的位置會隨之變化。人之所以有平常與尊貴之分，是因為人的學識、修養、經歷、地位不同。這是人際關係的層次差別，也是一種自然秩序。尊貴者雖然與我們不屬同一交往類別，有著一定的溝通障礙，但我們卻可以打破障礙與之正常交往，乃至發展友情。要想與尊貴者發展友情就要學會以下幾點：

一、尊重對方，嚴謹有致

準確把握雙方關係才能與尊貴者發展友情，首先要給其以相應的位置，充分表現出對他的尊重恭謹。這是對雙方關係的確認和定位，也是對對方的一種尊重。

李梅很得一位長官的賞識。這位長官是教師出身，人也平易近人。他與李梅並未謀面，但他讚賞李梅的才華，便約請李梅與他聊聊。李梅在長官面前並沒有得意忘形，忘乎所以，言談舉止都嚴謹得宜，很有分寸，注重距離。李梅雖然性情開朗，多次表示要李梅可以隨意一些，但還是對李梅的舉動發自內心的高興，他覺得沒有看錯人。就這樣，李梅與那位長官逐步建立了友情。

與尊貴者加深友情

二、摒棄奉承，具備不卑不亢的心理

尊重是有原則的，它會在真情中展現出來。如果不顧原則，另有目的，人格淪喪，不知廉恥，對尊貴者就會表現出阿諛奉承來。這表面上似是尊重對方，其實它與尊重在本質上是不同的。阿諛奉承，虛情假意，別有用心，只能讓尊貴者反感、嫌惡、痛恨。本來是可以建立友情的，但因雙方失去真心而無法發展下去。我們也不能排除個別尊貴者好大喜功，樂於聽奉承話，需要人加以諂媚。但這樣的尊貴者沒有必要與他發展友情。

三、自然隨和，不必拘謹

尊貴者無論地位，還是閱歷、學識，都高我們一籌。與他們交往，常令我們肅然起敬，有時我們還常因為感到一種威壓感而噤若寒蟬。我們作為平常人，尤其是未見過世面的青年人，在這種情勢下往往顯得動作拘謹，言語囁嚅，特別彆扭、生硬。其實尊貴者也是我們平等的交際對象，也是一種自然的交往關係，我們一方面要尊重對方，另一方面也要守住方寸不亂，保持本色，自然而正常的與對方交往，不必拘謹。這反倒能顯示自己的交際魅力，會贏得對方的認可和尊重，尊貴者會樂意與我們發展友情。

四、巧托會配，不可狂妄

韋雷總希望展露才華，讓一位他最敬重的老人認可他。一次，老人在晚會上唱京劇，雖然唱得不算好，但還是贏得了掌聲，韋雷就想，自己亮亮嗓子必會讓老人有知音之感。於是一曲京劇唱得嘹亮高亢，老人卻在台上感到很不自然。韋雷雖是善意，但如此舉動，會讓老人覺得是在貶低他，當然也就不會和他發展友情。

從交往的角色來說，尊貴者是交際的主角，而我們則是配角，處於次要地位。這是交際現狀，也是交際規律，是由彼此的交往身份和交際能量決定的。我們要積極的支持尊貴者，熱情的配合尊貴者，聽候調遣。這是合乎交際、現實的，這樣不僅不會損害自己的身價，而且會取得尊貴者的信任。而如不能擺正這

第八章　親近人脈，找到你生命中的貴人

層關係，不恰當的顯示自己的能耐，賣弄自己的才華，乃至背棄、排擠尊貴者，這往往會得到反效果。

五、主動真誠，表露姿態

機會是要主動爭取的。尊貴者的行為是要與自己身份、地位保持一致的，他們一般不會主動與我們交往。而作為平常人，身份在下，地位比他低，自然要主動積極，充滿真誠，先邁出一步，做出友好的姿態，這是尊才敬上的美德，也是交際的慣例。

余薇在一次會議上結識了一位有成就的作家，她十分珍惜這層關係，可是她是個平常的人，又是後輩，當然並沒有引起作家的注意。但余薇視之為自然，更沒有賭氣，她每逢節日必寄賀卡給這位作家。終於作家記住了余薇，並與她成為了莫逆之交。

六、虛心求教，接受呵護

龔睿對學校一位知名教師十分敬重，主動拜他為師，經常請教一些問題，求得幫助和教導。由於龔睿尊重他的作息習慣和愛好秉性，所以每次請教都會有收穫。而在這一次次的請教中，那位教師也對龔睿發生了濃厚興趣，並逐漸有了很深的友情。

尊貴者是力量的象徵，在他面前，我們顯得很弱小稚嫩。所以要接受並求得呵護。這一則是我們與尊貴者交往所尋求和迫切需要得到的東西；二則作為尊貴者，他也會從中獲得施與和扶持之樂，是一種自我價值的實現。尋找呵護一要尊重尊貴者的願望，二要適度得宜，不可仰仗、依附於尊貴者。這包括恰當的求助及一定程度上的求教，這會獲得尊貴者的認可，並圓滿獲取他的友情

讓貴人助你一臂之力

社會如同一張網，交織點都是由人所組成，我們稱為人脈。貴人，就是人脈

讓貴人助你一臂之力

中承上啟下的交織點。沒有貴人，你的「網」就無法伸展。一個人要想成功，往往離不開貴人的鼎力相助。貴人所給予我們的一次扶助、一次機會、一句話，甚至一個眼神，通常都不是我們用聰明、努力或者金錢可以替代的。因此，尋找貴人，依靠貴人，常常能縮短你的奮鬥時間，為你指明成功的捷徑。借貴人之勢能使你盡快得到提拔，讓英雄有用武之地。尋覓自己的貴人，並充分挖掘自己內在的潛能，會為你的一生帶來好運。

趙立平在美國的律師事務所剛開業時，連一台影印機都買不起。移民潮一浪接一浪湧進美國時，他接了許多移民的案子，常常三更半夜被叫到移民局的拘留所領人，還不時的在黑白兩道間周旋。他常開著一輛破舊的小汽車，在小鎮間奔波，兢兢業業的做著職業律師。時間一長，他終於有了些成就。然而，天有不測風雲，一念之差，他的資產所投資的股票幾乎虧盡，更不幸巧的是，歲末年初，移民法又再次修改，移民名額減少，他的事務所頓時門庭冷落，他萬萬想不到從輝煌到倒閉幾乎是一夜之間發生的事。

這時，趙立平收到一封信，是一家公司的總裁寫的：願將公司百分之三十的股權轉讓給他，並聘他為公司和其他兩家分公司的終身法人代表。他不敢相信天上真的會掉下餡餅，他找到那家公司，看到公司總裁是個四十歲左右的波蘭裔中年人。

「還記得我嗎？」總裁問。趙立平搖搖頭。總裁微微一笑，從碩大的辦公桌的抽屜裡拿出一張皺巴巴的五美元匯票，上面夾著的名片印有趙立平律師事務所的地址、電話。趙立平實在想不起有這一樁事情。

「十年前，在移民局」⋯⋯」總裁開口了：「我在排隊辦工卡，排到我時，移民局已經快關門了。當時，我不知道工卡的申請費用漲了五美元，移民局不收個人支票，我又沒有多餘的現金。如果我那天拿不到工卡，雇主就會另僱他人了。這時候，是你從身後遞了五美元過來給我，我要你留下地址，好把錢還給你，你就給了我這張名片。」

第八章　親近人脈，找到你生命中的貴人

「後來呢？」趙立平漸漸的回憶起來了。

「後來我在這家公司工作，很快我發明了兩項專利。我到公司上班後的第一天就想把這張匯票寄出了，但是一直沒有寄。我單槍匹馬來到美國闖天下，經歷了許多冷遇和磨難。這五美元改變了我對人生的態度，所以，我不能隨隨便便就寄出這張匯票……」

在現實生活、工作中，你不可避免的要與人打交道，或是親朋好友，或是上司同事，或是與陌生人從不相識到相識。人生是一篇大文章，有時借助貴人幫助，可以把這篇文章寫得氣勢磅礡。

生意場上，初創業者往往起步艱難，如果能得到事業有成的人幫助，一定會飛得更快，跑得更遠。因此，你的交際圈子中能有幾位大老闆為你呼風喚雨是非常重要的，但你這個小輩又如何與他們接觸，並讓他們喜歡你呢？

試想一下，如果趙立平沒有用五美元助人，他怎麼可能會受到總裁那麼大的恩惠呢？儘管他起初不是有意的，卻是無心插柳柳成蔭。這種無意間的滴水之恩，帶來的是受助者日後的湧泉相報。

幾乎所有的年輕人，均渴望能和才華橫溢的人物成為知己。假使自己也小有才氣，那更是如魚得水。

因為與那些不平凡的人接觸，可以學習到許多有利於成功的東西。觀察他們，學習他們，虛心向他們請教。你會感覺到生命裡逐漸注入一種新東西，你會逐漸與他們一樣的角度看問題，思索問題，解決問題。

保羅‧艾倫是一位音樂愛好者，同時對天文學也充滿特別的興趣，一有空不是沉浸在音樂裡，就是對著天空發呆。因此，在同學之間，他被視為一個不善交際的人。

但是，他也不是沒有朋友，比他低兩個年級的一位金髮男孩，就經常到班裡來找他，因為他父親是圖書管理員，金髮男孩需要透過他借一些最新的電腦書籍。

讓貴人助你一臂之力

　　在借書還書的過程中，艾倫喜歡上了那個金髮男孩，於是經常跟他出入於學校的電腦教室，與金髮男孩一起玩程式設計遊戲。臨畢業時，他也成為一個僅次於金髮男孩的電腦高手。

　　一九七一年春天，艾倫考入華盛頓州立大學，學習航太；次年，那位金髮男孩進入哈佛，學習法律。兩人雖然不在一個學校，但經常聯繫，金髮男孩繼續跟他借書，他繼續跟他探討程式設計問題。

　　一九七四年寒假，艾倫在《流行電子》雜誌上看到一篇文章，是介紹世界第一台微型電腦的。他興奮異常，因為在國中時，那個金髮男孩就經常在他面前抱怨，電腦太笨重了！要是小到家裡能放下就好了。

　　艾倫拿著那本雜誌去了哈佛，見到那位金髮男孩，說能放在家裡的電腦製造出來了。

　　金髮男孩當時正為「是繼續學法律，還是做電腦」而苦惱。當他看到《流行電子》雜誌上的那台所謂的家用電腦後便對艾倫說：「你不要走了，我們一起做點正經事。」

　　於是，艾倫留了下來，在哈佛所在的城市──波士頓住了下來，並且一住就是八個星期。在這八個星期裡，他和金髮男孩沒日沒夜的工作，用培基語言編了一套程式，這套程式可以裝進那台名為 Alta─ir8008 的家用電腦裡，並且能像汽車製造廠的大型電腦一樣工作。

　　當他們帶著這套程式走進那家微型電腦生產工廠時，竟然得到一個意想不到的答覆，給他們三千美元的基價，以後每售出一份程式，便付他們三十美元的版稅。

　　艾倫和金髮男孩喜出望外，再也沒有回到學校。三個月後，一家名為微軟的電腦軟體開發公司在波士頓註冊，總經理是那金髮男孩──比爾蓋茲，副總經理是保羅・艾倫。

　　現在微軟公司已成為世界上的一個巨人，總經理比爾蓋茲已成為人所共知的

第八章　親近人脈，找到你生命中的貴人

世界首富。艾倫在總經理的巨大光環下，雖然有些黯淡，但在《富比士》富豪榜上也名列前五位，個人資產達到二百一十億美元。

為了夢想。你必須不停尋找一切對你有幫助的不平凡的人。每一個不平凡人的不平凡人生，都是一部奇書。你要學會閱讀這一部部的奇書。

你要睜大眼睛，學會觀察周圍的人，你會驚訝的發現周圍有很多不平凡的人，他們都將給你的人生以莫大的幫助。

靠自己的實力結交貴人

有一年，世界歌王帕華洛帝到音樂學院參觀訪問，很多家長都想讓這位歌王聽聽自己子女唱歌，目的就是想拜他為師。帕華洛帝出於禮節，只得耐著性子聽，一直沒有表態。

黑海濤是農民的兒子，憑著自己的刻苦努力考入這所著名的音樂學院。他也想得到帕華洛帝的指點，但他知道自己沒有背景，很難能夠得到與歌王見面的機會。但是，難道白白浪費這麼好的機會嗎？黑海濤不甘心，他靈機一動，就在窗外引吭高歌世界名曲《今夜無人入睡》。他的歌聲一起，一直茫然的帕華洛帝立即有了反應：「這個年輕人的聲音像我！他叫什麼名字？願意做我的學生嗎？」黑海濤就這樣幸運的成為了這位世界歌王的學生。一九九八年，義大利舉行世界聲樂大賽，黑海濤取得了第二名的優異成績，後來他成為了奧地利皇家劇院的首席歌唱家，名揚世界。

實力就像一個誘餌，運用它可以吸引識才的貴人「上鉤」，這也正應了「姜太公釣魚」那句俗語。

每個人的身邊都有貴人，但大多數時候，這些貴人是潛在、隱形的，我們很難發現他們的所在。既然尋找貴人這麼難，為什麼不運用逆向思維，反其道而行之，想辦法讓貴人來發現我們呢？

自古以來，才俊之間往往惺惺相惜，如果你真的是人才，有能力，那不妨亮

靠自己的實力結交貴人

出自己的實力。貴人看到你的實力之後，一定不會無動於衷，他們一定不會錯過那些自己賞識的人。多數貴人都有識才、惜才之心，因為或許當年他們就是由於某位識才貴人的賞識才得以出人頭地的，如今異地而處，當然也一定會對有才華的年輕人施以提拔和幫助。

所以，貴人是你「吸引」來的，而不是等來的，或者碰運氣碰來的。如果你一直沒有貴人相助，那麼你只能怪自己，怪自己沒有實力或者沒有抓住機會將實力表現出來。

馬克面試一家房地產公司的主管職位。由於待遇豐厚，接待大廳被面試者擠得水洩不通。馬克靈機一動，走到入口處高聲喊道：「請大家自覺遵守秩序！前來面試的人排成三排。」面試者看到馬克與公司的工作人員站在一起，以為他也是考官，便很快排好了隊。接著，馬克又把大家的簡歷收在一起，把自己的簡歷放在最上面，這樣他便得到了第一個面試的機會。考官已將馬克剛才的行為看在眼裡，看了看他的簡歷後，便說：「你被錄用了。」

用實力吸引貴人還要注意以下幾個方面的問題：

一、展示你最優秀的一面

如果你沒有所謂的「後台」，又想在競爭中取勝，那你只有依靠自身的「軟體」了，比如你有沒有團隊精神？是否知道編織自己的人際關係網？等等。當然，你所擁有的這些「軟體」一定要是對手所沒有的，這樣才能展現你的優勢，然後再透過適當的途徑把它們展示出來即可。

一個人可能有多方面的能力，但你對貴人展示的必須是自己的優勢和強項，因為實力足夠強，才可能在瞬間對貴人產生強大的衝擊力，讓他被你打動。

二、要注意實力和貴人的搭配

就是說你應該首先對自己的貴人有所了解，然後在他面前展現出他所熟悉或者從事的領域的實力。比如黑海濤在歌唱家面前展現歌唱實力，馬克在人力資源考官面前展現組織能力，都是很恰當的。因為只有這樣，貴人才會看到並了解

第八章　親近人脈，找到你生命中的貴人

他們的長處。所以，如果貴人酷愛書法，你不妨寫上幾筆大字；如果貴人喜歡讀書，你不妨與他談談名著，這樣你的才能便會更容易被他發現。

三、實事求是的表現實力

無論你的實力有多強，只要照實際情況表現出來就好了，千萬不要自我吹噓，也不要表現出驕矜的樣子，那樣容易引起貴人的反感，對自己有百害而無一益。

結交貴人，多多益善

商鞅在秦國實行變法之初，反對者成千上萬，連太子也不以為然，一再觸法。商鞅說：「變法的法令之所以不能貫徹執行，是由於上層有人故意抵抗。」於是他便想把太子刑之以法，以殺一儆百。可是太子是國君的接班人，是不能施刑的，所以他便拿太子的老師公子虔和公孫賈當替罪羊，他們一個被割掉了鼻子，一個臉上被刺了字。由於當時商鞅甚得秦孝公的寵信，權勢極盛，太子也拿他無可奈何。

商鞅的變法取得了巨大的成功，經過十幾年的時間，泰國的國力得到極大的擴充，兵力也得到極大的增強，由一個西部的邊陲小國一躍成為七雄之首。秦國最後之所以能夠統一中國，其中也有商鞅的一份功勞。

然而，正當商鞅的權勢如日中天之時，秦孝公死了，太子繼位，也就是秦惠文王。他一上台，他的老師——那個被割掉了鼻子的公子虔便出面告發，說商鞅想要叛變，於是惠文王便下了逮捕令。無奈之下，商鞅匆匆忙忙逃離咸陽。但當他來到潼關附近想要投宿時，旅店的主人卻拒絕收留他，並說道：「根據商君的法令，留宿沒有證件的客人是要進監獄的！」

商鞅這才覺得自己是自作自受，他開始後悔當初得罪太子。想想看，如果當時他能像別人那樣對太子稍稍奉承幾句，那也不會落到今天這步田地了。但世上

225

結交貴人，多多益善

沒有賣後悔藥的，當初不知結交，今日只能無奈的坐收其害了。最終，商鞅走投無路被收捕，被車裂於咸陽街頭。

秦孝公重用商鞅，讓他主持變法得以施展自己的才華，可以說是他的大貴人。但是商鞅卻因此只剩下這一個貴人，身邊的其他人大多都成了他的敵人。所以當秦孝公去世之後，他就陷入了四面楚歌的境地，走投無路了。

因而，找貴人也需要用心衡量，既要左右逢源，照顧到方方面面的利益，又要瞻前顧後，考慮事情細膩周到，不能一條道走到黑。即千萬不要僅僅依靠一座大山，若有許多可以利用的關係就不要因粗心大意而忽略。如果你所要辦的事情是非常重要而不能耽擱的，那最好多找幾層關係，以便於為失敗做一些應急措施，以防後患。

同時，面對同一個貴人，採用一種方法進攻失敗，就要考慮另外的方法，或金錢利誘，或利用愛好等各種方式。不要隨意放棄貴人，要知道，放棄貴人就意味著你的事情永遠沒有希望成功。

香港富豪彭碩楠開始創業時，只是一個無名小輩，他在灣仔開設了一間小廠，取名叫「遠東鋁質工程公司」。這個公司後來一步步發展壯大，他自己也因此成為了「鋁窗工程大王」。其實，他的成功是在幾個貴人的幫助下才得以實現的。

他的第一位貴人是范文照。

當時他希望承包先施百貨公司外牆的工程，這項工程比較大，而他的公司尚不具備如此實力。後來，他幸而得到建築師范文照的幫助，從中穿針引線，才一舉拿下此項工程。

作為彭碩楠的貴人之一的范文照，當時名氣很大，是著名的建築師，比如南京中山陵就是他設計的。當他聽說朋友彭碩楠想包該項工程，而該工程又比較大，要分三期才能完成，僅購買材料就需要六七十萬元資金為成本，而彭碩楠的公司正苦於沒有資金接這宗業務時，便出面找到先施的負責人幫彭碩楠說了不

第八章　親近人脈，找到你生命中的貴人

少好話。

　　先施公司的負責人見大名鼎鼎的范文照出面為遠東鋁質公司擔保，相信范文照這位行家的眼光不會有錯，於是就把工程給了彭碩楠。

　　這對於剛成立不久的遠東鋁質工程公司來說，無疑是個很好的發展機會。沒有范文照的關照，彭碩楠一定拿不到這項利潤豐厚的工程。

　　他的第二位貴人是李嘉誠。

　　當時，「遠東鋁質公司」剛剛做完先施、三和大廈等工程，又接了不少富豪私人豪宅的裝修工程，包括香港印度籍世家夏利里拉的豪宅以及梁昌、鄭裕彤、郭炳湘等人的豪宅。有一天，一位好友將彭碩楠引薦給世界華人首富李嘉誠，要他的公司為李嘉誠的豪宅進行鋁窗安裝工程。正是這項令李嘉誠十分滿意的工程，使他與李嘉誠結下了不解之緣。

　　隨著自己的長江實業在房地產開發上突飛猛進，李嘉誠這位貴人給了彭碩楠一次又一次的工程裝修機會，他先後讓彭碩楠承接了他的許多工程，如天星大廈、九龍中心、賽西湖等，這使得彭從中大發其財。李嘉誠在一九八〇年代向大陸挺進，還把彭碩楠也帶進了內地發展。

　　他的第三位貴人是一位美國材料商人。

　　香港金鐘太古商場的工程第二期招標時，彭碩楠很想參加，但是由於競爭對手太強大了，彭碩楠絲毫沒有獲勝的把握。金鐘太古商場第二期工程的合約大概在二億港元左右，但整項工程所需的技術十分先進，一般的公司達不到這個水準，只能望洋興嘆。工程大利潤也就大，所以這次前來招標的來自全世界的十一家公司，除了「遠東鋁質」外全是世界性大集團。

　　在實力不如人的情況下，彭碩楠又是靠貴人相助，使「遠東鋁質」一舉中標。當年，彭碩楠從事裝修工程業務後，透過工作時認識的鋁質專家希比倫結識了不少同行，其中有一位是美國的材料商。在與這位材料商打交道的過程中，彭碩楠務實、講誠信的作風給對方留下了極好的印象。得知彭碩楠參與競標金鐘太

增加自己的曝光率,讓更多的貴人認識你

古的第二期工程,與太古集團負責人關係不錯的這位美國材料商特意就此事致信太古集團負責人,極力保薦彭碩楠,肯定他能勝任此事。結果美國商人的意見被太古集團負責人所採納,彭碩楠力壓群雄而奪標。

以上所列的不過是典型事例,其實在彭碩楠的成功之路上,還有很多類似的貴人。正是他自己的辛勤努力加上這些貴人的幫助,才成就了他的事業。

在結交貴人的時候應該注意:

一、左投右靠,為自己多結交幾個貴人

貴人是永遠不嫌多的,多一個貴人就多一條路,也多一個靠山。此路不通時,可以換另一條路;某一靠山倒塌時,可以換另一個靠山。這也正是所謂狡兔三窟的道理。

二、懂得變通,不要認死理

貴人只是能夠幫助你、提攜你的人,與你並沒有什麼必然的聯繫,更沒有忠誠不忠誠之說。一個貴人遇到了麻煩,陷入了困境,你當然需要以朋友的身份幫助他。但這不代表你不能結交其他貴人,而只能被一個貴人牽制、牽連。

三、左右逢源

爭取在每一位貴人心中都占有一席之地,並積極促進多個貴人之間的聯繫,力求讓你的貴人們能因你的存在而擴大交際網路,變得更加強大。這樣,你的靠山也會更加牢固。

增加自己的曝光率,讓更多的貴人認識你

《紅樓夢》裡的劉姥姥是一個聰明人物。她一進榮國府,不僅拿回二十兩銀子外加一吊錢的援助,使這個莊戶人家渡過了難關,還打通關係,使賈府認下了這門親戚,如此一來便與赫赫有名的金陵大戶建立了關係。

正因如此,後人無不認為劉姥姥是一位具有非凡公關才能的老太太。

第八章　親近人脈，找到你生命中的貴人

今天，我們與貴人打交道，目的可不像劉姥姥那樣單純。我們的目的還有很多，最主要的目的是為了上進。因為與之相交，便等於掌握了很多事業成功的先機。人們常說，「人往高處走，水往低處流」，常與這些明顯地位高於自己的人群交往，自己必然能夠在短時間內大大提高。

與之交往，還能使自己時刻保持有一種動力，向著更好、更卓越的方向奮進。即使我們無法在成功的浪尖上舞蹈，也至少可以在成功的附近徘徊，再藉由外在條件的相助，成功也便只是咫尺之間的事情。

相信這個道理大家也都心知肚明了，我們現在要解決的就是如何讓貴人認識自己？我們總不能呆在自己的房間裡一直傻傻的等待吧？這樣的守株待兔估計到老死的那一天，也不會有貴人主動找上門來的。在如今現實的社會，我們如果腹有才華，就一定要讓其呈現耀眼的光華。這樣，更多的貴人才能看到你。可是，怎樣才能讓他們看到你呢？最關鍵的一步就是增加自己曝光的管道。

有一位企業家是這樣做的：他每次出差的時候，都選擇飛機的頭等艙，並不是因為他是有錢人所以才選擇頭等艙的，而是他另有目的。因為搭乘頭等倉的可以說都是一流人士，而且頭等艙是一個封閉的空間，沒有電話和其他雜事的干擾。這時，他就會瞄準機會跟那些一流人士好好聊上一番。只要他自己足夠聰明，而那些高雅人士也不反感，他就完全可以大談特談，一談數個小時。透過這種方法他在飛機上認識了不少頂尖人物。

後來，這些頂尖人物為他的事業提供不少的幫助，他的生意蒸蒸日上，他本人也真正成為一流人物，讓許多人羨慕不已。

從這裡你看到了什麼？不錯，就是人脈投資的威力！更聰明的是，這個企業家不是一般的投資，他的方法是如此的巧妙讓我們不得不細細領悟和學習。事實上，只要我們跟他一樣學會曝光自己，找到一個合適的管道認識一些厲害的人，我們就一定能成就自己的事業，從而成為這些大人物的座上客。

下面這些增加自己曝光率的方法我們大可以作為借鑑：

增加自己的曝光率，讓更多的貴人認識你

一、讓你的資料經常出現在名流人士常讀的雜誌週刊上

經常讓你的形象、你的產品等一切能跟你產生聯繫的資料出現在名流人士常閱讀的雜誌和週刊上。這樣能極大程度上擴大你的知名度，讓名流人士們知道你這麼個人，並且產生熟悉的感覺。下次一見到你本人，就會立即意識到是你，這可概括為「未見其人，先知其名」。

二、名片做得有個性一點，有吸引力一點

作為社會人士，免不了要製作自己的個人名片，你的個人名片一定要做得足夠個性，足夠魅力。這樣，那些名流人士才有可能對你遞上來的名片多看一眼，只要他能對你的名片多看一眼，你就可能多了一次機會。

三、參加相關的社團組織

很多名流人士都有參加社團組織的癖好，如果你不討厭而且還有一點興趣的話，不妨加入其中。與之同在一個社團組織，這會無形中拉深你們之間的關係，讓他多出很多對你的親切感，這樣接觸起來就容易得多了。

四、多參加名流人士的座談會和演講會

社會名流往往都會定期舉辦座談會或演講會，有時間不妨多聽聽，多看看，學習他們的生意或專業，增加對他們的了解，你才能對症下藥，打開與他們交往的第一道門。

商展會場是不可不去的地方

各種商展往往是社會名流極其看重的地方，透過這些展覽，你可能會遇到很多名流人物。如果發現與之具有共同的愛好和相同之處，就更是再好不過，心照不宣的感應，勝過再多蓄意的安排。所以，一定要珍惜這些不可多得的機會。

第九章
淨化人脈，淘出你的黃金人脈

CONNECTIONS
LEDGER

與優秀、傑出的人共事

與優秀、傑出的人共事

　　明末清初的顧炎武曾寫了一本《天下郡國利病書》，這是在水利方面有一定科學價值的書。顧炎武之所以能寫出這本著作，與他的朋友耿橘有很大關係。耿橘是個對水利很有研究的人，他在做常熟知縣時先後開浚了福山塘和奚浦，還寫過一本《水利全書》，其中對於如何根據地勢高低來決定蓄洩、如何根據水系來進行開浚，都有周密詳盡的規劃。這些都給了顧炎武以啟發。沒有這位好學友，顧炎武的《天下郡國利病書》就很難問世。

　　世界著名的科學家愛因斯坦的科學成就也得益於他的學友們的幫助。他在掌握黎曼幾何之前，只是取得了狹義相對論的成功。後來朋友們幫助他掌握了黎曼幾何，才促使他發現了廣義相對論的奇妙世界，建立了科學史上罕見的功勳。

　　正像一句俗話所說的：「交友如染絲，染於蒼則蒼，染於黃則黃。」一個人如果交了愛吹牛窮聊的朋友，便難免陪著他海闊天空的誇誇其談，久而久之，自己也會成為話匣子；如果交了愛玩愛鬧不學無術的朋友，就少不了一起去遊遊逛逛、打打鬧鬧，久而久之，自己也可能成為不求上進的浪蕩鬼；但如果交上了積極上進的朋友，談的是學習、學問、成功，交流的是知識見聞，那麼久而久之，自己就可能潛移默化而好學不倦，追求起真知，變得熱情自信、視野開闊，這樣從中得到的益處就不可限量了。

　　在生活中，有時你距離目標只有一步之遙，取得成功的關鍵就在於你能否找到實現目標的資源。克雷洛夫說：「現實是此岸，理想是彼岸，中間隔著湍急的河流，行動則是架在河上的橋梁。」如果我們想要把偉大的想法付諸行動，就必須尋求那些能助你上進的朋友的幫助。

　　多結交能幫助你上進的朋友，拓展成功者的人脈是絕對不容忽視的。俗話說：「玻璃與金子相會，便有寶石的光輝；愚人與善人接近，也同樣會變得聰明。」如果我們經常與優秀的人在一起，把許多人的智慧變成自己的智慧，那麼我們自

第九章　淨化人脈，淘出你的黃金人脈

身的發展也一定會加快，從而取得更大的成就。

明彬和王柏兩個人是好朋友，他們同時從一所大學的中文系畢業了，而且都找到了祕書的工作。不同的是，明彬的老闆比較和藹，他的工作也比較清閒，而且薪水很高；王柏的老闆比較嚴格，他的工作任務十分繁重，經常需要加班，但薪水反而沒有明彬高。

明彬勸王柏不要繼續做這份工作，再另找一份，但是王柏堅絕不同意，他有自己的想法。他對明彬說「雖然公司現在的情況不太好，但是我覺得我的老闆是一個很有發展前途的人物。他以前在一家大的出版集團擔任過重要的職務，看問題的眼光和做事的方式都與眾不同，我相信他必定有一番作為，而且最重要的是，我在這樣一個老闆的身邊工作，能學到許多在別處學不到的東西。」

明彬聽了之後不以為然，為王柏沒有接受他的勸告而感到遺憾。接下來的兩年時間裡，王柏確實生活得很累、很辛苦，明彬則是既輕鬆又寬裕。但是在他們畢業六年之後，情況發生了變化──明彬仍然是那位和藹老闆的祕書，而王柏則自己開了一家公司，當上了老闆。

與優秀的人共事，就要向他們學習。下面的一些做法可以供你參考：

一、多與優秀的人一起行動，爭取不要落在他們的後面

人對環境有一種本能的適應，如果你總是與傑出的人、有發展潛力的人在一起，那麼久而久之，耳濡目染，你的水準也會得到一定程度的提高。

二、留意優秀之人的做事習慣

這一點也很重要，優秀的人可能行動力強，可能從來不拖延，可能有長遠的眼光，這些都是你要學習的地方。不要以為他們只是憑藉高學歷或者與人的關係才嶄露頭角的，一些他人不留意的細節可能就是他們成功的原因。

三、學習優秀之人的好心態和思維方式

優秀之人的思維方式一般都會與眾不同，這也正是「思路決定出路的道理」。可是思維方式不是天生的，也不會歸某個人所有，所以，他們可以用，你

也可以用。學到了這些，你也有可能成為優秀之人。

找幾個名人做朋友

　　找個名人做朋友、借名人的光都會比較好辦事。能夠選名人做搭檔，無疑是建立起了一道令人羨慕的成功關係。這樣做事往往會一帆風順，做人也自然會有一種成就感。

　　一般人對權威和名望有一種崇拜感和信任感，與有權力的人或一些知名度較高的人做朋友，你在處世中將會無往不利。因為這些權威人物都有一定的威懾力量，他們的判斷能力、鑑別能力是被社會公認的，所以他們同意的事情一般人也相信是對的，不會產生懷疑。你可以請他們參與你想做的事情，或為你背個書等，這些東西可以向別人證明你的實力。有了這些東西再來說服別人就不會困難了，而且別人看你有後台，也會比較願意與你合作。

　　找個名人做朋友，於你的人生大有裨益。

　　一九八九年夏天，正當健力寶公司的事業發展如日中天時，世界體操王子李寧解甲退役，加盟健力寶公司。這一消息引起了社會的巨大震動。

　　健力寶公司的總經理李經緯與體操王子李寧，一個是優秀企業家，一個是世界體育明星，其實早就有了交往。在李寧告別體壇之前，作為他的好朋友，李經緯和他曾做過一次深談，並由此得知了李寧退役後的最大心願是辦體操學校，培育體操人才。而辦學要錢，所以必須要靠實業才能實現這個理想。這使李經緯想起外國一個著名足球運動員退役後開辦運動鞋廠的故事，李寧不也可以這樣做嗎？同時他深知，如果李寧的名字與健力寶聯繫在一起，必然會給健力寶公司帶來不可估量的精神效應和物質效應。

　　李經緯由此萌發了邀請李寧加盟健力寶公司，同時協助他創辦李寧運動服裝廠的念頭。李寧也愉快的接受了健力寶的邀請，擔任總經理特別助理，主要任務是籌建李寧牌運動服裝廠。結果，隨著亞運會的召開，李寧運動服也一舉成名。

第九章　淨化人脈，淘出你的黃金人脈

一九九〇年北京亞運會，健力寶公司在全國各企業中捐款名列第一。一九九二年，體育代表團出征巴塞隆納奧運會，健力寶公司是唯一的贊助公司。這一切都少不了李寧的作用。

健力寶公司看準了李寧身上所蘊涵的巨大商業價值，在他實業辦學的同時宣傳了自己的產品和企業，從而借李寧的影響樹立了自己的形象，為自己的產品找到了靠山。

找名人做朋友，需要注意以下幾點：

（一）找到的名人必須有足夠的影響力，並且其影響力要與你所從事的領域有關。

就像商家拉廣告的時候，做洗髮精的廣告就找當紅的影視明星，做眼藥水的廣告就找射擊的奧運冠軍，做保健品的廣告就找年長明星，往往會取得成功，就是因為這個緣故。

（二）找一些品質好的名人做朋友。

名人也不一定永遠是名人，他們的事業也有盛有衰，有陰有晴，而你卻希望自己的事業能夠蒸蒸日上，屹立不倒。所以，要找一些人品好的名人做朋友，免得哪一天他們出了一些影響極壞的醜聞，波及你的事業，讓你得不償失。因此在選擇名人做朋友時一定要謹慎一些，不可只看一時的風光。

（三）不可因為找了名人做朋友就放鬆對自身的要求。

名人的聲望再大，給你帶來的也只是外部效應，要真正贏得長遠的發展，必須立足於自身的實力。而且如果你的實力不夠強，名人一般也不會與你合作，即便合作了，也會有一天產生受騙的感覺，認為你利用了他的名氣，又影響了他的聲譽，從而與你反目。這一點也是需要注意的。

（四）處理好與名人的關係。

尤其是在你們的合作中，一定要讓他得到應有的利益。否則你們的合作關係就不再平衡，長遠的合作也會遇到阻礙。

深交可靠的朋友

晉代有一個叫荀巨伯的人，有一次去探望朋友，正逢朋友臥病在床。這時恰好敵軍攻破城池，燒殺擄掠，百姓紛紛四散逃難。朋友勸荀巨伯：「我病得很重，走不動，活不了幾天了，你自己趕快逃命去吧！」

荀巨伯卻不肯走，他說：「你把我看成什麼人了，我遠道趕來，就是為了來看你。現在，敵軍進城，你又病著，我怎麼能扔下你不管呢？」說著便轉身給朋友熬藥去了。

朋友百般苦求，叫他快走。荀巨伯卻端藥倒水安慰他：「你就安心養病吧，不要管我，天塌下來我替你頂著！」

這時「砰」的一聲，門被踢開了，幾個兇神惡煞般的士兵沖進來，對著他喝斥道：「你是什麼人？如此大膽，全城人都跑光了，你為什麼不跑？」

荀巨伯指著躺在床上的朋友說：「我的朋友病得很重，我不能丟下他獨自逃命。」並正氣凜然的說「請你們別驚嚇了我的朋友，有事找我好了。即使要我替朋友而死，我也絕不皺一下眉頭！」

敵軍一聽愣了，聽著荀巨伯的慷慨言語，看看荀巨伯的無畏態度，他們很是感動，說：「想不到這人如此高尚，怎麼好意思傷害他呢？走吧！」說完，敵軍就撤走了。

患難時展現出的友誼能產生如此巨大的威力，說來不能不令人驚嘆。這種朋友就是能夠展現自己本色的人，他沒有虛假的面具，能夠與你真心交往，與你同甘共苦。這種人也肯定不是淺薄之徒，他們有著豐富的精神世界，能幫助你不斷的進取，成為你終生的驕傲。

英國哲學家培根在《論人生》中談到友情時說道：「如果把快樂告訴一個朋友，你將得到兩個快樂；而如果你把憂愁向一個朋友傾訴，你將被分掉一半憂愁。」所以，友誼對於人生，就像煉金術士所要尋找的那種「點金石」，它能使

第九章　淨化人脈，淘出你的黃金人脈

黃金加倍，又能使黑鐵成金。

　　法國作家羅曼・羅蘭曾說過：「得一知己，把你整個的生命交託給他，他也把整個的生命交託給你。終於可以休息了：你睡著的時候，他替你守衛；他睡著的時候，你替他守衛。能保護你所疼愛的人，像小孩子一般信賴你的人，豈不快樂！而更快樂的是傾心相許。等你老了、累了，多年的人生重負使你感到厭倦的時候，你能夠在朋友身上再生，恢復你的青春與朝氣，用他的心靈去體會萬象更新的世界，用他的感官去抓住瞬間即逝的美景，用他的眼睛去領略人生的壯美……即便是受苦也是和他一塊受苦！只要能生死與共，即便是痛苦也成了快樂！」

　　我們需要的是這樣的朋友，而不是那些見面吃飯時親熱，遇到困難時冷落的假朋友。深交靠得住的朋友，才算交對了朋友。

　　王剛和楊識是一對親密無間、死生皆可託付的密友。兩人從學生時代起就一起讀書、研究學問，情同手足，步入社會以後仍保持著密切的聯繫。不幸的是，王剛的夫人懷孕不久，王剛就患了重病，臨終前王剛託楊識照顧自己的妻子。數月後，王妻生了一個男孩取名叫王志明。楊識不僅在生活上厚待他們，而且還代朋友教育孩子。王志明聰明好學，楊識經常鼓勵他要像爸爸一樣，做一個有學問的人。後來，楊識的一個朋友當了某大企業的總經理，請楊識推薦一人當祕書，楊識給朋友講了自己與王剛的友誼，並向朋友推薦王剛的兒子王志明。朋友為楊識與已故朋友之間崇高而真摯的友情所感動，又見王志明能力出眾，欣然答應了楊識的要求。

　　靠得住的朋友要深交，但還需切記不可交往的幾種人：

一、悖人情者不可交

　　親情、愛情都是人之常情，如果一個人待人處世的態度十分惡劣，那麼這種人是不能交往的。因為這種人往往極端自私，為達目的不擇手段，並慣於過河拆橋、落井下石。

二、勢利小人不能交

如果一個人是非常勢利、見利忘義的小人,那麼這種人就不適合作為朋友出現在生活中。勢利小人的一個通病是:在你得勢時,他錦上添花;當你失勢時,他落井下石。他不懂得什麼是真誠,他只知道什麼是權勢。因此,這種人不能交往。

三、酒肉朋友不必交

酒肉朋友是最靠不住的。一些酒肉朋友整天在一起騙吃騙喝,一旦其中一個真的需要幫忙了,卻個個都躲得無影無蹤。

四、兩面三刀者不可交

有些人人心叵測,當面一套,背後一套。對這樣的人應慎之又慎,更談不上結交為朋友了。

至於一個人是不是陽奉陰違派,如果沒有先見之明,在短時間內是很難分辨的。這樣的人往往在你面前說得優美動聽,誇得人飄飄然。但他雖然當面說的都是一些忠貞不二的話,表現出的也是忠誠老實相,背後卻說不定有險惡的用心。

說得輕一點,具有兩面作派性質的人善於搬弄是非。在你面前說別人的壞話,在別人面前說你的壞話,不讓你與別人之間鬧出矛盾絕不罷休。

抓住職場中的核心人脈

對於大多數人來說,工作的好壞直接影響到財富的多少。職場中的核心人脈資源指的是那些對職業或事業能起到核心、關鍵作用的人脈;那麼,什麼樣的人脈是核心層呢?這其實是和你當時所處的職業位置和事業階段是相關的。對於不同的人,其核心人脈資源是各不相同的。而人人都有一個相同的核心人脈資源,那就是頂頭上司。不管職權還是地位,他都是在你之上,如果在社交生活中與自己的上司處好關係,必將有助於事業成功。

第九章　淨化人脈，淘出你的黃金人脈

那麼，怎樣才能夠與上司建立起親密的關係呢？

記得有一本書中曾提出一個非常好的觀點，那就是把老闆當作第一顧客。這樣的心態一旦存在，你就會知道如何去贏得上司的賞識，如何接受上司的批評了。處理好和上司之間的關係，其實可以很簡單，比如你可以這樣去做：

一、努力工作，得到上司的賞識

和上司相處，不僅要把自己手頭的工作做好，還要懂得如何使自己受到上司的賞識。這一點很重要！有些人覺得表現積極的人都是想爭權奪利的人，而自己不是那樣的人，因此除了日常的公事之外，其他的事情一概不聞不問，甚至於對上司敬而遠之。有些人覺得上司的學歷比自己低，於是對他們不屑一顧。這些方式都不易於與上司相處，這樣的人也不會受到上司的賞識。

事實上，被上司賞識是一件很幸福的事情。方法也很簡單，只要把上司看作是和自己前途緊密相關的人，是你的直接領導人，那麼你就會懂得去尊重他們。只有當你懂得尊重上司的時候，上司才會對你產生好感。尊重和關心上司的主要表現是對上司的事情表示關心，不論是上司的公事還是私事，你都應該積極關注，努力做好，這樣，你才能與上司處好關係，實現自己的願望。

得到上司賞識，並不是最終的目的，即使上司十分信任你，你也應遵紀守法，不能擅自獨斷專行。否則，就會侵犯上司的職權，奪占同事的功勞。

二、尊重上司的職權

尊重上司的職權，並不是說在一些需要討論的問題上不發表自己的看法和主張，而是需要一定的原則和技巧。比如在上司沒有做決定之前，有什麼意見或建議儘管提，但是一旦上司拿定了主意，你就不要再爭了！

這是一種基本原則。你一定要記住，你看見的只是其一，上司定的卻是全盤大計。你做的事，上司必須負責到底。不要以為自己的想法比上司的高明，作為下屬，服從領導是一種美德。

三、不要事事請示上司

有些人在工作中一遇到什麼事就喜歡向上司請示。其實這種做法是非常不好的，時間長了，上司會低估你的能力。因此，專家認為，不要經常打擾上司，小事不必件件請示，有些事情等到有圓滿的結果時再向上司報告。這樣可以加深上司對你的良好印象。

當然，對於上司需要了解的情況，一定要及時報告，這點也非常重要。因為上司要根據這些情況來制定計劃，你千萬不要有所隱瞞，無論好的還是壞的消息，都要及時報告。

在判斷哪些事情該彙報，哪些事情不該彙報的時候，還應根據實際情況出發，採取換位思考的角度來分析，如果你是上司，你會不會關注這些事情？

四、堅持公事公辦

不同的上司有不同的性格，而不管他們是嚴肅也好，隨意也好，作為他的員工都不要怕他，不要看到上司就手足無措，或把他當作神一樣來崇拜。有些人在上司面前戰戰兢兢，連話都不會說，這些人上司是不會欣賞的，也不會與之建立友好的關係。因此，保持大方的舉止，得體的儀態與交流，對你來講是非常重要的，這不僅僅是你獲得上司賞識的方法，而且還是提升你氣質的關鍵所在！

五、不要過分討好上司

尊重上司，積極贏得上司的賞識，這些並不意味著要千方百計討好上司，更不意味著要犧牲同事來博取上司的歡心。有主見的上司最見不得的就是拍馬屁的人，所以，過分的吹捧，反而會適得其反，但是適當的讚揚未嘗不可，當上司有好方法、妙主意時，可以向他表露你的讚美之意。

六、懂得和上司協作

任何時候，只要你在工作，就必須懂得和他人合作。上司和你所不同是，你所做的只是個體的工作，而上司則是整體的把握，因此應避免只看到局部的做法。很多工作，你有成績，你的上司也有一份功勞。因此，與上司處得越好，你

第九章　淨化人脈，淘出你的黃金人脈

就會感覺工作的勁頭越足；而你幫上司把事情辦得越好，你的前途也越光明。

和上司相處最基本的方式是以誠相待，如果在業務上有兩位以上的上司，你必須認清誰是你的主管，應向他請示有關業務問題，獲得他的信任與支持。至於另一個上司交代的事情，在不衝突的情況下，也應盡力去辦理；如果與直屬上司的指示相衝突，你應委婉的陳述困難，求得諒解，不可在兩位上司之間投機取巧，否則，你會左右不討好。

七、不在背後說他人的不是

一名精明的上司是不喜歡你在背後說他人的不是的，他們會認為「來說是非者，便是是非人」。因此你必須學會常說他人的好話，而不說他人的壞話，因為一旦說人的壞話，你就會給自己樹立很多對立面，上司若不喜歡你，將壞話傳出去的話，被說的人就會變成你的「死敵」，一有機會就會讓你吃不完兜著走。

同時，也不要頻繁向上司彙報你的工作困難，如果要提困難，盡量同時提出解決的方法。否則，會使他低估你的辦事才能。

朋友也是可以分等級的

你知道嗎？朋友也是分等級的，有好壞之分，有上下之別。

有的人一聽這話，可能就暗自吃驚：什麼，把朋友劃分等級？都是朋友，為什麼要劃分等級？對自己的朋友做出如此自私的事情，真不講義氣！我不做這種事情！

事實上，這不是講不講義氣的問題。你想想看，難道你能對你的人脈圈子裡的所有人都一視同仁、毫無偏頗嗎？這是根本不可能的，而且這種心態也絕不可取。抱著這種心態與人相處，你只可能傷人傷己，將友誼弄得遍體鱗傷。

如果你對那些一心為你好的朋友講義氣，真誠相待，這倒無所謂；相反，若你對那些一門心思對你使壞的朋友也講義氣對待了，那麼最後的結果可能無法想

朋友也是可以分等級的

像,惡果還是要自己去承擔。

所以無論怎樣,對於朋友,我們是需要劃分一下等級的。只有將朋友劃分等級,然後根據不同層次的朋友進行區別對待,這樣才能抓重放輕,與朋友交往才能合理而有度,這樣才能體會到友誼的歡愉。過於感情用事而沒有將朋友劃分等級,但是後來卻為這樣的友誼所累,這真是一件令人悲哀的事情!

一個人的一生中,會結識很多人,這些都是其人脈中的元素。一個人的人脈元素是多元化的,每天你都將周旋於其中。我們必須認真思考——如何對待朋友,如何將友誼進行得有聲有色並能恆久保持的問題。要知道,把朋友分等級無論如何都不能算是一件可恥的事情。

雖然我們都有良好的願望,我們都希望友誼能夠純真無暇——我對你好,你對我好,這樣大家都好。可是哪裡有這麼美好的事情呀?現實的社會是複雜多變,人心難測的,你對人好,可能人家還不領情呢!別人也可能對你使壞,但是他不告訴你,臉上裝作對你笑咪咪的,也許你還對他感恩戴德、感激涕零呢!所以,人脈高手們常跟我們說,知人知面不知心。

現實的社會是個複雜的大圈子,更像一個無所不包的大染缸,進了這樣的大染缸你必須多留個心眼。很多久經江湖的人,都曉得其中的利害關係。所以他們總結出越是朋友就越是得劃分等級,這樣才能使友誼之花常開不凋。他們建議我們要對朋友區別對待,對不同層次的朋友採取不同的對待方式,有針對性的與之進行交際。可以說,這是他們用自己幾近半生的時間,靠自己一步步的摸索,用血和淚才換來的教訓。我們完全沒有必要重蹈他們的覆轍,讓他們經歷過的悲劇再上演一次。

那些被你稱為朋友的人,他們的所思所想可謂五花八門,但有一點幾乎可以肯定,那就是跟你交往的人,每個人都抱著不同的目的。有的人是真心想與你交往,希望從此人生路上多個幫手。但是有些人就不是這樣想了,他總是想方設法利用你,處處挖空心思算計你。無疑他們是抱著損人利己的目的的,那麼這些人

第九章　淨化人脈，淘出你的黃金人脈

就不能與之深交，如果你錯把他們當成至交，那將是你犯的致命錯誤。這樣的錯誤不必多，一次就足夠讓你一輩子都翻不了身！

所以，在不得罪「朋友」的情況下，你完全有必要將你的朋友一一分一下等級，像「推心置腹級」、「酒肉朋友級」、「萍水相逢級」、「生死相許級」等等，這樣有針對性的與朋友交往，你交朋友的風險就大大降低了！

給朋友分類的標準有很多。比如根據形成過程，你可以將你的朋友劃分為血緣朋友、地緣朋友、學緣朋友、事緣朋友、客緣朋友、隨緣朋友等等；根據重要程度你還可以劃分為核心層朋友、緊密層朋友和備用型朋友等等……雖然方法多種多樣，但是你一定要根據個人需要進行分類歸納，畢竟只有適合自身實際情況的分類，才是最好的分類方式。

跟社會關係總量大的人交往

有一句話是這樣說的：「你與總統之間只隔著三個人。」

我們一聽這話都明白是什麼意思——就算你不認識總統，你的朋友、你的朋友的朋友，或者再朋友的朋友，總有一個人能跟總統扯上關係吧？如此一來，你總能找到辦法跟總統從中拉上關係。

可是大多數人或許會說：找遍我的朋友，我並沒有發現哪個人認識總統的！要想借助總統的力量做點什麼事情，那更是無稽之談！

相信這也是多數人心中都有的疑問。那麼，我要問你一個現實的問題——與你結交的都是一些什麼人呢？

我想，找遍你所有的朋友，你可能都找不出這樣的一個人：他是好好先生，他是交際達人，他交友遍天下，他關係密如蛛網，走到哪裡他都會受到熱烈的歡迎。這是什麼樣的一個人呢？概括來說，他就是那種背後社會關係總量驚人的人。他有著層層的關係網路，因此無論做什麼事，他都能易如反掌，舉重若輕。

這種人正是我們急需結識的，一旦你認識了這樣的一個「龍鳳人物」，並且

跟社會關係總量大的人交往

跟他相得很好，那麼他的朋友便是你的朋友，他的關係便是你的關係，他的關係總量也可以成長為你的關係總量。從這個角度來講，這種人是人脈中最有價值的一種人。而這種人，也正是我們千方百計要結交的人！

當然了，這種社會關係總量駭人的人，一般都是有身份有地位的人，與之相識談何容易？這簡直無異於「攀龍附鳳」、「雞犬升天」。但是反過來說，困難雖是有的，但有沒有真正的能耐這才是個關鍵！有很多人總是能夠成功的「攀龍附鳳」，結交到那些社會關係總量駭人的人，然後他們就真的「雞犬升天」，成為不一般的大人物。

張世傑就是這樣一個從幼稚無知的大學生，雞犬升天跨入成功者行列的。

當張世傑還是剛畢業的大學生時，就來到臺北闖蕩。年幼的他跟很多初來臺北的年輕孩子一樣，滿心幻想但又總是無處下手。但是在一次偶然的機會中，他結識了某外資銀行副總裁董先生，這是他在臺北創業的成功開始。

原來，張世傑在臺北租的房子是董太太的，而董太太又恰好是張世傑的老鄉。張世傑與董太太都是健談的人，一來二去，他們就熟識了。談論的話題也更加隨意，從人生到事業，再小到生活中的各個細節。透過他們漸漸深入的交談，張世傑逐漸獲得了董太太的欣賞和信任。再經過董太太的推薦和美言，董先生也表現出了對張世傑的欣賞和信任。所以當後來張世傑說到自己對未來事業的期許和打算，準備創業但資金極其困難之際，董先生就很快為他籌集了大筆資金，從而使他的創業如魚得水，一舉成功。

正是透過結交社會關係總量大的董太太，張世傑這麼一個剛剛畢業的少年才能與身為外資銀行副總裁的董先生相識，並從此鹹魚大翻身，演繹一了出「男版灰姑娘變身記」的故事。雖然這只是一種巧合，但這次巧合卻撐起了他人生的重大事業，這不得不讓人感嘆：一個社會關係總量大的人的力量是多麼驚人！

結交社會關係總量驚人的人，其實很多時候是借助社會交際的交叉性。在現實生活中，我們每個人擁有的交際資源都是有限的，你能夠花在人際交往中的時

第九章　淨化人脈，淘出你的黃金人脈

間、經歷、金錢等等資源也是有限的，那麼如何才能最快最有效得結識到盡量多的高品質朋友，營造更廣闊、更有價值的社會交際網呢？很簡單，與那些背後社會關係總量大的人交往，這將是你最明智的做法。這種方法可以使你在較短時間內快速擴充你的社會資本總量，最大程度的增加你人生博弈的籌碼。

結交到這種社會關係總量驚人的人，將是我們社會交際的一個目標。唯有多認識這樣的人，才能對我們的事業推波助瀾，產生積極久遠的影響，從而讓我們不再走彎路，直入捷徑！

最優質的人脈：大家好才是真的好

不能否認，人脈不是一天建成的，同理，人與人的相處也不是一兩天就可以結束。想要更加長久的把握好自己的人際關係，就要在與他人的相處中不斷培養彼此之間的感情，就要學會與人有福同享。

有福同享就意味著利益分享，有好東西時能夠時刻記起別人。懂得與人分享是一種獲得人心的祕密武器，是成大事的基礎。相反一個不懂得分享的人，即使暫時能夠有人願意幫助他，但是時間一長，他就會陷入眾叛親離的境地。

一頭獅子和一隻狼同時發現了一隻小鹿，於是就商量好共同追捕那隻小鹿。它們合作良好，當狼把小鹿撲倒時，獅子便上前一口把小鹿咬死。看著已經倒在自己身邊的小鹿，獅子起了貪心，不想和狼平分這隻小鹿，於是想把狼也咬死，可是狼拼命抵抗，後來狼雖然被獅子咬死，但獅子也深受重傷，沒有力氣去享受美味了。

在這則寓言故事中，獅子只想吃獨食，不顧及合作夥伴的利益和感受，不願分給狼應得的分成，最後弄得兩敗俱傷，試想如果下次獅子再想找合作夥伴，估計也就沒有誰願意做它的幫手了。

動物界的生存需要利益共享，人與人之間共事更需要利益共享。二十多年前，一位美國籍猶太青年在訪問以色列時，無意中聽到教堂神父講了一個故事。

最優質的人脈：大家好才是真的好

故事發生在二戰時期：一年冬天，德國納粹準備將猶太人集中在一起驅趕到一地方，途中需要經過歐洲一些很冷的地方，但當時猶太人每六個人中只能有一個人能得到毯子禦寒。毯子發到了幸運者手中，大家沒有搶奪、爭吵，因為每一位幸運者都慷慨的將毯子鋪開和其他人一起分享溫暖。

聽了這個故事，青年得到了很大的啟發。回到美國以後，他堅持用這一理念來管理自己的公司。他先是為公司的臨時員工提供必要的福利，之後又把公司股權分給所有員工。雖然他的做法遭到了許多反對，但他堅信透過利益共享，企業的老闆才能和員工形成彼此信任的合作關係，這種企業對員工的信任和員工對企業的忠誠一定能夠有利於公司利潤的成長。實踐證明他是對的。經過一段時間的發展，他的公司很快就扭虧為盈，而且公司股票市值也在十多年間翻了一百多倍，總值達到三百多億美元。他的這家公司就是當今全球最炙手可熱的咖啡連鎖店──星巴克，而他就是大名鼎鼎的霍華‧舒茲。

從霍華‧舒茲的成功經歷中，我們不難受到這樣的啟發：大家好才是真的好，只有每一個合作夥伴都能從合作當中獲得利益，才能進一步加強合作夥伴之間的團結，也只有透過利益共享，才能提高合作者的熱情和激情。

所以，在大家共同的努力下獲得的利益或榮譽我們就要主動的分利給大家，不能利益獨占，榮譽共享。即使是個人的工作成果，我們也要學會主動與人分享，因為懂得分享不僅是企業贏利的一種手段，更是鞏固人際關係的有效方法。

有一位黃治標先生的精力很旺盛，他不僅是一家出版社的編輯，還兼任下屬的一個雜誌的主編。平時在公司裡，由於他有那麼幾分才氣，所以常常幫大家寫個小東西，所以這老黃的人緣還不錯。有一次，他所主編的雜誌在評選中獲了大獎，他感到十分榮耀，逢人便提自己的努力與成就，同事們也紛紛向他表示祝賀。可是過了一個多月，老黃卻樂不起來了。原來，他發現以前關係不錯的同事，包括他的上司和屬下，似乎都在有意無意的和他過不去，並迴避他。

事實上，黃治標先生落到這種地步就是因為他犯了「獨享榮耀」的錯誤。雖

第九章　淨化人脈，淘出你的黃金人脈

然主編的雜誌得獎，他的貢獻很大，但是，也不能因此而忽略了別人的努力和貢獻，所以，當他一個人得意揚揚的時候，他的上司、同事、下屬就開始感覺到不舒服了，直到不約而同的都疏遠了他。所以，在我們日常投資自己的人際關係時，一定不能忽視了與人分享的重要性，只有大家都能從你的成功中獲得好處，才可能更願意和你接近，更願意和你共事。

多交對自己有益的人

俗話說：「人無完人，金無足赤。」不能否認，每個人都有自己的缺點和不足，只有那些真正敢於指出我們的缺點和毛病，並積極幫我們改正的朋友，才能稱得上是對我們有益的人，而那些只知道說好話的人，既不能幫我們及時改正錯誤，還有可能混淆我們的視聽，讓我們看不到真實客觀的自己，從而不利於我們自我改善。

左小剛有一群很好的朋友，他們常常在一起下棋。由於左小剛很愛面子，而且是個好勝心很強的人，遇到棋藝高的朋友，他非得拖著人家沒完沒了的下到他贏了對方為止。朋友們在長時間的交往中都知道他的這個毛病，所以大家一直都讓著他，省得讓他輸得心口都不服，再跟自己糾纏下去。

時間一長，左小剛每次和朋友下棋都能輕易獲勝，於是他就覺得自己的棋藝了得。有一次公司舉行象棋大賽，左小剛就報了名，公然與公司內小有名氣的象棋大王對局，結果比賽剛開始不久，左小剛就一路處於劣勢，最後毫無懸念的連連輸給了象棋大王。

左小剛很納悶，平時公司裡的這個象棋大王連自己的一些朋友都下不過，怎麼能夠這麼輕易的贏了自己呢？後來，經過觀察他才發現自己的那些朋友在跟他下棋的時候都有意讓著他。

朋友是一種資源，但只有能夠修正我們的缺陷，幫助我們提高自己的朋友才是一種有效資源。就像上面事例中左小剛的那幫朋友就是一種無效資源，他們不

「含金量」越高的朋友越值得交

僅不利於我們完善自我，還可能會誘導我們犯錯，所以我們要結交那些善於為我們修剪「枝葉」的朋友。

宋代文人宋祁為了顯示自己博學，常常喜歡在寫文章時選用一些冷僻字。作為他的好朋友，歐陽修很想在與他一起修《新唐書》時，幫他改改這個臭毛病。

一次，歐陽修去探望宋祁，宋祁不在。於是，他便在宋家大門上寫了「宵寐匪禎，劄札闥洪庥」幾個字。宋祁回家後，看到這幾個字百思不得其解，最後只好去問歐陽修。歐陽修笑著說：「你忘了，這八個字是『夜夢不祥，書門大吉』！」

聽了歐陽修的解釋，宋祁感覺自己被戲弄了，於是就抱怨歐陽修不該用這麼冷僻的字，歐陽修大笑道：「這可是您修唐書的手法呀！『迅雷不及掩耳』多明白，你卻要寫成『震雷無暇掩聰』，你說，這樣的史書誰能讀得懂呢？」

宋祁聽罷歐陽修的話，深感慚愧，同時也認識到了自己的錯誤。歐陽修為指出他的不足，可謂用心良苦，對此宋祁非常感激。透過這件事兩人的友誼大增。

雖然良藥苦口，忠言逆耳，但是我們想要尋求更好的發展，就應該敞開心扉，多結交對我們有益的朋友，多結交敢於向我們指出問題點的朋友，把自己客觀的展現給他們，然後虛心接受他們的建議，只有這樣我們才能不斷進步，不斷完善自己，從而為自己今後的成功奠定基礎。

「含金量」越高的朋友越值得交

清末名臣曾國藩曾說過：「一生之成敗，皆關乎朋友之賢否，不可不慎也。」的確，朋友雖然不能決定我們的人生和發展方向，但是朋友卻能影響我們人生的每一步。如果我們的一生能夠遇到幾個有含金量的朋友，那麼我們的命運就有可能因為他們而改變。

所謂有「含金量」的朋友，不僅是指財富多的朋友，還包括能力強、水準高、地位高的朋友和一些在某些領域比我們更優秀的人。這種有含金量的朋友，

第九章　淨化人脈，淘出你的黃金人脈

含金量越高對我們越有幫助。我們能從他們身上學到更多的知識和智慧，得到更多激勵和提攜。

趙廣生與王志華畢業於同一所大學的印刷科系，之後兩人又同時簽約在一家公司。本來兩人希望找一份辦公室的工作，可是，公司有規定新人必須從基層做起，必須到工廠工作一年才能調到辦公室工作。兩人到公司後一打聽才知道，在工廠工作不僅辛苦，週末還得經常加班，而且工作條件也不太好。工廠裡整天都是轟鳴的機器聲、刺鼻的油墨味。聽說新人能做滿一年的少如牛角。

後來，經老員工指點，兩個人開始四處找人幫忙，但他們初來乍到，認識的都是和自己一樣的新人，這些朋友自身尚且難保，怎麼幫助自己呢，於是他們開始去尋求公司裡層次較高的一些人幫忙，希望可以透過他們來幫自己盡快離開工廠。

很快，趙廣生發現了一個高層的人，他就是公司生產總監李總。他就開始想辦法與之結交。由於公司董事長請新人吃飯，鼓勵大家迎接即將開始的工作，加強公司員工的團結。在這種情況下，公司各事業部的總監也會出席晚宴。趙廣生看準機會，一遇到這種飯局，就坐到生產總監李總旁邊，幾個飯局下來，趙廣生成功的讓生產總監記住了自己的名字。在此後一個月的工作培訓中，趙廣生經常到李總的辦公室走動，早上還給李總帶早餐，訓練結束了，趙廣生和李總也成了好朋友。

在分配工作職位的時候，李總把趙廣生叫到辦公室，對他說：「我這辦公室的祕書剛剛調走了，你就接替他的職位吧！憑你的能力一定能幹好。」

相反，在趙廣生到處活動，與李總套近乎的同時，王志華卻在老老實實按部就班的做自己的事，最後他只好眼看著趙廣生透過李總的關係平步青雲，而自己卻沒有這麼好的運氣，沒能碰到一個像李總一樣層次高的好友照顧。無奈之下，王志華只得到工廠工作，半年之後，趙廣生升為助理，而王志華早已經被迫辭職離開了。

人脈中的庸才須及時剔除

　　由此可見，能夠結交幾個層次高、含金量高的朋友，對一個人的事業發展來說是多麼的重要，然而想要在生活中結交一些高含金量的朋友，我們首先要做到知己知彼，練就一雙火眼金睛，從眾多人中發現一些對自己來說切實有幫助的朋友。

　　因為，社會上優秀、卓越的人太多，並不是所有優秀的人對你來說都可以起到有效的幫助作用。比如說你是一個做生活消費品生意的人，而你認識的人當中有一個是哲學方面的泰斗，你們兩者的努力方向和發展空間的重合部分相當少，所以這樣的一個哲學泰斗，也許還沒有一家不出名的供貨商對你的幫助大。

　　所以，要結交含金量高的朋友，就要結交一些跟自己涉足的生活圈、生意圈比較接近的人，不要花太多的力氣去結識一些名聲大，但對你不可能有太大幫助的人，這些人和你的生活交集太少。

　　其次，要經過調查研究和日常交流來確定這些含金量高的朋友的發展方向、人生觀和事業觀是否與自己的相吻合，如果差距太大，就不利於彼此之間關係的長久維持，所以，即使結交高含金量的朋友，也要多結識志同道合者。

　　最後，找到合適的領域、合適的目標之後，我們就應該考慮一下用什麼樣的方式將自己和一些含金量高的優秀人物聯繫到一起，同時也為我們結識他們找到一個順理成章的途徑，然後再想想透過什麼樣的方式將自己的發展和他們的發展聯繫到一起，從而實現共同發展的目的。

人脈中的庸才須及時剔除

　　所謂庸才就是指：才能平庸低下的人。一個庸才自己做不出什麼大事不要緊，但是如果我們的人際圈子混入了庸才，那麼我們的工作、生活和將來的發展可能都會受到他們的影響，所以我們要及時剔除朋友圈中的庸才。

　　麥當勞之所以能夠獲得現在的發展，很大一部分原因就在於克洛克及時發現並剔除了合作朋友中的庸才。

第九章　淨化人脈，淘出你的黃金人脈

　　說起麥當勞或許大家都知道，它的創始人是麥克與迪克兩兄弟，但是，真正使麥當勞發揚光大的卻是雷‧克洛克。

　　克洛克加入麥當勞之前，雖然麥克與迪克兩兄弟就已經開始經營麥當勞了，但是他們這對兄弟根本看不到麥當勞未來的發展，更不懂得麥當勞的真正價值，所以在他們手裡，麥當勞不過和其他的街邊快餐店一樣，默默無聞。

　　一九五四年的一天，克洛克與麥氏兄弟正式達成了代理連鎖的協議，克洛克正式獲得了為麥當勞餐廳發展連鎖店的權利。不久以後，他充分運用他的經驗創造了獨特的連鎖哲學。

　　步入一九六〇年代，麥當勞公司發展前景十分良好，但要如何快速發展，已成為一個擺在公司面前日益迫切的命題。

　　此時，一個不可避免的問題也越來越清晰的浮現出來，那就是隨著公司連鎖店的發展，麥氏兄弟對公司發展的阻礙作用也越來越明顯。這一方面表現在麥氏兄弟的思想保守和眼光短淺上，使得克洛克的連鎖哲學很難徹底發展；另外一方面，麥氏兄弟根據合約拿走的連鎖店百分之零點五的營業收入，也使得麥當勞的發展嚴重缺少資金而無法迅速壯大。此時麥當勞公司內部的一致聲音是：麥氏兄弟不離開，公司就無法再發展。

　　公司要發展，就必須擺脫麥氏兄弟的束縛，否則的話，公司就會步入歧途，它的美好前景會毀於一旦。

　　克洛克首先透過其他人間接打探，詢問麥氏兄弟是否可以出讓麥當勞連鎖的契約權。麥氏兄弟起初並有沒任何表示，既不肯定也不否定，顯然是他們想抬高價格，狠宰克洛克一把。他們向克洛克索要二百七十萬美元的天價來出讓權利。而當時，在一九六〇年已開業的兩百二十多家麥當勞連鎖店的營業額為三千七百八十萬美元，麥氏兄弟從中獲取的權利費用為十八萬美元，而公司這一年的利潤僅為七萬多美元，並且還背負著沉重的債務負擔，公司的債務是本身資產的二十二倍。

人脈中的庸才須及時剔除

但克洛克同意了麥氏兄弟的條件,最終從多方面籌得了這筆兩百七十萬美元的貸款。

從今天看來,這一決策所付出的高額代價是非常值得的。因為若當時不從麥氏兄弟手裡接管全部權利,按現在整個公司一年近三百億美元的銷售額計算,每年就要向麥氏兄弟支付一千五百萬美元的權利費用。更何況若沒有這一決策,一九九〇年代的麥當勞是否能成為麥當勞王國,恐怕就要另當別論了。由此可以看出克洛克不同於其他人的高明之處。

總而言之,麥當勞在付出了慘重代價之後,終於獲得了自由獨立,克洛克可以放開手腳大幹一番事業了,兩百七十萬美元終於換來了麥當勞的展翅高飛。

試想,如果克洛克沒能及時的決定和麥克與迪克兩兄弟決裂,沒能及時從麥當勞的經營者當中剔除他們,那麼他們就會用他們的行為告訴世人,一加一有時候還能小於二。

事實上在人際交往中也是一樣,多交一個朋友並非就真的能多一條路,多交一個庸才只會多堵上一條路,只有多交一個賢才才能真正多得一條路,我們才能從他們那裡獲得幫助。

CONNECTIONS
LEDGER

第十章
經營人脈，好人脈需要精心維護

畫出你的人脈網路圖

回憶一下你的人脈網中有多少人？幾百人？幾千人？事實上，無論你的人脈網是豐富還是單薄，都需要你精心管理。管理龐大的人脈網，可使其變得脈絡清晰；管理弱小的人脈網，可使其變得日漸龐大。

當你擁有了龐大的人脈資源時，應當想到如何去管理、維護，讓這些資源發揮最大的作用，而不是當作財富去炫耀，比如我們可以透過構建人脈網路圖，將自己的人脈一網打盡。不過，人脈網路圖並不一定是真正的「圖」，它可以是電子表格的形式，也可以是電話簿，或者名片夾，或者是你手繪的圖形。無論形式如何，它們的功效都是一樣的，都能清楚展現你現在的人脈狀況，讓你知道自己到底認識了多少人，他們都是些什麼人。

當然，每一個成功人士經營人脈的方法都不一樣，下面是從事廣告策劃的劉梅所構建的人脈網路圖：

其實，這個表格具有很大的普遍性，對於一般人來說，他的朋友大約可以分為同學、同事、親戚、伴侶的同學同事，以及在其他一些交際場所認識的朋友。那麼，你也可以根據自己的實際情況，列一個類似於上面的電子表格。

然後，你就可以把自己所認識的人對號入座，填進相應的表格裡。這樣下來，從源頭理起直到各個分支，脈絡清晰，一目了然，明確了每一位朋友在人脈網中的位置，自然可以清晰的梳理各種人際關係。需要注意的是，不同的階段，同一個人可能在不同的類別裡。

使用這種電子表格管理人脈，非常方便，因為它可以隨意添加和刪減。不過，構建人脈網路圖可不是把名字對號入座這麼簡單，還應該把一些基本資訊，如聯繫方式、職位等附帶上去。但為了表格形式的簡潔，可以把每個名字做成超鏈接，點擊就能看到其資訊介紹了。

還有臨時性的需要跨類別的匯總工作，例如按照自己近期的人脈需求匯總，

第十章　經營人脈，好人脈需要精心維護

哪些人對自己會有直接幫助，哪些能提供意見指導。這種臨時性的匯總往往能夠讓自己真正從人脈中收到實效。

最後，還有一點也很重要，那就是每隔一段時間就對表格進行一次整理。比如，是不是認識新朋友了？哪些朋友好久沒聯繫了？哪些朋友升遷了，該致電祝賀一下？哪些朋友最近遇到了一點麻煩，需要安慰？整理這些人脈圖，以便做到心中有數，指導並修正自己的下一步行動。

現代社會日新月異，節奏很快，所以要不斷追蹤人脈網中每個人的新狀況。有需要淘汰的就及時淘汰，同時也要及時添加和豐富新資源，及時更新資訊，不斷調整自己的人脈拓展部署，才能讓人脈網路圖真正發揮其最大作用。

名片是交際的一種工具

名片在人際交往中可用以證明身分，廣植良緣，聯絡老朋友，結交新朋友。可以說，名片是「第二身份證」，使用越來越普及。它不僅是自己身分的介紹，更是自己的臉面、形象。

名片整體要求大多是「整潔、有序、明瞭」，對於職務，不應該羅列過多、本末倒置，樣式、顏色設計上不應該過分誇張。

除此之外，名片還要講究印製，印製精美、考究的名片，會惹人喜愛，但印製樸素大方的名片，只要運用得當，仍會獲得人們的重視和尊重。對於國家公職人員來說，名片應中規中矩，才有助於促進雙方的進一步交流合作，給對方留下較好印象。

名片的一般規格為長九公分、寬五・五公分。一般情況下，國家公職人員可依據這一標準製作名片，但外交交流較多的，則應按照國際統一標準，即十公分長、六公分寬來製作名片。夫婦名片和集體名片可在原有的基礎上再做得大一些。

名片通常應以耐折、耐磨、美觀、大方的紙張作為首選材料，如白卡紙、再

名片是交際的一種工具

生紙等。將名片做成折疊式或書本式，或者選用布料、塑膠、真皮、化纖，甚至黃金、白銀等材料製作名片毫無必要。

名片一般要隨身攜帶，就像你的身分證。比如說，出席重大的社交活動，一定要記住帶名片。如果總是和人家說「不好意思，我的名片剛用完」，這是很牽強的理由，沒有名片也可以說是第一步就失敗了。對方會認為你不重視他或者是你的職業、身分不值得擁有自己的名片。

發送名片可以在剛見面或告別時，但如果自己即將發表意見，在說話之前發名片給周圍的人，可以幫助他們更快認識你。

如何去遞接名片呢？這可不容忽視，短短的一個過程可以透露出你這個人的素養，別人會以這個為標準認為你值不值得交。

在取出名片準備送給別人時，要雙手輕托名片至齊胸的高度，並將正面朝向對方，以方便別人接收時閱讀。如果人多而自己左手正拿著一疊名片，也應該用右手輕托，左手給予輔助，一張張得發給每個人，不要像發撲克牌一樣隨便亂丟。

雙手接過他人的名片看過之後（邊看邊讀出聲音來，效果也不錯），必須細心的放入自己的名片夾或上衣口袋裡，也可以看後先放在桌子上，但不要隨手亂丟或在上面壓上杯子、文件夾等東西，那是很失禮的表現。另外，如果對方名字比較複雜或有不能確認的發音，最好能禮貌的向對方請教，無論如何總比下次見面時讀錯字，讓自己丟面子好很多。

名片的用途十分廣泛。最主要的是用作自我介紹，也可隨贈送鮮花或禮物，以及在發送介紹信、致謝信、邀請信、慰問信時使用。在名片上面還可以留下簡短附言。

交換名片是建立人際關係的關鍵步驟。交換名片也蘊藏著大學問。

首先是名片交換的次序安排。一般情況下雙方交換名片時是地位低的人先向地位高的人遞名片，男性先向女性遞名片。當然，相互不了解時就沒有先後之分

第十章　經營人脈，好人脈需要精心維護

了。在商場中女性也可以主動向男性遞名片。

當交往對象不止一人時，應先將名片遞給職務較高或年齡較大的人，如分不清職務高低和年齡大小時，則可依照座次遞名片，應給對方在場的人每人一張，不要讓別人認為你勢利眼，如果自己這一方人較多，則讓地位高者先向對方遞送名片。另外，千萬不要用名片盒發名片，這樣會讓人們認為你不注重自己的內在價值，以為你的名片發不出去。

其次，交換名片時態度也需要熱情而且誠懇，表示你是真心地想與對方交朋友。殘缺褶皺的名片不能使用，因為那樣既不尊重對方也不尊重自己，同時名片還不宜塗改。

透過名片的互換，在你的人脈存摺上就又可以多一筆資金！

管理名片，就是管理你的人脈

不要小看了小小的名片，它可是你人脈管理中重要的資源。可以說，管理名片就是管理人脈。

我們在應酬場合遇到一些朋友，一般都會禮貌的交換名片。很多人回到家都會把名片隨意丟到一邊，時間長了，也就忘記了名片上是何許人也。日久月長，也就累積了大量無用的名片。

其實，這些名片的每一位主人都有可能成為你人脈網中的一個交點。只是因為你疏於管理這些名片，而白白浪費了這麼多人脈資源。

徐志勇是一名市場推銷員，他經常抱怨說：「翻翻這兩年累積的名片，數量不少，但好像張張是廢紙——自從收過名片，就再也沒聯繫過。」

老實說，他也不是不想與人打電話聯絡，但是徐志勇試過幾次，打電話之前，他就像熱鍋上的螞蟻，坐立不安十分鐘：「我該說什麼？……沒有話題說未免也顯得太傻了……他現在是不是正忙，不願意聽我的電話？……」等到撥了號碼，話筒裡傳出忙音，於是他便如釋重負：「今天打過電話了，他一定很忙嘛，

管理名片，就是管理你的人脈

那麼過兩天再說好了……」

後來，他的一個朋友教訓他說：「收到名片不聯繫，等於沒有收到。要想把對方納入人脈網，就要和對方保持聯繫。比如你昨天剛和一個客戶見了面，第二天就應該打電話過去——張經理啊，您現在方便說話嗎？我是昨天跟您一塊聊天的小徐，昨天您介紹的新產品很有意思啊，您什麼時間有空，想找您再聊聊？對了，我們公司最近剛做了些紀念品，為了答謝幫助過我們的客戶，要不要現在給您送一份過來？」

生活中，有些人在收到幾張名片後，心裡就美滋滋的，其實這張名片的主人此時還沒有真正成為你人脈網中的一員。你要做的就是趁熱打鐵，趁著對方對你還有印象，迅速跟進，把對方納入自己的人脈網中。

管理名片，從某種意義上說。就是管理人脈。在你拿到別人的名片後，應該在名片上盡量記下這個人的特徵，以備下次見面時能一眼認出。你要做的是，名片帶回家後，要依姓氏或專長、行業分類保存下來。這對你日後的交際會起到非常好的作用。

有一個非常細心的朋友，他從別人那裡得到名片，回到家後總是在上面寫寫畫畫，一次我看到上面這樣寫道：「此人愛好保齡球，單局平均分在一百六十分以上，位列公司前三名。最喜歡去的地方是某某保齡球俱樂部。」

密密麻麻好多字，還黏了便利貼，「今天得知，原來他妻子已經懷孕，預計十月份生孩子，記得到時送禮。」「最近，他在聯合日紙上發表了文章，講的內容是關於技術發展方向的，關於這方面可以再向他進一步討教。」

小小的名片上，各種資訊一應俱全，實在是功效倍增。

不過，有些愛乾淨的人，捨不得把別人給的名片塗得亂七八糟，那麼就借助拍照或者筆記本。為每個人準備一個專區，把每次交流得到的資訊整理起來，橫欄是資訊類別，公司名稱、職位、工作年數、私人資訊包括家庭情況等等，豎欄是每次見面的時間和地點，然後在這個資訊表裡，把每次得到的資訊都填入對應

第十章　經營人脈，好人脈需要精心維護

的資訊欄裡，做到井井有條。

當然，你不必刻意去結交他們，但可以找個理由在電話裡向他們請教一兩個專業問題，話裡要提一下你們上次的見面，或你們共同的朋友，以喚起他對你的印象。有過一兩次「請教」之後，他對你的印象也會加深。

現在都比較流行用平板電腦，或者在自己的電腦上專門建立文件夾來儲存交友資訊，既方便快捷，而且內容清晰。日積月累，你的人脈就會變得豐厚起來，不但數量上增加，而且每條脈絡都會越來越結實。

和朋友多保持電話聯絡

在日常生活裡，手機早已成了現代人重要的、不可或缺的交際工具之一。對於手機的好處，人們通常都心中有數。運用電話，不但可以及時、準確的向外界傳遞資訊，而且還能夠藉以與交往對象溝通感情、維持友誼。在「資訊就是資本」、「聯絡創造效益」的今天，人們的生活之中要是沒有了手機會成為什麼樣子，簡直難以響向。有一位科學家曾經說：「一個不會正確利用電話的人，難說他是一個符合現代社會需要的人。至少，他算不上是一個具有現代意識的人。」就電話的重要作用而言，他的上述觀點絕非恐嚇我們。

正確的利用電話，並不是每一個會打電話的人都能做得到的。但要正確利用電話，不只是要熟練的掌握使用電話的技巧，更重要的，是要自覺塑造並維護自己的電話形象。

電話形象的含意是：人們在使用通訊媒介時的種種表現。因為它是內在的反映，所以會使通話對象如見其人，能夠給對方以及其他在場的人留下良好的、深刻的印象。一般認為，一個人的電話形象如何，主要由他使用電話時的語言、內容、態度、舉止以及時間感等諸多方面構成。人們一般把它看作個人形象的重要組成部分。

在人際交往中，我們應利用電話主動與人聯繫。

和朋友多保持電話聯絡

建立關係最基本的原則就是：不要與人失去聯絡，不要等到有事情時才想到別人。「關係」就像一把刀，常常磨才不會生鏽。若是半年以上不聯繫，你就可能已經失去這位朋友了。

因此，主動聯繫就顯得十分重要。試著每天打五到十個電話，不但能擴大自己的交際範圍，還能維繫舊情誼。如果一天打十通電話，一個星期就至少打通五十個，一個月下來，就可到達二百個。平均一下，你的人際網路每個月大概都可增加十幾個。

與君一席話，勝讀十年書。一次有益的聊天，有時會產生相見恨晚的感覺。但是，聊天要聊出名堂、聊出收穫，還得費點心思。必須注意下面幾點：

一、有的放矢

一般來說，聊天沒有什麼明確的目的。但從微觀角度來講，閒聊未必就是聊「閒」，而是有資訊和情感交流。帶有一定的目的，你就能及時而又恰到好處的發問，調節聊天的內容。

二、選好對象

聊天要做到格調高雅，聊得有內涵，善於選擇聊友是重要的一環。一般來說，聊友的水準決定了聊天的品質。德國偉大作家歌德，幾十年如一日，與其祕書愛克曼每天都要聊會兒天，那些天才般的機智文字許多都是從閒聊話語中誕生的。他嘲弄世俗，譏諷醜惡，以噴珠吐玉般的格言集合成令後世驚嘆不已的《歌德談話錄》。

三、接聽電話

電話鈴一響，應盡快接聽電話，而不要置若罔聞，或有意延誤時間，讓對方久等。拖延時間不僅失禮，有時還會誤事。

電話鈴響之際，如果自己正與同事或客人交談，可先與同事或客人打個招呼，再去接電話。拿起聽筒後，先說「您好」，接著自報家門。不要在聽電話時與身邊的熟人打招呼，或小聲談論別的事情。

第十章　經營人脈，好人脈需要精心維護

如果在會晤重要客人或舉行會議期間有人打來電話，而且此刻的確不宜與其深談，可向其略微說明原因，表示歉意，並再約一個具體時間，到時由自己主動打電話過去。若對方是長途的話，尤須注意別讓對方再打過來。約好了時間，即須牢記並信守。在下次通話時，還要再次向對方致以歉意。

四、傾聽很重要

傾聽是理解對方的起點，善於傾聽正是判斷的基礎。尤其是在電話交談中，雙方靠聲音傳遞資訊，倘若不認真聽，就無法準確的交流資訊、溝通感情。當然，靜靜的傾聽，不隨便打斷對方講話，並不意味著完全沉默。在聽的時候，應時而輔助簡單的「嗯」、「是」、「好的」等短語作為呼應，讓對方感覺你確實在認真聽著，以示尊重。

五、禮貌不可丟

發話人的表現如何，直接決定你的電話禮儀怎樣。可以說，它是電話禮儀的最基本內容之一，萬不可掉以輕心。所以這要求發話人在通話過程中，自始至終，都要待人以禮，這樣才算尊重自己的通話對象。

發話人在通話時，除舉止要達標之外，在態度方面也要不可草率。

對於受話之人，即使是對下屬，也不要厲聲呵斥，態度粗蠻無理；即使是對上司，也不要低聲下氣，阿諛奉承。

電話若需要總機接轉，別忘了對接線員也問候一聲，並且還要加上「謝謝」。另外，「請」、「麻煩」、「謝謝」之類的詞，該用的也一定要用。

誰都知道，隨著生活節奏、工作效率的加快提高，電話已成為彼此聯繫感情和資訊的重要工具。它具有傳遞迅速、使用方便、失真度小和效率高的優點，人們的許多交際活動是借助電話來完成的。

電話是一種非常奇特的溝通工具，是帶來佳音的天使，也是送出噩耗的魔鬼，是能給你以驚訝，也能給你以絕望，從嚴酷的批判到充滿夢幻的愛語，由電話另一端能傳達的內容實在太廣泛了。

不要報復，化敵為友

從現在起，我們一定要注重電話在累積人脈中的作用！

不要報復，化敵為友

競技場上比賽開始前，雙方都要握手敬禮或擁抱，比賽後也一樣重複一次，這是最常見的當眾擁抱你的敵人的場面。政治人物也常這麼做，明明是恨得牙癢癢的政敵，見了面仍然要微笑著握手寒暄。

當然，當眾擁抱你的敵人，平常生活中的絕大部分的人很難做到，因為絕大部分人看到敵人都會有除之而後快的衝動，若環境不允許或沒有能力，至少也會保持一種冷淡的態度或說些讓對方不舒服的話。可見要擁抱敵人是多麼難得一件事！

就因為難，所以人的成就才有大有小，能當眾擁抱敵人的人的成就往往比不能擁抱敵人的人更強大！

為什麼這麼說呢？因為能當眾擁抱敵人的人是站在主動的地位的，採取主動的人能「制人而不受制於人」。採取主動，不只迷惑了對方，也迷惑了第三者，搞不清楚你和對方到底是敵是友，甚至會誤認你們已「化敵為友」。但是敵是友只有你自己明白，但你的主動，卻使對方處於「應戰」的被動態勢，如果對方不能也擁抱你，那麼他將得到心眼太小之類的評語。所以當眾擁抱你的敵人，無論從哪個方面來看，你都是贏家！其次，當眾擁抱你的敵人，可在某種程度之內降低對方對你的敵意，也可能避免惡化你對對方的敵意，免得敵意鮮明，反而阻擋了自己的去路與退路。地球是圓的，天涯無處不相逢啊！

最重要的是，當眾擁抱敵人久了會成為習慣，慢慢的會讓你與人相處時能容得了天下人、天下物，進退自如，這正是成就大事業的本錢！

事實上，要當眾擁抱你的敵人並不難，只要你能克服心理障礙，你可以這麼做：

——在言語上擁抱你的「敵人」，例如公開關心對方、稱讚對方，表示你的

第十章　經營人脈，好人脈需要精心維護

「誠懇」，但切忌顯得虛假，否則會造成相反效果！

——在肢體上擁抱你的「敵人」，例如握手、擁抱等。尤其是握手，你伸出手來，對方好意思縮手嗎？

為什麼強調「當眾」呢？就是要做給別人看，向大家傳遞你對敵人的善意。

其實競爭對手是你的一筆財富！沒有競爭對手的存在，你反而不會成功！成功者百分之九十的成就來自於他的敵人。若對手倦怠，我們就會慵懶；對手緊逼，我們才會飛翔；對手出色，所以我們拔萃——競爭時代，理解對手的意義或許比什麼都重要。

任何人，都無法讓自己的對手不存在。他們都渴望與對手公平、公正、公開得競爭，然而，這僅僅是他們自己的渴望。對手為了競爭的勝利，則會採用一切可用的手腕，包括明的暗的黑的白的，令你防不勝防。

如果你恨得咬牙切齒，或採取躲避的態度，或是以其人之道還治其人之身，拼個魚死網破，那你就錯了，這樣做對自己是毫無好處的，只能浪費自己的激情、時間與精力。但不管怎樣，對手不會因你這樣而消失，他們只會送你一個無能的評價。

一個人的成功過程，首先應該是一個征服的過程。征服了自己，征服了對手，征服了困難，才會得以成功。世界不會按你的意願而改變，但它會因你的努力而改變。

成功者不會想做那些無聊而且無用的事情，他們會尊重對手的各種手腕，因為他們永遠都比一般人更能接受客觀現實。

他們認為，擁抱對手，自己會擁有更廣闊的天空！他們總是把對手當做夥伴，在競爭中提高自己的智慧和能力。他們認為對手不僅是敵人，也是學習的對象。他們會祝願對手成功，與對手攜手走向輝煌。

互相拆台只會兩敗俱傷。但是由於種種的原因，有的人把對手當做死敵，嫉妒對手的成功，還會用各種卑鄙的手腕去攻擊對手。這種做法非常不可取！應用

之道，那就是：伸出你的手，去握對手的手！

洛克是舊金山一位水泥廠的老闆，由於重合約守信用，所以生意一直很好。但在另一位水泥商羅斯進入舊金山後，情況有了變化。羅斯在洛克的經銷區內告訴建築師、承包商們，洛克公司的水泥品質不好且公司面臨著倒閉。

洛克雖然並不認為羅斯的造謠能夠嚴重傷害他的生意，但還是使他心生無名之火。

有一天，羅斯害洛克失去了一份三萬噸水泥的訂單，洛克非常憤怒，去見牧師，但牧師勸他以德報怨、化敵為友。

於是洛克在一次酒會上將他的一位顧客介紹給了羅斯。因為他的顧客所需要的水泥型號不是他公司所能生產的，卻與羅斯生產出售的水泥型號相同。同時羅斯並不知道有這筆生意。

洛克的做法讓羅斯大吃一驚並且非常尷尬。羅斯難堪得說不出一句話來，之後他便他發自內心得感激洛克的幫助，停止了散布有關洛克的謠言，而且同樣把他無法處理的生意也交給洛克做。

後來，舊金山所有的水泥生意已被他們壟斷了。

「不要報復，化敵為友」，無疑是洛克在這一過程中取得的最寶貴的經驗。

報復是甜美的、快意的，給小人以迎頭痛擊，想來該是多麼痛快。既然你已在想像中嘗過報復的甜美，那就趕快丟掉它。因為你如果能有「退一步海闊天空」的胸襟，一定會取得更驚人的成功。

好好的感謝敵人和對手吧，因為正是他們使你變得偉大和傑出。

好關係也需要保護

「人情」是有限量的，好像銀行存款那般，你存得越多，可領出來的就越多；存得越少，可領出來的就越少。你若和別人只是泛泛之交，你能要他幫的忙就很有限，因為他沒有義務和責任幫你大忙，你也不可能一次又一次要他幫你的忙；

第十章　經營人脈，好人脈需要精心維護

　　這是因為你的人情存款只有那麼一點點。如果你要求的多，那就是透支了。透支的結果如何？當然也有人不在乎，但一般會造成兩個結果：一是你們之間的感情轉淡，甚至對你避之唯恐不及，那麼有可能進一步發展的情分就此斷了。二是你在他眼中變成不知人情世故的人，這對你來說是相當不利的。

　　然而人做事不可能單打獨鬥，有時還是要用到親戚朋友，也就是說，平時要及時儲存人情存款，關鍵時刻你的貴人才會出現。而貴人不是說來就來的，一般都是透過「人情」的累積而誕生的。那麼要如何儲存人情呢？人和人相處總是會有情分的，這情分就是「人情」。很多善於駕馭別人的高手便喜歡用「人情」來辦事，間接的駕馭別人。

　　你在生意場上遇到了比較投緣的人，有了成功的合作，感情也自然融洽起來。這就是我們常說的有緣人。有緣自然有情，關係好起來，互相付出自然不在話下。問題在於如何保護和持續這種關係，繼續愛護它，使其天長地久。

　　其實，就算是有緣，彼此能夠一拍即合，要保持長期的相互信任、相互關照的關係也不容易，仍然需要不斷進行感情投資。在商場上，各自都有各自的利益，彼此都曉得商人多詐多奸，人與人交往不能不防，所以很容易互相起疑心。結果就會由合作轉為對立，人情變成了敵意。情場上，最愛的人常常會變成最恨的人，這在商場上也屢見不鮮。相互最仇視的對手，往往原先是最親密的夥伴。反目成仇的原因，恐怕誰也說不清，留下的都是互相指責和怨恨。

　　為什麼走到這一步？往往是因為忽略了感情投資。很多人都有這種毛病，一旦關係好了，就不再覺得自己有責任去保護它了，往往會忽略雙方關係中的一些細節問題。例如該通報的資訊不通報，該解釋的情況不解釋，總認為「反正我們關係好，解釋不解釋無所謂」，結果日積月累，形成難以化解的矛盾。

　　而更不好的是人們關係親密之後，總是對另一方要求越來越高，總以為別人對自己好是應該的；但是別人稍有不周或照顧不到，就有怨言。由此很容易形成惡性循環，最後損害雙方的關係。

好關係也需要保護

可見感情投資應該是經常性的，也不可似有似無。從生意場到日常交往，都應該處處留心，善待每一個朋友與合作夥伴，從小處細處著眼，事事落在實處。

百事公司派史坦芬‧艾勒到加拿大分公司任總經理，正要離開紐約總部時，副總裁維克把一個很得力的助手推薦給他。到任後，此人辦事很老練，又謹慎，時間一長，史坦芬‧艾勒很看重他，把他當作最信任的人使用。

史坦芬‧艾勒任期滿了準備回到總部，這個助手卻不想跟他一起回去，反而要求辭職離開百事公司。史坦芬‧艾勒非常奇怪，問他為什麼要這樣做，那人回答：「我是維克先生身邊的助手，跟了他多年，我知道他的為人，他叫我跟著你，無非是讓他認為的最好的人帶著我，你幾年來在加拿大一直對我很好，工作也並沒有出現什麼大差錯。我辭職後去老總們面前說你的好話，也就不會讓他們懷疑，我是想以後在你手下工作。」

史坦芬‧艾勒聽後嚇壞了，好多天一想到這件事就心神不寧。幸虧自己平時喜歡助人為樂，工作上也不敢絲毫鬆懈，否則要事助手在總裁面前說他半點壞話，久而久之他就完蛋了，多嚇人啊！

當然，這只是一家公司的一個事例。不過，在日常工作和生活中，重視下屬，講究和他們說話的策略，是與下屬保持良好關係是很重要的。

在某家公司，一個部門的正副經理都是博士畢業生。年齡相仿，經歷差不多，都可謂極富才華。不同的是，副經理為人和善，善於和員工交流。在日常工作中，對下屬恩威並施，分寸得當。在業務上嚴格要求，從不放鬆，但偶爾出了什麼差錯，他卻總能為下屬著想，為下屬承擔責任；出差回來，也總是不忘帶點小禮物，給每一個下屬一份愛心。而正經理對下屬嚴厲有餘，溫情不足，有時甚至很不通情達理。缺少人情味。例如一位平時從不誤事的下屬因為父親急病而遲到了五分鐘，這位經理還是對他進行了嚴厲的批評，並處以罰款。不久，公司內部人事調整，富有人情味的經理不但工作頗有業績，而且口碑甚佳，更符合一個高層領導人的素養要求，被提拔為公司總經理。而那位部門正經理儘管工作也幹

第十章 經營人脈，好人脈需要精心維護

得不錯，但領導認為他有失人情味的管理方式不利於團結、留住人才，於是取消了原打算提攜他的意圖。

一個人的力量畢竟是有限的，誰敢說自己不需要別人呢？有心計的人的不同之處在於他懂得平時多做人情，時時處處都要籠絡人心的道理。

經常問候你的朋友

拓展人脈需要不斷認識新人，但這樣做是遠遠不夠的。因為我們不能為了結交新朋友，而忘記了維護與舊朋友的關係，那樣就等於撿個西瓜，丟個西瓜，最後手裡的西瓜還是沒有增加。那麼，怎樣才能證明你不忘老朋友呢？

不忘老朋友唯一的方法就是經常問候他，我們知道，人與人之間的感情都是培養出來的，如果長時間不聯繫，慢慢的就會變淡。所以，無論你的工作多麼繁忙，都要抽出時間給他們打個電話，發個郵件或訊息，哪怕送去一個非常普通的問候，都會讓你們之間的關係保持恆溫，甚至還會給他們帶來驚喜，因為這表示你很重視他們的存在。而這也是最好的感情投資，當某一天，你需要朋友幫助的時候，朋友一定會鼎力相助的。

所以，要和朋友保持經常性的聯繫，特別是那些能對你的事業有所幫助的朋友，更要與其保持親密的聯繫。比如記住對他們而言比較重要的日子，比如生日、結婚紀念日等等。還等什麼呢？現在就拿起你手中的手機，撥打你熟悉的號碼，或者發一條簡訊，或者輕輕敲打你手中的鍵盤，送出你的祝福，送去你的牽掛！如果有時間，可以邀朋友一起出去旅行，聊天，或者喝杯茶，都能使你們的友誼之樹長青。

另外，也不要忽略突然落魄的朋友，一個人不會永遠落魄，也不會一直輝煌，總是起起伏伏。古人用「三十年河東，三十年河西」來形容一個人地位的變遷，而在今天這個快速發展的年代，何止是三十年，有時候三年就今非昔比了。

老張曾擔任某公司副總，每年年底，禮物、賀卡就像雪片一般飛來。可是當

好朋友也需明算帳

他退職離休之後，所收到的禮物只剩一兩件，賀年卡一張也沒有。以往家中訪客往來不絕，而今年卻寥寥無幾。

正在他心情寂寞的時候，以前的一位下屬帶著禮物來看他。在他任職期間，他並不很重視這位職員，可是最後來看他的竟是這個人，瞬間他被感動得熱淚盈眶。過了兩三年後，老張被原公司聘為顧問，很自然的就重用提拔這位職員了。

你也許由於工作繁忙，已經有很長時間沒有問候自己的朋友了，這實在是一個不太好的徵兆！經常不聯繫，不問候，關係自然就疏遠了。所以，在緊張的工作條件下，也不要忘掉經常向你的朋友表達自己的問候和正面情感。這才是處理人際關係的關鍵。

總之，要經常和朋友保持持續性的聯繫，所謂持續性的聯繫，就是指穩定的、持久的、不終止的接觸，以便讓你們的交情在這種不間斷的交流中持續升溫。不要以為一旦點燃了火種，就可以不必添柴而能使它永遠的持續下去，朋友的交往需要不斷去滋養，不斷去培養。這樣，朋友才能對你的事業，包括生活產生意義。

好朋友也需明算帳

俗語說：「親兄弟，明算帳。」兄弟尚且如此，更何況朋友。有的朋友講義氣，不分你我，你的就是我的，我的就是你的，像一個人似的，可是這樣做的結果往往很糟糕，甚至會導致朋友間分道揚鑣。

友誼是建立在想法、興趣愛好一致以及事業理想上有共同追求的基礎之上的。朋友之間在金錢上的來往是不可避免的，經濟上的互助是友誼的衍生物。但是金錢是個讓人敏感的東西，一定要處理好，友誼才能長久下去。

雷果與賈喜是多年的好友，一起上學，一起玩，後來又一起工作。他們所有的東西都沒有「標籤」，甚至薪水也混存一處，兩人認為這種關係很好，別人也很羨慕。

第十章　經營人脈，好人脈需要精心維護

　　後來，賈喜找了個女朋友，於是開銷增大，兩人仍持續著合作經濟。起初，賈喜覺得沒什麼，雷果也不在乎。

　　有一天雷果的母親患病住院了。當雷果回租屋處要取錢時，卻發現錢已經沒有了。雷果問賈喜：「剛發的薪水呢？」賈喜說：「女朋友看上了一件大衣，我就給買了下來。」雷果沒說什麼，但心裡很不舒服。從這之後，雷果的薪水就不再拿出來共存了，兩人的友誼出現了裂痕。

　　把友誼建立在金錢之上，就好比把大樓修在沙灘上，這種友誼是不牢靠的，這樣的友誼不是真友誼，而是假友誼。所以，經濟上的獨立才能給我們的友誼帶來純潔而不會變質，如果在朋友交往中，經濟上不分你我，混亂不清，有錢一起花，那麼，長期以往必然帶來許多惡果。

　　朋友間的禮尚往來，互贈禮品，或者在適當的時候一起吃飯喝酒等，也是人之常情。但是我們不能因此認為好朋友之間在經濟上可以不分你我。你們之所以是朋友。是因為友誼。不是經濟上的密切關係，因果關係請一定要把握準確。

　　朋友之間的金錢交往是正常的，關鍵是我們應該在朋友之間正確使用金錢。它的第一大原則就是，朋友之間的經濟問題一定要清晰而不應該含混不清。如果在這方面處理不好就會讓我們失去友誼。我們不能讓金錢腐蝕了我們的友誼，而應該讓它來為友情服務。為此，我們應該在金錢方面分清你我，保持獨立，只有這樣，我們的友誼才會長久。

尊重朋友的個性

　　世界上沒有兩片完全相同的葉子，人也一樣，即便是雙胞胎，也都有各自的性格和特點。所以，要與朋友和平相處，最重要的一點就是要相互尊重，這包括對朋友的愛好、個性的尊重等，而不能認為，既然關係好。就應該保持一致，而忽略了自己和朋友是兩個獨立的個體。

　　早在兩千五百年前，孔子就說：「己所不欲，勿施於人。」意思是說自己不

尊重朋友的個性

想要的東西，切勿強加給別人。這是儒家思想的精華，也是一條經久不衰的人際關係交往原則。然而在現實中許多人都不能恪守這一信條，經常以個人利益為中心，只顧及自身的感受，而忽略了他人的感受，結果弄得關係惡化。

春燕和沈茜是很要好的朋友，春燕性格沉穩，做事細心。而沈茜有點馬虎，不拘小節，經常丟三落四。有一次沈茜縫衣服時不小心把針丟在了床上，然後有事就出去了，回來也忘了找，結果晚上睡覺時就針刺到了。

出於對沈茜的關心，春燕認為她得改掉忘性大的毛病，否則以後不知道還會出多大的錯誤。為了讓沈茜改掉馬虎的毛病，春燕開始不厭其煩的提醒沈茜放東西要各有各的位置，做事要有條理等等。開始，沈茜配合性很高，但時間長了，春燕還沒厭煩，沈茜倒聽煩了。

她對春燕說：「我這個人本來就這樣，我沒有辦法變得像你一樣細心。」說完扭頭就走了，而春燕也覺得委屈，自己一片好心，怎麼還吃力不討好呢？

不要試圖去改變朋友，朋友之間肯定有某些共同點，比如共同的興趣、愛好、志向，或者某些共同的利益，需共同完成某些事等等，這些是兩個人之所以會成為朋友的基礎。但是每一個人都是有個性的一個實體，如果你總是試圖讓朋友變得和自己相同，朋友肯定會被嚇跑的。

尊重朋友，首先就是要承認自己和朋友有不同之處，並坦然對待這些不同之處。在一些生活小事上，朋友之間要做到求同存異，比如你愛吃辣的，他愛吃甜的，你不要試圖強求他換口味，和你一樣吃辣的，那樣只會引起朋友的不滿，破壞你們之間的友誼。

筱俐和小敏是好朋友，筱俐非常喜歡吃辣椒，而小敏則一點辣椒都不吃。筱俐每次和小敏在一起吃飯，都會點很多辣的菜，並給小敏說吃辣椒的好處。

小敏為了迎合筱俐，每次都嘗試著去吃，可是每回不是弄得自己肚子痛就是上火長了滿臉的痘子。小敏開始害怕和筱俐一起吃飯，最主要的是，她不想因為別人而改變自己，因此與筱俐漸漸疏遠了。

第十章　經營人脈，好人脈需要精心維護

不要按自己的意願去改變身邊的朋友。在你試圖改變的時候，不如站在對方的角度想一想，如果換作自己，會不會喜歡這樣呢？朋友之間，要學著相互適應，就像夫妻一樣，只有相互包容，才能和諧相處，友誼長存！

尊重朋友的個性

CONNECTIONS
LEDGER

第十一章
活化人脈，有關係才有業績

客戶是上帝，也可能是你的貴人

　　日本的「推銷之神」原一平先生年輕時曾在一家機器公司當推銷員。有一次他在半個月內就和三十位顧客做成了生意。但不久，他卻發現他現在所賣的這種機器比別家公司所生產的同樣性能的機器價錢要貴。他想：如果客戶知道了，一定會以為我在欺騙他們，從而對我的信用產生懷疑。為了妥善解決問題，原一平便帶著合約書和訂單逐戶拜訪客戶，如實向客戶說明情況，並請客戶重新考慮選擇。他這種誠實的做法使每個客戶都深受感動，結果，三十個人中不但沒有一個解除合約，反而都成了更加忠實的消費者。

　　從此，他與這些顧客之間有了更多的業務往來，並成了朋友。這些客戶還將他的產品介紹給其他人，使他因此擁有了更多的新客戶。

　　原一平贏在與顧客做朋友。他善解人意，能從客戶的角度想問題，為客戶的利益著想（至少他給了客戶這種印象），所以，他取得了難得的成功。

　　這就是顧客，他們既是銷售者的上帝，又是銷售者的朋友，同時也可能是銷售者的黃金貴人。

　　說顧客是上帝，就是說要以對待上帝那樣的恭敬之心和不欺瞞的真誠態度對待自己的顧客。

　　說顧客是朋友，是因為有的時候，一旦與顧客建立了朋友關係，便會增加彼此之間的了解和信任，讓銷售和購買的活動更加順利的進行。

　　說顧客是黃金貴人，是因為顧客會使商家獲得利益，並且他們還是產品的主要消費族群。

　　在商品經濟社會，一切商品和服務的目的都是為了行銷，也就是為了獲得利潤，而客戶是商品價值的最終承擔者。所以，無論從哪個角度講，抓住了客戶就等於獲得了「商務常青」的保證書。

　　可見，客戶這一類貴人對我們的重要性不容忽視。

第十一章　活化人脈，有關係才有業績

有一位自由撰稿人曾經與某出版社的主編多次進行出書條件的交涉。雖然他一直試著找出令雙方都能滿意的條件，但是一直都沒有成功。

在這種雙方僵持不下的情境中，撰稿人決定採取「攻心」策略，他決定先與該主編建立良好的私人關係。於是某一天，他請主編到了一家咖啡館。

主編是一個愛好打保齡球的人，而自由撰稿人也喜歡這個運動，所以坐下來時，自由撰稿人先開口說道：

「上個禮拜天，我到保齡球館打球，可是手氣很差，沒什麼戰績。」

果然不出他所料，他話一說完，主編便興致勃勃的問：「怎麼？你也喜歡打保齡球嗎？」

「我雖然不擅長，不過卻很熱愛這種休閒活動，常常去打。」

「哈哈！其實我也蠻喜歡這休閒活動，幾天不摸球就手癢癢。」

「戰績如何？」

「最高分是二百五十八。」

「哇！這可是專業水準了。」

談到感興趣的話題，主編情緒越來越高漲，並約他下次一同去打球，而且還說了一句：「這個約定和出版的條件無關，完全是兩碼事。」經過幾次交往，他們成了好朋友。結果，儘管在以後的交往中他們沒有過多提及出書的事，但沒過多久，雙方便簽訂了合約，而且是按照自由撰稿人所要求的條件簽訂的。

要與顧客成為朋友，並建立起長期的合作關係，有一些方法可供借鑑，這就是世界一流行銷大師亞伯拉罕的行銷技巧：

一、創造一種所謂「賓主兩益」的關係

如果甲公司同意將一個銷售資訊傳遞給乙公司，或者甲公司同意鼓勵他們的客戶購買乙公司的產品或服務，甚至大加吹噓、讚揚，那麼一旦你獲得了這些資訊，就可以和這些能發展合作而非競爭的商家企業進行接觸，要求他們將你的產品或服務推薦給他們的顧客，並盡量將有關產品或服務的資料提供給他們，並附

客戶是上帝，也可能是你的貴人

上一些高品質的證明。

你應該找到那些可能偏愛你所提供的產品或服務顧客群的公司。你可以和這些公司合作，請他們將你的產品或服務都做一份背書，並保證他們可以得到一部分利潤為酬金。

二、給顧客提供「特殊待遇」

對客戶而言，擔任產品及服務推薦者及背書角色的主體公司，必須讓他感覺受到重視，例如可經由協商，讓客戶得到比市價偏低的價格，或得到高於市場的利潤、福利或保證提供額外的價值。要將這個客戶和其他的客戶分開，讓他們感覺自己很特殊、很重要。

三、建立一個正式的推薦系統

任何對你客戶重要的人，都自然會變成對你重要的人。

盡可能開發及使用推薦系統爭取生意。據此說法，應關注四周你所接觸到的主動與被動客戶，因為他們可能會介紹很多的客戶及新朋友給你。

在企業的銷售隊伍中，經常出現的抱怨是「我們的客戶不需要」、「我們的客戶沒有錢」、「客戶說要等一段時間」……而之所以發出這些無法開發和征服客戶的聲音，根本的原因是由於他們不了解客戶的真實需求。銷售人員在銷售時漫無目的的向客戶介紹或者演示產品，結果徒費口舌，不但沒有把自己產品的特色向特定的消費者闡述清晰，還誤導了其他的銷售人員，致使整個銷售隊伍萎靡不振。他們不是主動的去開發客戶，而只是在消極的應對工作。

事實上，成功的銷售不是如何去說服客戶，而是對客戶的需求作出最精確的定義，然後再根據定義出來的需求選擇和解釋產品。一般情況下，產品銷售成功的機率取決於消費者的需求和產品功能的結合程度，所以關鍵是要掌握消費者的真實需求，按照消費者的需求來對產品的款式、顏色、功能進行組合設計，提供給客戶最適合的產品。

一個情人節的黃昏，在一個小鎮上，許多青年男女佇立街頭。他們中間有不

第十一章　活化人脈，有關係才有業績

少人是等待與情侶相會的。而在路旁邊，兩個擦鞋童正高聲叫喊著以招徠顧客。其中一個說：「請坐，我為您擦擦皮鞋吧，您的鞋將又光又亮。」結果很少有人理他，那個男孩無事可做，有些垂頭喪氣。而另一個男孩很聰明，他對顧客們說道：「約會前，請先擦一下皮鞋吧！」這句話收到了意想不到的效果，一個個青年男女紛紛請他擦鞋，於是第二個小男孩的生意大好。

只有弄清楚客戶的真實需求，才能邁出成功銷售的第一步。在銷售的過程中，客戶接受銷售資訊宣傳、購買銷售商品大致出於以下幾種需要：

一、便利心理的需要

客戶普遍要求在購買商品時享受到熱情周到的服務，要求合適的購買時機和購買方式，或得到攜帶、使用、維修及保養等方面的便利。

二、愛美心理的需要

「愛美之心，人皆有之」，這句話說的便是客戶追求美的消費心理需求。隨著社會文明的不斷進步和人民生活水準的不斷提高，人們的審美要求也隨之水漲船高。

三、好奇心理的需要

許多客戶對一些造型奇特、新穎的商品，以及剛投入到市場的新式產品或服務活動會產生濃厚的興趣，希望能夠馬上購買和使用。

四、實惠心理的需要

這一類客戶在選擇廠家和購買商品時，比較注意是否經濟實惠、物美價廉，尤其是他們對產品價格的變化十分敏感。

五、從眾心理的需要

這是一種趕時髦、追新潮、緊跟時代潮流的心理需求。在現代社會，人們會受社會輿論、風俗習慣、流行時尚的引導，所見所聞對他們的需求觸動很大，而且一般的客戶都會迎合時尚。

六、特殊心理的需要

有這種心理的客戶大都希望自己在判斷能力、知識層次、經濟地位、價值觀念等方面高於他人、獨樹一幟。

值得強調的是，客戶的購買需要是多種多樣的，一個人往往受幾種消費心理需要的左右和支配。「購買需要」是一個彈性很大的因素，在考察和分析客戶的購買需要時，要充分考慮到重要的突破口，這有利於提高自身的業務程度和企業適應市場變化的應變能力。

激發顧客的購買慾

既是化妝品推銷高手也是後來的美國「化妝品大王」玫琳凱有一次上門去推銷化妝品，女主人非常客氣的拒絕了她：「對不起，我現在沒有錢，等我有錢了再買。」

但細心的玫琳凱看到了女主人懷裡抱著一條名貴的狗，知道「沒有錢購買」只是她拒絕自己的一句藉口。於是，她微笑著說：「您這小狗真可愛，一看就知道是很名貴的狗。」

「沒錯呀！」

「那您一定在這個狗寶寶身上花了不少的錢和精力吧？」

「對呀，對呀。」女主人開始很高興的為玫琳凱介紹她養這條狗所花費的錢和精力。

玫琳凱非常耐心的聽著女主人興奮的介紹，在一個非常適當的時機，她插了話：「那是肯定的，能夠為名貴的狗花費足夠的錢和精力的人，一定不是普通階層。就像這些化妝品，價錢比較貴，所以也不是一般人可以使用得上的，只有那些高收入、高品味的女士才享用得起。」

女主人聽後，很高興的買下了一套化妝品。

購買慾的重要性簡直不言而喻。只有顧客有購買的欲望，他才會掏出錢來購

第十一章　活化人脈，有關係才有業績

買你的產品。但是越簡單的道理越容易被人忽略，很多人在銷售的具體實踐中忘掉了這一點。

很多人總是拼命宣傳自己的產品，把整個銷售過程的重心都放在此處。但是他們忘記了顧客本身，顧客有什麼理由一定要購買你的產品呢？銷售工作應該以客戶為本才對！案例中的玫琳凱就很聰明，她的誇讚讓顧客心中升起了一種尊貴感，以至顧客由此而認為只有買她的高級化妝品才符合自己的身份和地位。這就點燃了顧客的購買慾望，於是銷售也就成功了。

在進行銷售時，你必須要注意到這一點，即掌握顧客的心理和欲望比什麼都重要，因為顧客的欲望點就是你的銷售點，也是你的盈利點。這也是一種換位思考的方法，就是站在顧客的角度上想問題。想一想，如果自己是顧客，那麼自己此刻最需要什麼？這最需要的東西怎樣才能與自己要推銷的產品相聯繫？如果你有這種本領，就離成功不遠了。

有一位推銷員，他的冷氣機的銷量始終在業務部排名第一。他從來不滔滔不絕的向客戶介紹冷氣機的性能和優缺點，他認為一個人購買一種產品並非完全因為東西好才想著要擁有，而是在有了對產品的需求後才會感到東西好。因此，他在向客戶推銷他的產品的時候並不說「這麼炎熱的天氣，如果沒有冷氣，實在是讓人受不了」之類俗套的話，而是把有購買潛力的客戶當成剛從烈日下回來的、滿頭大汗的人，誘導他們進入到一間沒有冷氣的房間裡，然後說：「您工作勞累了一天，又在烈日炎炎下回到了家，迎接您的卻是一間更加悶熱的蒸籠。推開窗，沒有一絲涼風；打開風扇，迎面而來的也是一股股的熱浪。這顯然會使得您原本就疲勞的身體更加煩悶、燥熱。這種時候，您想過沒有，假如您一進家門，迎面吹來的便是陣陣涼爽的風，生活該有多麼惬意啊！為什麼不享受生活呢？」結果，聽到這番話的顧客大多都動了購買冷氣的念頭。

這位推銷員的成功之處就在於，他在進行有關產品介紹的時候不以產品常規的物理性能為限，而是在產品性能的基礎上勾畫出可以預見的舒適情境，從而增

激發顧客的購買慾

強了產品更為人性化的吸引力。

激起顧客的購買慾，可以參考以下方法：

一、讓客戶產生緊迫感

在你的推銷過程中，恰當的給客戶製造一點懸念，讓客戶有點緊迫感，產生一種現在是購買的最佳時機的感覺，這能促使他與你立即成交。

二、使用激將法

有的客戶對商品的各方面都基本滿意，且資金上也支付得起，但就是不知道是什麼原因使他總覺得往後會出什麼問題，因而總舉棋不定，遲遲不敢下定決心。激將法對這種客戶尤其有效。你可以這麼說：「先生，世界上就是有這樣的情況：一個人對它越是感興趣、越是喜歡的東西，就越是不敢勇敢去追求並爭取擁有它。我想這是一種很可悲的情況。」

「我想，先生您一定不是這種人吧？如果您覺得這種商品還滿意的話，那就行動起來吧。」

經過這樣一激，往往不會再有沉默的客戶了。

三、調動客戶的購買慾

在與客戶交談時，給他提供一些經過適當誇張的市場資訊或與商品有關的行情等，讓客戶依照你提供的資訊趕快採購商品。比如，你可以這樣說：「這種商品的原材料已經準備提高價格了，所以這種商品也將會因此而價格上漲。」或者說：「公司從下個季度開始，可能會因人手不夠而減少這種商品的供應量。」

這種方法就是積極主動的去刺激客戶，調動起客戶的購買慾。這在推銷過程中是很重要的。如果你只是一味等待客戶來與你洽談，讓主動權掌握在客戶手中，那你的推銷工作將不會成功。

第十一章　活化人脈，有關係才有業績

吸引行業人脈需要細緻

　　所謂行業人脈就是指同一個圈子裡的人，大家都在一個領域裡做事，從事著類似的工作，很容易有共同語言，但是也很容易出現分歧和矛盾。亞力山卓‧福特是一名非常有成就的企業家，他最關注的人脈就是行業人脈，他認為，把事情做細緻是吸引行業人脈的關鍵。

　　亞力山卓‧福特剛開始創業的時候只有十二位客戶，他知道這十二位客戶帶來的資源畢竟是有限的，不能創造輝煌的事業。這樣下去的結果只有一個──自己的事業將寸步難行。他想：「我有十二位客戶，每一個客戶都有十二個朋友，假如這十二位客戶都願意為我介紹的話，那麼我就會有一百四十四位客戶。服務好這一百四十四位客戶之後，假如這些客戶也願意為我介紹的話，那我就有了一千七百二十八位客戶……」

　　人與人是互相吸引的，亞力山卓‧福特認為百萬富翁一般會與百萬富翁在一起，億萬富翁一般會與億萬富翁在一起。朋友之間的差距都是不大的，這其實也是行業人脈容易接近的關鍵所在！那麼，亞力山卓‧福特是如何利用自己的行業人脈，又如何讓客戶把自己的行業人脈介紹給他呢？

　　亞力山卓‧福特的做法是請顧客吃飯，但他在飯局上從不談客戶的事情，只談自己的事業，比如他會說自己在事業上的付出很多，講自己的創業甘苦談，使對方對他產生敬佩的感覺，同時知道創業的不容易，想幫他一把。在和對方混熟之後，亞力山卓‧福特會向對方提出一些要求，比如他會問：「你有沒有朋友需要我們的產品？我們的信譽你都了解了，那麼你能不能幫助你的朋友也認識認識我們的產品呢？」在行業人脈中，大家都比較熟悉亞力山卓‧福特一句經典的話，那就是：「我發現不斷的開發客戶很重要，對我們公司的促進性也很大！」

　　成功的銷售人員在相同的時間內往往比同事做出了更多的成績，而他們的祕訣就在於很會和行業中的人進行交往，他們會對和自己有業務關係的客戶說：「請

吸引行業人脈需要細緻

介紹五位與你一樣成功的客戶給我。」這樣的語言往往給對方好感，因為話中除了有想做好自己工作的意思，還在肯定和讚揚別人！一般來說，對方都會很樂意把自己圈子裡的人脈介紹給他們。

生活中，你經常會發現同行之間的聯盟。比如透過一個客戶來發展同盟，比如可以跟會計師、律師結盟，因為會計師、律師身旁有許多非常有價值的潛在客戶。

查爾斯在一家銀行工作，但是他卻有一個愛好，那就是收集郵票。他認識一個同行，其老婆總能弄到好多郵票。查爾斯經常請同行的老婆幫忙弄一些罕見的郵票。後來，同行的老婆以兒子也開始收集郵票為理由拒絕了查爾斯，查爾斯為此很苦惱。

有一天，查爾斯奉命寫一份某公司的報告，從這份報告中他得到了很重要的資料，而且他知道，他的同行比自己更需要這份資料，因為同行的爸爸是一家公司的董事長。於是，查爾斯直接找到同行，同行一見查爾斯來了，立刻說：「我和老婆都在為兒子收集郵票。」查爾斯笑了笑，並沒有提和郵票相關的任何事情，只是將資料遞給他，並說：「我感覺你父親能用得上！」

果真，這份資料為同行的爸爸帶來了非常豐厚的利潤，同行和他老婆自然非常高興。第二天，查爾斯又帶去了一些自己收集的郵票，對同行說：「我覺得你兒子一定需要這些。」這下，查爾斯徹底征服了這家人，後來出了新的郵票，查爾斯總能第一個得到消息。再後來，同行還多次拜託查爾斯為他爸爸辦理行業貸款等事項，他們的關係越來越好，事業也越做越好了！

發展人脈的關鍵在於經常的聯絡和細緻的呵護，比如你可以每過一段時間就尋找一個適當的時機，大部分是週末，邀請你事業中最重要的十五位客戶聚在一起，讓每個客戶說出自己的要求和需要幫助的地方。這種交流會類似於說明會。被邀請的客戶通常都願意參加，因為每個人都能從交流會中得到一些額外的收穫和幫助，可以尋找到自己需要的人脈，獲得更多的事業機會。

第十一章　活化人脈，有關係才有業績

對於想創業的人來講，人脈資源顯得尤其重要！因為圈子就這麼大，你平時的為人處世，都會影響你的人脈。而良好的人脈總會為你奠定一個無形的創業基礎。因此，一定不要為了追求一時的利潤得罪了你的人脈，這種影響將成為長遠的危害！

一直相信細節決定成敗的汪中求先生認為，能把小事做細，把細事做透的人是具有非凡能力的人，他們會贏得更廣泛的人脈和財富。而其中，汪中求先生認為能寫出不平凡的信的人最具有這種潛力！汪中求先生給同行寫信，即使是通知性質的信件，也不會只是簡單陳述。他寫信從不流於俗套，信寫得簡練，一是祝賀對方取得的非凡成就，說他們有事業上的共同點，很想和對方見見面；二是在信的最後，寫上一句「我需要你的幫助。」這些話雖然平淡，但是效果卻出奇得好，因為所有頂尖的成功人士在追求成功的路上，都會有許多困難需要別人的幫助，也得到了許多人的幫助，因此他會懂得這句話的涵義，他們可能比你想像的更樂意幫你。

技術型人脈最佳化你的產品

或許你覺得自己創業也好，做企業家也好，不一定非要有技術性的知識。但是不知道你注意過沒有，不管是創業還是做企業家，如果沒有專業技術人員的幫助，你將很難成功。或許對於企業家來講，可以聘請高級技術人員為自己工作，而創業者呢？一沒有資金，二沒有實力，誰會心甘情願為你付出呢？而如果你擁有自己的技術人脈那就不一樣了，或許技術人脈的一句良言就能扭轉一個企業的命運！

安德烈・雪鐵龍是法國雪鐵龍汽車公司的創始人，他的公司在一九三四年生產出法國第一輛前輪驅動汽車。這家公司早在一九三四年就採用流水線生產，成立僅六年，年產量即突破一百萬輛，一九二八年即達到日產汽車四百輛，占法國汽車產量的三分之一，現在是歐洲第二大汽車製造公司。

技術型人脈最佳化你的產品

安德烈・雪鐵龍之所以能創造出這麼多的財富，除了個人的能力和有效的管理外，還因為他重視技術人脈。安德烈・雪鐵龍有一位朋友是學機械的，剛開始創業的時候，技術上只要有不明白的，他就會去詢問這位技術朋友，同時他自己還招聘了一些懂技術的人員。隨著公司的逐漸壯大，早期的技術人員的能力得到不斷的增強，他依然非常重視技術人員的培養，他培養出來的技術人員，逐漸成為他龐大的技術人脈資源。安德烈・雪鐵龍提出，一定要為自己的發明申請專利，一定要將自己的產品成功推銷出去，而他自己賣的和推銷的都不僅僅是汽車，更是技術！

隨著科技的進步和人們生活水準的提高，越來越多的企業家開始懂得技術之戰，他們一方面擴大品牌知名度，另一方面提高技術含量。

對於企業來講，可以透過多種方式結識技術人脈，最常見的就是招聘的形式，企業採取招聘的形式，以高薪或高待遇來吸引技術型人脈資源。另一種方式是透過業餘時間的交往，比如有些企業對技術人員的需求不是長期的，有時一項先進的技術就能使企業發展很多年，比如某項專利發明所帶來的新的產品研製，可能會為企業帶來勃勃的生機，並延續很長時間。這種情況是很多企業都喜歡的，而這樣的技術人才卻很難找到。作為企業的管理層人員，可以多方面的去了解和發現這些人脈，比如透過報紙、電視等媒體的報道，因為技術人才往往透過很多年的研製才做出了一項發明，而他們在成功後往往會申請專利，然後尋找合適的企業來合作，這個時候你的出現其實也正符合技術人脈的期待，只要條件能談好，合作往往是一拍即合的事情。

除了企業之外，越來越多的職場人士也開始逐漸發現技術的重要，於是大家私下會進行「技能交換」，年輕時尚一族透過「技能交換」的形式互相認識，其目的是為了用自己會的技術交換不會的技術，這些都能累積大量的人脈資源。技術人脈的累積可以是一蹴而就的事情，也可以是長期的累積。不管是企業家還是創業者，都應懂得發現和結交這些技術人脈，因為他們的一些技術和想法可能會

第十一章　活化人脈，有關係才有業績

為你帶來巨大的財富！企業要長期發展，需要短期和長期技術人脈的有機結合，不要因為目前手中有了技術性人脈，就感覺自己不再需要這方面的人脈了。事實並不是這樣的，任何企業都需要不斷發展，技術人脈也是如此。

智慧型人脈有助於提升你的業績

你在工作中遇到難題的時候，在你百般思索而得不到答案的時候，你會希望有一名智慧的人來幫助你解決問題。其實，智慧型的人脈有很多，只是你不善於發現而已。很多大型企業家就是因為身邊擁有眾多的智慧型人脈，才有了「一方有難，八方支援」的良好循環。什麼樣的人是智慧型的呢？

或許，你會覺得自己是最有智慧的，別的人都不如你。這種想法是要不得的，即使那些大企業家也不會這樣想。當我們行走在小販林立的城市和鄉鎮時，沿街叫賣的小販在桌上或貨車上出售他們的貨物。這種現象到處都有，可是我們卻很少去關注他們，即使和他們有所接觸，也會在幾分鐘之內搞定，無非是對方將東西賣給你，而你給錢將東西取走這麼簡單而已。在你看來，他們所從事的是最簡單的交易。而事實上，那些世界富翁們和小商販們的工作性質差不多。如果你有時間停下來和他們談談，你就會發現他們也有自己的商業理念和經營方法。不管他們生活在哪裡，賣著什麼樣的東西，有著什麼樣的文化背景，也不管他們在說些什麼，想些什麼，他們的商業都有著非常顯著的共同點：即他們說著一種商業的通用語言，實踐著商業的普遍規律。

這件事告訴我們，智慧存在於生活之中，每個人都有自己的智慧，千萬不要小看別人而抬高自己，也不要過於仰視那些成功的企業家！在《執行長說》一書中，著名的管理諮詢顧問拉姆・查蘭總結了小到鞋店，大到世界頂尖公司的管理諮詢經驗，優秀的執行長具備的一項最重要的能力就是：把複雜的生意分解成一些基本要素的訣竅。發展智慧型人脈的關鍵是要首先認識到他人的智慧，這樣才能從他人身上吸取到智慧。而要認識到他人的智慧就應懂得和他人打好關係。

智慧型人脈有助於提升你的業績

傑克・威爾許（奇異前執行長，被《財富》雜誌稱為二十世紀最偉大的管理者）、麥克・戴爾（戴爾公司執行長）、約爾馬・奧利拉（諾基亞芬蘭公司的執行長）、出井伸之（索尼公司執行長）等商界鉅子都是這樣認為的。

普通白領們要想擁有智慧型人脈資源，也應首先學會發現他人身上的智慧。

首先，要懂得在和自己接觸的人身上投資更多的時間，當你花時間和他們在一起的時候，要懂得為他們設想，建立起友誼。不管這種友誼是商業性質的還是私人性質的，建立友誼才能使彼此更好的交往。同時，在友誼的發展中，要表示出對對方的關心，你越關心你的客戶，他們就越有興趣和你做生意。關懷的感情因素是那麼的強烈，價格、品質、交貨效率、公司在市場上的規模等，往往都敵不過它的威力。

其次，要學會尊重你所遇見的每個人。常言道，一個人有所為有所不為，這都是為了博得你所重視的人對你的尊敬。每當我們感受到某人的尊重，我們就會對那個人特別重視。假如有人尊敬我們，我們就會認為那個人比較優秀，有判斷力，有內涵，而且個性也比較好。一個人的尊嚴和自我肯定，大部分都來自於受到人尊敬的程度。你越在意別人的意見，別人對你的尊敬程度就越會影響你的行為。

第三，不要輕易去批評和指責對方，而應站在對方的立場上考慮問題，當你聽到別人提起競爭者的名字時，只需微笑的說：「那是一個很不錯的公司（人）。」如果你聽到你的競爭者在批評你，你也可以一笑置之。這是智慧的展現，這種做法也能使你結交到更有智慧的人！每當你羨慕一個人的成就、特質、財產時，就會提高他的自我肯定，讓他更得意。只要你的羨慕、贊同、感謝都是發自內心的，別人就會因此而得到正面的影響。他們對你產生好感的程度，會與你讓他們對自己及生活的滿意度成正比。

最後，一定不要輕易和對方爭吵，爭吵是一種最不明智的做法。不管對方說什麼，你只要點頭、微笑就可以了。很多人喜歡和與自己英雄所見略同的人打

第十一章　活化人脈，有關係才有業績

交道，而不喜歡和愛爭鬥的人相處。就算他們真的錯了，他們依然不喜歡你把問題抓出來。把眼光放在建立關係上面，以建立關係的立場來考慮，你就會理智很多。

表現出對對方的重視就要集中注意力聽對方說話，這是對對方最大的恭維，這種做法會使對方感覺到自己很有價值，很重要。社交中，永遠要清楚：你的任務就是成為一個人際關係高手，成為一個人際關係專家。你的任務是去成為一個在行業中最有人緣的人。

很多人不管在職場中還是在生活中，都希望對方無條件答應自己的要求，這或許是人的基本心理特點吧。但很多時候強制性的要求會使對方感到反感，此時只需要用微笑表現出自己的溫和友善就可以了。結交智慧型人脈需要你自己首先要有智慧，比如當你稱讚並同意他人所做的事，對方就會感到快樂，會變得更有精神。他的心跳會加快，會覺得自己很棒。當你在每個場合都竭力找機會對他人進行讚揚的時候，你就會成為受人歡迎的人物。對於所有幫助過你的人，你都要懂得感謝他們，尤其要向那些讓你期望的好事連連不斷發生的人，表達感謝之意。

血緣人脈成就你的輝煌

血緣人脈是指和我們有血緣關係的親人，指的是家族、宗族、種族形成的血緣人際關係。我們很多時候都會對自己的親人不以為然，覺得大家都是親人，沒有必要那麼生分。對於親人對我們的幫助，我們也一概認為是理所當然的，從來都不會感激他們，然而我們卻不明白，血緣人脈是一種隨著人的出生就存在著的人脈，這種人際關係一般都是非常穩定和牢靠的，但是同時又是比較脆弱的，如果不加以注意和呵護，或許就會失去這個重要的人脈資源。

我們只知道比爾蓋茲成為世界首富的原因，是掌握了世界的大趨勢，還有他在電腦上的智慧和執著。事實上，比爾蓋茲之所以成功，除這些原因之外，還

血緣人脈成就你的輝煌

有一個最重要的原因就是比爾蓋茲的人脈資源相當豐富。而在他所有的人脈資源中，比爾蓋茲最看重的還是血緣人脈！

比爾蓋茲創立微軟公司的時候，只是一個無名小卒，在他二十歲的時候，他簽到了一份大單，這份訂單是跟當時全世界第一強電腦公司——國際商業機器公司簽的。而他之所以能拿到這份單子，是因為母親的幫助。那個時候，他還是一名大學在校生，沒有多少人脈資源。而他的母親是國際商業機器公司的董事會董事，媽媽介紹兒子認識董事長，這不是理所當然的事情嗎？如果當年比爾蓋茲沒有簽到這份大單，他就一定沒有今天的成就嗎？難道這一訂單為他帶來的利潤真是如此可觀嗎？事實上，再可觀的利潤也是有限的，而比爾蓋茲後來從這一訂單中逐漸意識到一個道理：如果把業務看成是釣魚的話，是釣大鯨魚還是釣小魚比較好呢？答案肯定是大鯨魚。因為釣一隻大鯨魚可以吃一年，但釣小魚的話得天天去釣。所以，從那個時候開始，他就懂得運用手頭的資源為自己釣大魚了！如今，已經擁有幾百億美元個人資產的他，依然非常善於利用人脈，尤其是血緣人脈。

在和具有血緣關係的人的相處中，我們通常太過隨便。和具有血緣關係的人相處要注意兩點，一是感恩，二是理解。

所謂感恩，就是即使是你最親近的人為你做了某件事情，你也一定要懂得去感謝對方。比如比爾蓋茲在獲得母親的幫助後，他對母親表示了感謝。在拿到訂單賺取金錢後，他又為母親購買了她喜歡的禮物。雖然母親不是外人，但是比爾蓋茲的做法給母親帶來了莫大的安慰。同時，比爾蓋茲也對其他的親人有感恩之心，這些都在生活的細節中有所展現。

所謂理解，就是從對方的角度考慮問題，不要因為一點小事情破壞你們之間的感情，一切以親情為重。和有血緣關係的人相處一般不需要我們付出多少努力，因為關係擺在那裡。但是如果對方對你表示了理解，你也應給對方理解。或許此刻你還在抱怨別人不理解自己，其實理解是相互的，只有你懂得理解他人

第十一章　活化人脈，有關係才有業績

了，他人才會相應的去理解你。具有血緣關係的人，總會因很多事情而互相有聯繫，這種聯繫多了，難免會出現這樣那樣的磕磕碰碰，而理解總能使你們很快解決這些問題。

用握手拉近彼此間的距離

經常和客戶打交道、經常出入社交場合的人，對握手都不陌生。我們也經常在電視、電影裡看到那些超級富翁在簽訂完一份合約後彼此親切的握手、擁抱。但是，對於握手的禮儀，或許我們知道的並不多，也不能深刻理解握手對於財富的意義。如果你再仔細一點，或許你就會發現其中的奧妙。如果你伸出手去欲和一名油漆工人握手，他們會流露出慌張的神色，把手在衣服上擦擦，再和你握手。如果和你握手的是某集團的老總，他會穩重的伸出手，緊緊握住你的手，還會朝你微笑和點頭。和這兩個人握手，你會很自然的對後者產生敬佩之情。

之所以會產生兩種不同的感覺，其實是和握手傳遞的親和力有關的。那些處於高級的人，往往更懂得如何握手。

對於握手的禮儀，我們應該從哪個角度去認識，又該如何去做呢？

首先，我們應明白握手的意義。握手是在相見、離別、恭賀或致謝時相互致意的一種禮節。雙方往往是先打招呼後握手。主人、長輩、上司、女士應主動伸出手，客人、晚輩、下屬、男士再相迎握手。

其次，要把握握手的基本方法。握手的時候一定要用右手；要適當用力，時間一般以一到三秒為宜，過緊的握手或是只用手指漫不經心的接觸對方的手都是不禮貌的。

如果你是被介紹給對方的，那麼就不要輕易的伸手。年輕者、職務低者被介紹給年長者、職務高者時，應根據年長者、職務高者的反應行事，即當年長者、職務高者用點頭致意代替握手時，年輕者、職務低者也應隨之點頭致意；而和年輕女性或異國女性握手時，男士不要先伸手。

用握手拉近彼此間的距離

握手時，年輕者對年長者、職務低者對職務高者都應稍稍欠身相握；有時為表示特別尊敬，可用雙手迎握；男士與女士握手時，一般只宜輕輕握住女士的手指部位；男士握手時應脫帽；切忌戴手套握手。握手時應注視對方，微笑致意或問好，多人同時握手時應順序進行，切忌交叉握手。

握手時，距對方約一步遠，上身稍向前傾，雙腳立正，伸出右手，四指併攏，虎口相交，拇指張開下滑，和對方握手。

掌心向下握住對方的手，顯示著強烈的支配欲，這是在無聲的告訴別人，你此時處於高人一等的地位。應盡量避免這種傲慢無禮的握手方式。相反，掌心向裡握手顯示出一個人的謙卑和畢恭畢敬。平等而自然的握手姿態是兩手的手掌都處於垂直狀態，這是最普通也最穩當的握手方式。

男士在握手前應先脫下手套，摘下帽子，女士可以例外，當然在嚴寒的室外男士也可以不脫。如果雙方都戴著手套、帽子，這時應先說聲對不起。

關係親近的人可以長久的把手握在一起，一般握兩個三下就行了。

交際時如果人數較多，可以只跟相鄰的幾個人握手，向其他人點頭示意或微微鞠躬。為了避免尷尬，在主動和人握手之前，應想一想自己是否受對方歡迎，如果已經察覺到對方沒有要握手的意思，點頭致意或微微鞠躬就行了。

在公務場合，握手時伸手的先後次序主要取決於職位和身份，而在社交、休閒場合，則主要取決於年齡、性別、婚姻狀況。

握手時，不妨說一些問候的話，可以握緊對方的手，語氣應直接而且肯定，並在說到重要字眼時，緊握著對方的手，來加強對方對你的印象。

如果你是尊者或長者、上級，當位卑者、年輕者或下級搶先伸手時，最得體的做法是立即伸出手進行配合，不要置之不理，使對方當場出醜。

從原則上說，在任何情況下拒絕對方要求握手的舉動都是無禮的，但手上有水或不乾淨時，應謝絕握手，同時必須解釋並致歉。

美國著名盲聾女作家海倫‧凱勒說：「我接觸的手有的能拒人於千里之外；

第十一章　活化人脈，有關係才有業績

也有些人的手充滿陽光，我會感到很溫暖……」握手是交際的一部分。握手的力量、姿勢與時間的長短往往能夠表達出握手者的不同態度，顯露握手者的個性，給人留下不同的印象。你也可透過握手了解對方的個性，從而贏得交際的主動權。

那麼，如何透過握手表現出我們的熱情呢？

一、如果有人給你介紹新朋友，那麼應馬上向對方伸手，以表示願意認識他（她），讓對方感覺到自己是受歡迎的，心情一下就好了起來，同時也會願意和你交往。

二、當和朋友久別重逢時，應馬上握手，加強感情，還可以拍拍對方的肩或擁抱對方，以表示自己的問候、關切和思念之情。

三、在社交場合突然遇到熟人，如果方便，應前去握手表示問候和欣喜之情。

四、迎接客人的時候，不管對方是你邀請的客人還是不速之客，只要對方說明了自己的身份和來意後，都應和對方握手，並表示你的歡迎。

五、拜訪友人、同事或上司，辭別時應握手。

六、邀請客人參加活動或宴會，在同客人告別時，作為主人應與所有客人握手。

七、當你獲知自己的友人或熟人得獎或有其他喜事，如晉升、喜結良緣等，與之見面時應主動握手，以示祝賀。

八、當有人向你贈送禮品或表示祝賀時，應與其握手以表示感謝。

九、當拜託別人幫自己做某件事時，應握手表示感激之情。

十、當別人為自己（包括親友）提供某種幫助時，應握手致謝。

十一、參加友人、同事或其家屬的追悼會，離別時應與死者的主要親屬握手。

十二、遇到上級、長者、貴賓、女士時，自己先伸出手是失禮的。

十三、握手時精神不集中、四處顧盼、心不在焉是無禮的。

十四、周圍的人很多，而你只與一人握手，忽視或冷淡其他人，也是失禮的。

善用網路活化人脈

十五、 上級遇到下級、年長者遇到年輕者、女士遇到男士,在需要握手致意的場合,前者應主動先伸出手。

十六、 對方伸出手後,你應該盡快伸手,不應慢吞吞的。

善用網路活化人脈

說到網路人脈,很多人不以為然,覺得那些成天都見不到面的人,聚集在一起能聊出什麼花樣來?但是,就是有人聊出了花樣,不僅擁有了友誼,還活化了人脈。

那麼,到底如何做,才能活化網路人脈,創造財富呢?

一、追求浪漫的表達

臺灣人有些還比較傳統,當面的浪漫,很多人做不出來。而網路恰好是一個很好的途徑,彼此見不到面,卻可以傳遞著一份浪漫。不僅談戀愛的人喜歡網路,那些開網路商店的人更喜歡網路聊天,因為這不僅能節省大筆電話費,還能創造出足夠的想像空間,給對方帶去美好的感受!

果果在蝦皮上開了家網店,專賣手繪情侶衫。這是一個非常浪漫的網路小店,店裡擺滿了店主精心描繪的各種圖案,還有一句句浪漫的話語。而在接待每個顧客的時候,她都會被對方的愛情故事所打動。這些故事帶給她很多靈感,加上她的妙筆和豐富的想像,一件又一件的作品出爐了!

果果從小就學畫畫,大學裡學的又是廣告設計,加上她有一顆年輕的、追求浪漫的心,所以她很快就能了解顧客的需求。她還會與顧客聊一些浪漫的話題,加上設計的圖案確實能感動到對方,果果不僅在網路上和買家打成一片,透過網店賺取金錢,私下裡還和不少買家成為了好朋友。這些朋友在很多方面給予她很大的幫助。比如進貨管道,她現在用的設計衫不僅品質好,價格也相當優惠,這些都是人脈累積帶給她的巨大財富,而這些人脈中的很多人她還真的是一面都沒見過!

第十一章　活化人脈，有關係才有業績

二、懂得琢磨對方的心理

劉可所在的公司人比較多，老闆喜歡安靜，不喜歡喧鬧。因此，他給每個員工安裝了一個內部聊天工具，有問題的時候，同事問可以透過網路溝通。劉可也喜歡安靜，因此這樣的溝通方式他非常喜歡。他也喜歡從聊天的語句中琢磨對方的心思。

比如，公司裡不知是誰使用網路不小心，電腦中毒了，導致公司的網路癱瘓。在網路剛恢復的那段時間裡，劉可小心極了，因為他從老闆發過來的訊息中體會到老闆的不開心。網路恢復的第一天，劉可收到老闆的資訊：「以後上網要小心點！」劉可小心翼翼的回覆：「好的，一定！」不一會，劉可聽到老闆辦公室裡傳來爭吵聲，原來同樣的消息發到同事那裡，同事的回覆是：「我也不想中毒啊，中毒也影響我的工作，可是中毒了，你說我該怎麼辦？要怎麼用才是注意一點？」只聽老闆對那名員工喊：「你能不能就回答我會更小心啊？」員工還在爭辯……

劉可無奈的笑了，說個「好」就那麼難嗎？

一些在網上開店鋪的人很懂得琢磨顧客的心理，心理琢磨對了，財富就緊跟著來了，這是非常明顯的！比如有一個網路店家，往往會問每個新顧客同樣的話：「你是怎麼找到我們店鋪的呀？」顧客說：「我搜尋了一些關鍵字，於是就進來了。」店家透過這個回答得知，有一些顧客是喜歡在網路上搜尋關鍵字的，那麼，就為自己多設定幾個關鍵字搜尋吧，將和自己店鋪經營品項相關的、將自己的特色都寫進去。這樣一來，不僅能提高點閱率，還能使自己的店鋪更有特色，令人耳目一新！

三、使用網路貴賓

生活中和別人溝通的時候人們都懂得一些基本禮儀，而進入網路後，很多人覺得反正是見不到面的，何必那麼講究呢？於是便隨便起來了。

其實，有些活潑的網路語言無傷大雅而且能提高溝通效率，那麼用用也無

善用網路活化人脈

妨。但是，一些不合適的網路語言就不要用了。如果你把對方看成是你的網路貴賓，那麼你就會懂得如何在網路中尊重他人了。

有一個人用網路和客戶溝通，客戶比較難纏，不斷討價還價，最後實在沒有辦法了，這個人給對方發了個大哭的表情，然後打了句話：「比成本還低啊！」圖像可愛，同時也表達出了他的無奈。客戶見此情景，也就不再繼續壓價了。

如何在網路聊天中使對方有網路貴賓的感覺呢？那就需要靈活運用網路語言，加上尊重對方，不說強硬的話。比如，打招呼，可以用可愛的微笑；談價格，可以用流汗、搖頭；成交時可以用握手、乾杯等表情。再比如，回覆對方的時候應先想一想，不要急於回覆，特別是對方打字速度比你慢的時候，應給對方留出時間，不要使對方感覺到你的咄咄逼人！

在和對方交談的時候要細心還要有耐心和誠心。特別是當你用網路和客戶溝通的時候，每遇到一個新的顧客，你都會面臨新的問題，而你的語言則會一遍又一遍的重複，這個時候就要有足夠的耐心了；當客戶多的時候，你可能同時在和好幾個人聊天，那麼就要細心，千萬不要發錯了資訊！

要使對方感覺到自己是你的貴賓客戶，還有一個好辦法，那就是在聊天的時候給對方提醒和幫助，比如當對方對某件事情拿不定主意或考慮得不夠全面的時候，傾聽他們的心聲，然後給出真誠的建議。但是一定要注意，如果你們之間是買賣關係，一定不要推薦給他們最貴的東西，而要推薦給他們最適合他們的商品。

四、網路回訪很重要

我們都聽說過電話回訪，那麼什麼是網路回訪呢？其實很簡單，比如你和客戶剛在網路上溝通了某件事，然後約定好了去做，之後，你還要問問對方對這件事情的看法以及在實施的過程中有沒有發現新的問題。

我們再拿網路銷售為例，在商品賣出去後，溝通並沒有結束。你需要精心包裝，然後發貨，如果你足夠細心周到，還會附送一張祝福卡。發貨後你還要及時

詢問對方是否收到貨,並詢問他們對商品的滿意度。

這些細節很重要,能使對方感覺到很貼心!

網路溝通和見面溝通相比,還有個好處是:網路溝通是可以保存聊天紀錄的。沒事的時候你可以翻翻聊天紀錄,看看自己有沒說錯話,答應過別人的事情有沒有做到等。同時,如果你是在網上做銷售,聊天紀錄還有利於你鞏固與老顧客的關係,有利於掌握他們的愛好和性格,知道他們買過什麼東西等。以後再和他們溝通時,你能記住很多細節,會使對方感覺非常貼心!網路溝通的途徑是非常多的,有很多的通訊軟體及賣場聊天室都是可以使用的。不同的途徑會讓你遇到不同的人,有時甚至會發生重疊,這就需要你進行分類管理,並掌握更充足的資訊!

談生意先談交情

人是有感情的動物,世界上的任意兩個人即使可能談不成生意,或是就兩人接觸的直接目的難以達成一致的共識,但是他們之間也能產生一定的感情,有了這樣的感情基礎,那麼他們之間再談生意或是合作就會簡單很多。

常在商海裡打拚的人或許都知道商場之上就是「七分人情三分生意」。因為人與人之間有了感情基礎,就可以拉近兩個人之間的距離,就可以消除一方對另一方的戒備和不信任,甚至會讓兩人之間產生一定程度上的依賴感,所以只要過了人情這一關,就不怕生意談不成。

強尼是國外一家電力公司的推銷員,應公司安排,他不得不到某地的農村去推廣用電。最初他曾多次到這個村子推廣用電,結果都吃了閉門羹。一天,他又來到一戶很闊氣的人家做推銷,出來開門的是一位上了年紀的老婦人,她一看強尼身著推銷員的服飾,就知道他是電力公司推銷用電的,於是就準備關門,強尼一看情況趕緊走上前去說:「真抱歉,又打擾您了,我知道您對用電一點都不感興趣。所以,這次我是來買雞蛋的。」

談生意先談交情

　　老婦人一聽是來買雞蛋的，不是推銷用電的，打消了疑慮，於是把門打開了一點，探出頭來半信半疑的看著強尼。強尼繼續說：「我看到你養的雞非常漂亮，想買點新鮮的雞蛋回去。」

　　老人家聽見強尼這樣說，心裡高興起來，把門開得更大了，問：「你為何不買別人家的雞蛋？」

　　強尼說：「我老婆讓我買一些雞蛋回去做蛋糕，人家的雞蛋都是白色的，做蛋糕不太合適，我想來您家買一些棕色的雞蛋。」

　　結果，老婦人把強尼請進了家門，滿臉笑容的和他談起了雞蛋的事情。強尼有意指著院子裡的牛棚說：「太太，我敢打賭，你丈夫養的牛還不如您養的雞賺錢多呢！」

　　一聽這話，老婦人甭提有多高興啦。的確，多少年來，她的丈夫都不肯承認這個事實，這讓她心裡感到非常失落。因此，她把強尼看成知己，帶他參觀雞舍。強尼平時最會說話，現在有人願意聽他說話，他就更能發揮特長了。他的話句句悅耳，讓老婦人心裡特別高興。他還說，若能用電燈來照射加溫，雞下的蛋會更多。不知不覺，老婦人已經忘記了先前對強尼的反感，還反過來問強尼用電是否經濟。當然，她又得到了解答。兩個星期以後，強尼在公司收到了老婦人寄來的用電申請書。

　　在這個事例中，強尼就是走了先談交情後談生意的路線，才能夠敲開老婦人家的大門，並最終贏得了這個客戶。試想，如果強尼還像以前那樣一張嘴就推銷用電，估計老婦人一定會拒他於門外。強尼以買雞蛋為藉口，拉近了自己與老婦人的距離，後來又用聊家常的方式贏得了老婦人的愛戴，最後強尼以建議的方式把養雞和用電聯繫到了一起，最終贏得了老婦人的信任。

　　由此看來，先對別人進行感情投資是贏得客戶和朋友的一條捷徑，但是，在贏得客戶和朋友之後，唯有真誠才能長久的幫你鞏固和他人的感情。一個只懂得利用別人的感情，而不顧道德底線，打一槍換一個地方，到處坑蒙拐騙的人即使

第十一章　活化人脈，有關係才有業績

能夠得到暫時的利益，但是時間長了，他不僅得不到更多的利益還將會失去更多的朋友和固定客戶。

曾經看過這樣一則小故事：在大雪紛飛的夜晚，一位年輕人因為沒有賣完剩下的雞蛋不得不在風雪裡忍凍挨餓。這一晚剛好是聖誕節，一對好心的老夫婦發現了他，然後就買下了他的雞蛋，還邀請他去共度聖誕夜。酒足飯飽之後，年輕人準備離開，這時他又向老夫婦提出，自己的錢不夠買回家的車票了，他說自己賣了一天的雞蛋，錢被小偷偷了，老夫婦買下的最後一籃子雞蛋的錢還不夠他買車票的錢，於是老夫婦就主動借錢給年輕人買票回家，年輕人表示以後一定會還錢給他們的，結果年輕人走了之後就再也沒回來。老夫婦借出去的錢，也沒能收回來。

試想，像年輕人這樣忘恩負義的人，下次再遇到那對老夫婦，他會得到什麼樣的對待呢？所以說一個人能夠得到他人的憐憫和幫助是自己的幸運，但是如果你不誠實守信，就不可能得到別人長久的信任和幫助。

超越客戶的期望值

對客戶，如果你能做到滿分一百分，那麼顧客的滿意值也會是滿分一百分。而如果你能做到一百一十分，那麼你將會因此贏得更多的客戶資源。因為這個客戶一定會忍不住將此告訴給他身邊的朋友。

有一次，德國經銷商史密斯先生打電話要求海爾公司必須兩天之內發貨，否則訂單自動失效。而此刻正是星期五下午兩點，兩天內發貨實際意味著當天下午所有貨物必須裝船，如果按海關等有關部門下午五點下班計算的話，時間就只有三個小時了，而按照一般程序，做到這一切幾乎是不可能的。

但是海爾公司別無選擇，他們絕不能對市場說不。面對著顧客幾乎苛刻的要求，海爾公司沒有任何藉口，一定要堅決執行，確保貨物在當天下午發出，於是，幾分鐘後，船運、備貨、報關等幾項工作同時展開了，為的就是一定要確保

超越客戶的期望值

貨物在當天下午發出。

時間在漸漸逝去，一分鐘、兩分鐘、十分鐘……空氣仿佛變得凝固起來，每個人都全神貫注、爭分奪秒的投入到了工作當中。調貨的、報關的、聯繫船期的……

當天下午五點三十，當史密斯先生得到了來自海爾公司「貨物發出」的消息後，改變了他十幾年來的一種觀念。他發來了一封感謝信說：「我做家電十幾年了，還從沒有給廠家寫過感謝信，可對於海爾公司，我不得不這樣做！」

信守自己的諾言。不論遇到什麼情況都力求做到最好，雖然這在很多情況下已經超越了客戶的期望值。但是，如果遇到比較難纏的客戶，能抱以同樣態度，那意味著超越客戶期望值的難度會更大。

大家可能都有過這樣的體會，在生意場上，難免會遇到各式各樣的顧客，有的隨和，有的冷漠，有的挑剔，有的抱怨，有的刁難……任何一個人，就人情而言，自然歡迎那些隨和、不挑剔的顧客，但對別的類型的顧客，也要同樣歡迎，甚至心存感激，並力爭所做超越客戶的期望值。

那是一次世界性的比賽，有一位來自義大利的記者在公告欄裡尋找前幾天的比賽結果時，嫌工作人員沒有按照時間順序擺放前幾天的成績公報，於是對著他們大發牢騷。工作人員安靜聽完後向這位義大利人微笑著表示了歉意，等五分鐘後記者再去公告欄時，發現所有的成績單都已經整齊有序的重新擺放過了。

一間公司，因為自己的產品或服務好而得到顧客的稱讚固然可喜；遇到難纏的顧客，被挑剔、抱怨甚至「欺負」，也都應該持歡迎的態度。因為，這些都會成為公司以後不斷改善、前進的動力。

對於顧客，沒有最好，只有更好。你的服務即便滿分了，也仍然有很大的進步空間，力爭超越客戶的期望值，他們才會死心塌地的一路與你同行！

第十一章　活化人脈，有關係才有業績

利用自己的優勢吸引客戶

什麼是特長？就是自己擅長而別人大多不具備的一種能力。在與別人相處的時候，如果你有特長吸引別人，那麼你們之間的關係無形中就得到了改善。

與客戶談生意，尤其是初次見面，顧客難免有很大的戒備心理。這時候，如果你能用什麼特長吸引他的目光，那麼你們之間的陌生感很快就會消除。

周鋼是一名業務員，他擅長給人看手相。所以，為了吸引顧客，他每次出門拜訪客戶，都隨身攜帶著看手相用的放大鏡。

與顧客見面後，他就將放大鏡與商品簡介一起拿出來。如果顧客專心聆聽說明，自然只會注意到商品簡介，就不需要使用放大鏡。若是顧客無心購買，就會心不在焉，視線自然會四處移動，當顧客視線落在放大鏡上時，周鋼便順勢拿起來，提議說：「這是看手相用的放大鏡呢。」顧客多會說：「哦，你對這個還有研究？」周鋼就信心滿滿的說：「幫您看個手相吧，不收錢的！」通常幾乎百分之百的顧客都會好奇的答應，於是，他便拿起顧客的手客串臨時的算命先生，幫顧客測個手相！

一方面由於周鋼說得很準，讓顧客頓生可信賴的感覺，另一方面則經由肢體上的接觸，顧客與周鋼之間那道心牆很快便消失殆盡，聊著聊著就成了朋友。

或許是這面放大鏡的功勞吧，他的業績始終名列公司所有業務員之首。不過周鋼並不是遇到每到一個客戶就給人算命，只有在顧客對放大鏡感興趣的時候，才提出看手相的建議，以挽回顧客的注意力。

身為推銷員就該兼通十八般武藝，雖然培養一項特長需要投資不少成本，不過，若能在推銷時派上用場，絕對不會虧本的。

實際上，每個人都有一定的天賦，再加上個人的愛好，在適當的時候發揮一下。說不定會有意想不到的收穫。

張弘是一位推銷美國席夢思床的推銷員，他擅長唱歌，小的時候還做過明星

像朋友般關心你的客戶

夢。一次，他到一個美容院去，店裡的人一個個都忙得團團轉，根本沒有顧得上他，他對此早已習以為常，並不介意。

他只是大聲說：「我來貴店是推銷美國進口的席夢思床的，各位儘管工作，只要把耳朵借給我就好。」在場的人都沒有表示歡迎，但也沒有趕他走的意思。這時，電視裡正在放一首歌，有人說：「我們要聽歌，沒有時間聽你說話。」

張弘厚著臉皮自我推薦：「電視裡唱不如聽現場演唱過癮，我雖然是業餘歌手但是絕對具有專業水準，不信你們隨便點一首，我給你們現場表演。」

大家一聽，就七嘴八舌的開始點歌，有的人還起哄說：「要是你唱得好，我們就買你的床。」

於是，張弘開始賣力的唱，有經典老歌，還有最近流行的新歌，不時獲得大家的好評。結果，他在這家美容院連產品都還沒說明，就賣掉了六張床。

當然，用特長來吸引客戶，並不具有一定的普遍性，只能作為與客戶交往時的一個花絮，在恰當的時候表現出來。再者，畢竟不是每個人都有在公眾場合展示的特長，比如你擅長打籃球，或者踢足球，那就只能在碰到一個有著同樣愛好的客戶的時候，拿來做話題聊一聊。

看手相也好，唱歌也好，都不是能套用的技巧。關鍵在於你把自己的強項推銷出去，讓客戶對你產生好感。但是你展現的特長一定要夠「專精」，否則不僅起不到積極作用，還會遭來厭惡。

像朋友般關心你的客戶

人都是感情動物，客戶也是。如果我們能與客戶從業務關係上升到朋友關係，那麼雙方就能像朋友一樣相互照應，我們完成銷售也會事半功倍。

要想讓客戶成為朋友，就要像朋友那樣去關心他。只有你把客戶當作了朋友，你成功的機會才會越來越多，路才會越走越寬。

茱麗葉想買一輛黑白相間的轎車，這個想法已經很久了。今天她終於有足夠

第十一章　活化人脈，有關係才有業績

的錢來買了。她走進了一家汽車銷售公司，但那位推銷員表現得心不在焉，似乎根本沒把她當回事，她覺得很不舒服，轉身就走了。

當她剛邁進第二家汽車店時，立刻就被這位推銷員真誠的笑容打動了。推銷員十分熱情的向她介紹了各種型號汽車的性能和價格，使她感到十分滿意。在和這位推銷員交談中，她無意中提到今天是她的生日時，這位推銷員馬上請她稍候一會兒。幾分鐘之後，他帶來一束鮮花，對她說：「雖然我們才剛認識，但是我想以朋友的身分祝你生日快樂！」

這一舉動讓茱麗葉十分感動，最後她毫不猶豫的購買了那位推銷員向她推薦的一輛黃色轎車，而放棄了要買一輛黑白相間轎車的想法。

這位推銷員的高明之處就在於，他在做生意的時候，能用情感作為基礎，為單純的買賣賦予了極大的人情味，使顧客產生了深深的信任感。

常聽一些老業務員這樣說：做業務在很大程度上說就是談交情。所以，在與客戶談合作的時候，要有意識的放進濃郁的情感，與客戶建立友好的關係，讓他對你產生朋友式的信任感。有了人情在，就不怕業務談不成，生意做不大。

美霞畢業後留在臺中一家銀行工作，幾年後，她升任為該銀行一家分行的總經理。從二〇〇七年上半年開始，分行的業務量明顯下降。作為總經理，為了改善這一局面，她提出了「要做工作先學會做人」的觀念，拿出對待朋友的真誠與客戶建立朋友關係。

七月份，一位外地建築公司的老闆有少量業務在分行，透過櫃面的交流，美霞與他交上了朋友。這位老闆是南部人，剛來臺中不久，人生地不熟，美霞除了在業務工作上為他提供幫助外，還主動幫助他做了一些分外的力所能及的事情。在他生日的時候，又送去蛋糕與鮮花，讓他感受到了朋友的真誠與溫馨。

一天早上，美霞見這位老闆匆匆忙忙的來到分行，臉色也不太好，便主動詢問是不是發生了什麼事。老闆說，他老婆生病了，來提點錢去醫院。美霞馬上幫他提取了現金，並說：「我正好有朋友在醫院工作，我陪你太太去看病，有什

像朋友般關心你的客戶

麼問題方便些。」

　　人心都是肉長的，這位老闆從此把美霞當成了無話不談的好朋友，把幾百萬的業務都放到了分行。不僅這樣，他還介紹生意上的朋友把業務放到這裡來。美霞透過與這些私人老闆交朋友，拓展並穩定了一大群大客戶。當然，這些客戶也都是他的朋友。分行在美霞的帶領下，業務自然是蒸蒸日上，形成了良性發展的好態勢。

　　真誠的關心是贏得人心最有效的法寶。你想要別人如何對待你，你就要先以同樣的方式對待別人。要想客戶像朋友一樣支持你，那就學著像朋友一樣去關心客戶吧。

CONNECTIONS LEDGER

第十二章
善用人脈，攀登財富之巔

累積的人脈越多，聚集的財富就越多

在這個世界上不是人人都能好運的出生在名人權貴之家，也不是人人生來就會身處高位，家財萬貫。既然出身平凡，我們就只能盡自己的最大努力不斷拓寬自己的人生道路。

可是我們必須承認個人能力都是有限的，如果只靠個人努力，可能很多人一生都不一定能夠取得自己想要的成功，為此我們就可以選擇走捷徑——借人氣。

所謂「借人氣」就是指恰當有效的借助我們人際關係中一些人的名聲、地位和與之相連的人際關係網，來幫助我們實現某種目標。

當然借人氣是要借助一些比自己更有影響力的人的名氣，因為他們有名氣，有權有勢，所以，很多時候他們的一句話、一個動作或者只是和他相關的一些事物都可能會成為大眾推崇和追隨的對象。所以，我們不妨沾點這些人的光，為我們贏得更多的利益和更快的發展。

「借人氣」這件事，你借得的人氣越旺、越多，你可能獲得的利益也就越大。這絕對不是吹牛，只要你運籌策劃得當，就算是讓總統幫你賣汽水、做廣告也是很有可能的事情，百事可樂熱銷全球就是一個很好的例證。

百事可樂公司董事長唐納德・肯德爾和時任美國副總統的尼克森私人交情還算不錯，一九五九年百事可樂公司準備進軍蘇聯市場，卻苦於無門而入，剛好美國當時要在蘇聯召開一次博覽會，於是，唐納德就私下跟尼克森打招呼讓他在陪同蘇聯領導人參觀美國商品的時候，在百事可樂的攤位前停留一下。

到了博覽會召開的那一天，尼克森陪同赫魯雪夫路過百事可樂的展場時，尼克森停住了腳步，赫魯雪夫恰好看到了百事可樂，於是就拿起一杯品嘗，這時各媒體記者的鎂光燈開始閃爍，很快百事可樂就成了在蘇聯家喻戶曉的飲料。

一九六四年，尼克森在美國大選中敗給了甘迺迪，但是百事可樂公司卻沒有因此而放棄尼克森，因為唐納德知道尼克森的人際關係很出眾，在他當美國總統

的時候結交了許多國外的重要領導人物，於是，百事可樂公司以超高薪水聘請尼克森為百事可樂公司的顧問和律師。之後，尼克森利用自己的各種人際關係，在周遊各國的時候極力兜售百事可樂，使百事可樂的銷售額直線上升。百事可樂最終之所以占領了臺灣市場，跟尼克森的推銷有很直接的關係。

事實上，人和商品一樣，只是一個打著商品的旗號，一個打著人的名氣。世界上有太多產品和人物的走紅都走了借人氣聚財氣的路線。事實一再向我們證明，借得的人氣越旺、越多，它所能帶給我們的收益也就越多。

朋友多了，財路也就多了

當下這個社會是一個關係網縱橫交錯的社會，一個人能否獲得事業上的成功，能否賺到足夠的財富，不是一個人自身能夠決定的，還要靠他周圍的人，靠他的團隊，靠他的客戶，靠他的朋友，因為在現在的社會裡，多一個朋友就等於多了一條財路。

因為有周圍親朋好友的幫助，一個人才能直接或是間接的從他們身上獲得一定的幫助。就拿買保險這件事來說吧，如果沒有經人推銷，一個需要買保險的人也會去買保險，如果你剛好是一個保險銷售員，那麼需要買保險的人就可能會主動找上你，但是現在賣保險的人這麼多，如果你跟這個買保險的人沒有絲毫關係，那麼他在你這裡買保險的可能性就會大大降低。相反，如果這個人剛好是你的朋友，那麼他在你這裡買保險的可能性就會大大提升，或者這個人不是你的朋友，而是你好朋友的親戚，那麼他在你這裡買保險的可能性也要比別人大。

所以說，人脈就是財脈，多一個朋友就多一條財路。誰能擁有強大的關係網路，誰就取得了贏得世界上最寶貴資源的可能性。所以說有時候努力構建人際關係，加強與人交往本身就是一種拓展財脈的方法和手段。

難怪美國石油大王約翰・洛克斐勒曾說：「我願意付出比天底下得到其他本領更大的代價來獲取與人相處的本領。」

朋友多了，財路也就多了

　　菲利普出身於藍領家庭，家裡沒有什麼有錢有勢的親戚朋友，畢業後靠自己的能力，他做了保險推銷員。由於出身的條件限制，菲利普很難從自己身邊的人中找到會購買保險的人，以至於他的工作很難展開，相應的，他業績的糟糕程度也就可想而知了。

　　經過三個月的業績低靡後，菲利普開始面臨失業的危險。在一次無意間參加了一個開拓人際關係的課程訓練後，菲利普很受啟發，他開始有意識的和在保險領域頗有建樹的布魯諾先生聯絡。布魯諾是一位很優秀的保險顧問，他擁有大量的人脈資源，首先他生長在富裕家庭中，他的很多同學和朋友都是學有專長的社會菁英，保險業務對他來說不過是手到擒來的賺錢方法罷了。

　　透過努力，菲利普很快和布魯諾建立了良好的私人關係，他透過布魯諾認識了越來越多的富人，他在業務上的新局面自然也就打開了。從此，菲利普的業績與從前有了天壤之別。

　　透過上述這個故事，我們或許能夠更真切體會到「人情背後有黃金」這句話的真正涵義了。小時候，我們一味的相信自己的努力，總是認為，成功來自七分努力，三分運氣。總是以為愛拼就能贏，可是在現實生活中，有時候靠自己打拚的同時，我們還需要他人的提攜。

　　為什麼呢？從菲利普的親身經歷中我們不難看出，一個人除了需要自己奮鬥之外，還要時不時的停下來和周圍的人打個招呼，培養一些感情，這樣我們在通往成功的道路上才不會形單影隻、孤立無援。

　　可是在現如今經濟飛速發展的情況下，人際關係出現了快速的重新組合。一個人今天剛認識了一個客戶，第二天他的競爭對手也認識了這個客戶，這就對我們人際關係的優質性提出了挑戰。在能力相當，提供的產品和服務也相當的情況下，爭客戶其實就是拼人脈，誰的關係好，誰的交際手腕高，誰贏得客戶的機會就更大。

　　所以，在當今社會，我們必須保證頭腦足夠靈活，必須多花心思去提高我們

的人脈品質。既然人際關係在當今社會重新組合的機率這麼大，速度這麼快，那麼我們就必須在保障原有人際關係網穩固的情況下，積極跳出自己的人脈圈子，去結識更多的人，拓展更寬廣的人際關係網。

如果我們把原有的人際關係圈比作一個小水池的話，那麼這個水池的魚總有被撈光的時候，這個圈子的人脈的能力也總有被用盡的時候，所以我們要跳出小水池，跳進人脈的大海洋，這樣我們就可以無限的透過一個朋友去認識更多的朋友，這樣我們的人脈圈就會變得越來越大，我們認識朋友的能力也就會被無限擴大，相應的我們也就能獲得更多的幫助，便利也就更多、更大。

所以說，人脈就是財脈，擁有人脈就等於擁有了一筆潛在的財富，只要我們用心經營就一定能夠獲得源源不斷的經濟利潤，從而走向人生和事業的頂峰，因此我們可以說多交朋友就等於多種搖錢樹，從這個意義上來說經營人脈就是一本萬利的好生意。

朋友可以幫你創造財富

生活中，我們經常聽到這樣的聲音：現在都是有錢的人才能賺到錢，我們這些沒有錢的人，總是過得那麼痛苦和無奈！想做一番自己的事業，卻總也找不到合適的方向，缺乏最基本的資金，也沒有人願意幫助我們……。

事實上，這些人忽略了一個最重要的力量，那就是人脈！人脈對於我們每個人來講，都是非常龐大的資源。這種資源就在我們的身邊，只要懂得把握和打理，懂得培植自己的人脈，就能聚集龐大的人氣，進而鑄造威望，有了這樣的威望，資金、技術、門路哪個不是唾手可得，何愁大事不成？

事實上，即使你不是天生的幸運兒，但只要懂得活化自己的人際關係，那也是非常了不得的事情！這些人脈總有一天終將活化你的財富！

那麼，我們該如何進行日常的人脈累積呢？

朋友可以幫你創造財富

一、充分掌握人脈資訊

美國大亨洛克斐勒在其全盛時期曾感慨的說：「與人相處的能力如果能像糖和咖啡一樣可以買得到的話，我會為這種能力多付一些錢。」

這句話實際上是在告訴我們：朋友多則賺錢的機會多。

一位知名企業家認為：「完整的人際關係包含三個階段，發掘人脈、經營交情、出現貴人。」

事實上，在人脈的建立上，如果你只是傾向於等待而不主動尋找人脈資訊的話，那麼你將是被動的，而且機會很少。因此，你需要不斷的尋找資訊，從而找到自己需要的人際關係。

比如，你可以透過朋友介紹，可以透過交換名片，也可以透過網路獲得人脈。這些人脈對於你來講，都是非常有用的。或許他們不能直接的幫助你去做什麼，但是至少他們可以為你介紹更多的客戶，幫你出出主意，甚至於他們的一兩句話，或許就能改變你的窘態，使你獲得新生！

二、學會肯定對方

掌握人脈資訊固然重要，但關鍵還在於如何與他們相處。很多時候，人際關係都是在不斷的交往中得到提升的！

《孟子・齊桓晉文之事》裡有一句話：「他人有心，予忖度之。」這句話道破了讓朋友欣賞你的不二法門，那就是學會肯定對方。關於這一點，美國哈佛大學人際學教授曾說：「人類本質中最殷切的需求是渴望被肯定。」

當然肯定對方，並不是隨便敷衍對方，而是要學會「放低姿態，放下身段」，學會仔細傾聽別人的話，更要學習「忖度他人之心」，理解朋友這樣說的原因和立場，盡量體諒他們。這樣既能學習他們的優點，也能讓朋友感到自己被尊重、被理解。

肯定對方是一種精神上的社交方式，在肯定對方的時候需要真誠和勇敢，同時也要有一定的原則，使對方感到你並不是為了討好他才這麼說的。

三、不要勢利

我們這裡所講的人脈及增加人脈的方式，並不是告訴你要勢利。勢利的人往往看到對自己有用的人喜形於色，用一副小人嘴臉伺候著，看到自己用不著的人則忽視、輕視、鄙視之。這樣的人是不招人喜歡的，也不會有好的人際關係。

人脈的經營需要的是長期的策略眼光，一定不要懷著過於勢利的短淺眼光經營人脈，這樣只能讓你的路越走越窄。

歷史小說家高陽筆下的「紅頂商人」胡雪巖，其高超的交際手腕讓讀者大為嘆服。對胡雪巖有深入研究的學者曾仕強分析，胡雪巖的過人之處是「對事情看得透，眼光夠遠，從不會輕視小人物。」

比如書中所寫的浙江巡撫王有齡對胡雪巖的發跡有著很大的影響，當初王有齡不過是一介窮書生，而胡雪巖卻對他全力相助，等同於投資了一筆交情生意。

如果生活中的你也有如此的氣魄和胸懷，你的人脈也會越來越廣的！

一位久病的病人，在醒來的時候，發現床邊有好多朋友來探望自己，而且個個淚流滿面。這個病人當時已經即將病危了，但是當他看到這一幕的時候，他一下子覺得生命是多麼的有意義！

心理學家曾經指出，人的一生可以結交兩百多名朋友，而核心的可以有五十多位。但是生活中，很多的人看起來朋友不少，而能稱得上有交情的卻微乎其微。那些在應酬場合活躍的人士，看起來人脈豐沛，但最後願意為他兩肋插刀、雪中送炭的都不是那些看來熱絡卻原來只是點頭之交的人，而是在生活中他可能忽略、卻真正重視和他的交情的朋友。

那麼，我們如何能交到這種在自己生病的時候流淚的朋友呢？最簡單的做法就是在平時和他們交好，在他們落難的時候熱心的幫助他們。要知道，朋友為你帶來的精神力量，關鍵時刻足以增強你的生存意識！

處處留心皆貴人，人情練達即財富

處處留心皆貴人，人情練達即財富

　　前面我們已經談到過，一個人的成功離不開人際關係，離不開貴人，有了貴人我們才能好辦事，但是，我們如何才能遇到生命中的貴人呢？

　　其實貴人就在我們周圍，就在我們身邊，只要我們用心去挖掘，就會發現每個人都可能成為我們生命中的貴人。

　　有一次，王富強到花蓮去出差，在火車上他遇到一對和藹可親的夫婦。一路上他和兩位老人談得很開心，他還不時的幫兩位老人端茶倒水，剝橘子，削蘋果，兩位老人向他問長問短，同時還講述了自己的一些經歷。在談到工作時，他很無奈的講述了自己懷才不遇的多次經歷，之後還抒發了一番自己的雄心壯志。

　　下車後，他熱情的幫老人拿東西，最後他們還互換電話號碼。回到家以後，王富強又過起了原來的生活。漸漸的他也就把火車上的兩位老人給淡忘了，幾個月後，他突然接到一個陌生電話。

　　電話竟然是老人打來的，問他想不想去臺北工作，當時他只當是老朋友聊天，於是就惆悵了一番說：「到臺北機會多，薪水高，怎麼會不願意去呢，只是在那裡人生地不熟的，想找到滿意的工作談何容易？」聽了他的感慨，兩位老人堅持讓他到臺北去一趟，正好王富強工作也不算忙，於是就去了。結果他發現，那兩位老人竟然是一家大公司的創始人，由於想退休所以希望找個人幫他們打理公司，最後，王富強就成了他們的選擇目標了。

　　由此看來，有時候我們所謂的貴人可能就是在下一刻與我們相遇的人，所以，我們即使現在沒有遇到，也沒有必要抱怨自己運氣差、命不好。因為生命中貴人的出現就像機遇，只有積極儲備，用心留意，「機會是留給有準備的人」的，而我們平時的努力也一定能夠有所回報。

　　然而，什麼樣的人才有可能成為我們生命中的貴人呢？一九七二年，刊登在美國《廣告時代》雜誌上，標題為《定位新紀元》的一篇文章首次提到了「資源

法則」這個全新的概念。

　　這個概念是由美國當代行銷大師阿爾‧里斯與傑克‧特魯特共同提出的。雖然發展到今天,「資源法則」已經成了銷售業的一個專業詞彙,但是「資源法則」中的資源定位法則依然能夠為我們帶來很多啟發。

　　資源定位法則認為,資源是一個人成功的基礎條件。生活中,資源可以以物質形態出現,比如金錢;也可以以非物質形態出現,比如知識、思想、技能以及個人的素養等;也可以以介於兩者之間的形式出現,比如人際關係、特殊的機遇等等。

　　此外,它還表明,如果一個人每月收入一萬元,這也就表明此人所擁有的資源總和在一萬元以上;假如一個人月薪是十萬元,那麼他的資源總和就在十萬元以上。而他們資源的總和包括個人能力、知識以及人際關係。資源因素中的任意一個因素的增加或是提高都有可能使資源總合增加。比如說一個人的個人能力是既定的,如果他的人脈圈子擴大了,那麼他所占有的資源總和就會增加,而他成功的機會也就會相應越多。

　　從資源定位法則中,我們可以看出只要有可能闖入我們生活的物質部分和非物質部分都有可能成為我們所占有的資源總和增加的因素。但是,在生活當中物質部分一般都是由非物質部分的資源形式所擁有,所以,只要是出現在我們生活中的人就有可能成為我們生命中的貴人。

　　一般來說我們可以把這些人分為親人、朋友、上司、老闆和陌生人。

　　首先是親人。親人應該說是我們最忠誠的人脈資源,他們和我們利益攸關,但是任何人親人的數量差不多都是固定的,誰都不可能平白無故的多出一個哥哥或是姐姐。但是親人的人際關係圈也是我們人脈資源增加的一個空間。

　　其次是朋友。朋友可以說是人們重要機會的提供者,一個人在事業上取得的重大突破,常常都是朋友的引見或是提供的機會。

　　而且,朋友之間一般都是感情比較親密的關係,只要你們之間感情不錯,他

用一個人的百分之百，不如用一百個人的百分之一

們遇到了什麼事都可能會找你商量，你有了問題，他們會盡量幫你解決，而且你有不懂得的東西朋友會盡可能多的告訴你，來增加你的見識。

此外，任何兩個人都不可能是天生的朋友，人與人之間都是由陌生變得熟悉，然後成為朋友。所以，朋友對我們人脈資源的增加也起到了不小的作用。

再其次，如果你有留意就會發現許多成功人士之所以成功一般和他們的老闆或是上司都分不開。許多人的成功也是因為緊緊跟在成功人士的後面才成功的。所以不用懷疑，你的成功和你的上司或者老闆有著直接的關係。

一個責任心強的上司不僅會想方設法調動你的積極性，發掘你的潛力，加強對你的培養，還有可能適時提升你的職位，以便讓你幫他承擔更重的責任，而你的個人價值和成績也就在你責任的增加的同時開始提升。

所以，從你工作的第一天起，你就要首先學會為自己選擇一位好老闆，透過他們的提攜和幫助，來達到提升自我的目的。

最後我們來說一說陌生人在一個人生命中的作用。陌生人雖然沒有親人、朋友、老闆這樣和你熟悉，但是正是因為對陌生人的生疏，陌生人才成了一個人資源占有總合有可能增加的最大空間。上文我們所舉出的那個事例就剛好可以驗證這個觀點。

所以說，在我們的生命之中，任何一個人都有可能會對我們起到不可估量的作用，我們不能因為他們一時幫不到我們而疏遠他們，或是認為他們無用，這些都是自斷發展之路的愚蠢行為，而應該牢記：處處留心皆貴人，人情練達即財富。

用一個人的百分之百，不如用一百個人的百分之一

石油大王保羅・蓋蒂曾經說過，一個人永遠不要靠自己一個人花百分之百的力量。而要靠一百個人花每個人百分之一的力量。

你自己用盡百分之百的力量，不如讓一百個人為你花費百分之一的力量。比

如,你自己的業務能力很強,你自己用盡力氣去開拓市場,不如去培訓一百個業務員,他們分別花百分之一的力量取得的成績,一定比你一個人花費百分之百的力量取得的成績要大。

這就需要我們學會借用別人的智慧,而不能只靠單打獨鬥。尤其是在這樣一個資訊社會,如果你不肯與人合作、分享,那麼你取得成功的機會簡直就是微乎其微。

一家大公司招聘高層管理人員,九名優秀應聘者經過面試,從兩百多位面試者中脫穎而出,闖進了最後一輪的複試。

複試是由老闆親自把關的,他把這九個人隨機分成甲、乙、丙三組,指定甲組的五個人去調查嬰兒用品市場,乙組的五個人去調查婦女用品市場,丙組的五個人去調查老年人用品市場。

老闆說:「錄取你們,是要你們去開發市場的,所以,你們必須對市場有敏銳的觀察力。現在我把你們分成了三個小組,希望你們互相合作,全力以赴。」大家一個個都暗中較勁,都希望自己成為最優秀的那三位。臨走的時候,老闆又交代他們到祕書那裡領取相關行業的資料,以避免盲目展開調查。

三天後,九個人都把自己的市場分析報告遞到了老闆那裡。老闆看完後,站起身來,走向丙組的三個人,分別與之握手,並祝賀道:「恭喜三位,你們已經被錄取了!」

看著大家疑惑的表情,老闆說:「請大家找出我讓祕書發給你們的資料,互相看看。」

原來,每個人得到的資料都不一樣,甲組的五個人得到的分別是本市嬰兒用品市場過去、現在和將來的分析,其他兩組的也類似。只有丙組的人互相借用了對方的資料,補齊了自己的分析報告。甲、乙兩組的人卻分別行事,拋開隊友,各自做自已的,形成的市場分析報告自然不夠全面。

老闆說:「其實我出這樣一個題目,主要目的是考察一下大家的團隊合作意

識，看看大家是否善於在工作中合作。要知道，團隊合作精神才是現代企業成功的保障！」

一個人的力量是有限的，哪怕用盡百分之百的力量也不足以最後勝出。而如果每個人分別貢獻出一點力量，那麼就能輕而易舉的取得勝利。

所以，不要期望自己是全能冠軍，也不要期望一個人付出百分之百的能力去幫助你，你要善於結交更多的朋友，只要他們在關鍵時刻付出百分之一的能力去幫助你就足夠了。比如，你在做生意的時候，需要一百萬元的資金，你有一個很好的朋友，但他全部的資金只有十萬，他就是竭盡所能也只能借給十萬，距離一百萬的目標還遠著呢。而如果你有一百萬個朋友，他們各自有十萬元，只要他們各自能借給你一萬元，你的資金就湊夠了。

當然，要獲得一個人的幫助，你只需要和一個人成為朋友，而要想獲得一百萬個人的幫助，自然需要和一百萬個人成為朋友。這就需要你不斷的擴大交際圈，與更多的人成為朋友。

人情千萬不可透支

累積人脈資源的目的當然是有朝一日能派上用場，為自己的事業發展提供幫助。但是在使用人脈的時候，也是有講究的，不能因為曾經幫助過別人，就無休止的向人求助，以至於透支人情，將彼此的關係浪費在一些無關緊要的小事上。

小張在一個雜誌社工作，有一段時間，雜誌社的資金緊張，稿費壓得很低。小張不願意因為稿費低而降低雜誌的水準，於是他開始借用自己以前累積的人際關係向一些作家邀稿，開始的時候大家都顧忌情分，不好推辭。但次數多了，其中一位作家就直言回覆說：「我本來是看在朋友的情面上才寫一兩篇的，但你這樣做就是在透支你我的人情。」

只要能成為你人脈網中的一員，那麼你們之間就有情分，這情分就是人情。有些人便喜歡用人情來辦事，但人情是有限量的，好像銀行存款一樣，你存得

越多，能領出來的錢就越多，存得越少，領出來的就越少。若和別人只是泛泛之交，能讓他幫的忙就很有限，因為他沒有義務和責任幫你大忙，你也不可能一次又一次的要他幫忙。如果要求得多，那就是透支了。所以，一個人動用人情的次數，要盡量少，以免提早把人情存款取光。

幾年前，張醫生為孩子轉學的時候，曾請求過在教委會工作的一個同學幫忙，本來準備了一些錢酬謝他，但是他說：「不要客氣，誰還沒有用得著別人的時候呢？以後我有事求你的時候，不要拒絕就是了。」張醫生想想也是，也就沒有強求。

誰知在接下來的幾年裡，那位同學便多次帶著親友、朋友來醫院找張醫生幫忙，但是他求的事根本都是在挑戰醫者的底線，像是半價電腦斷層掃描、嬰兒性別鑑定、高價病房算成低價等等，讓張醫生非常為難。幫吧，違反醫院規定；不幫，怕落得一個過河拆橋無情無義的名聲。後來，還了人情的張醫生就想辦法漸漸疏遠了這位同學，再後來倆人就索性不往來了。

可見，人脈的利用也要把握一個分寸，透支了反而令人很尷尬。生活中經常有這樣的人，幫了別人的忙，就覺得有恩於人，總是想辦法找對方幫忙，認為自己幫了對方的忙，現在對方幫自己則是理所當然的，這樣就等於把幫助別人的那點人情全部透支了。

人情一旦透支，你們之間的感情就會轉淡，進一步發展的情分也會就此了斷。因此盡量把人情用在刀口上。先弄清你與對方的交情究竟有多少，人情究竟有多重，然後再掂量事情的分量，看看是否適宜找對方幫忙，千萬不要沒個輕重緩急。

人情就像銀行存款一樣，存入越多，時間越長，兌現出來的利息就越多。一般情況下，一個人盡量少動用人情，以免提早把人情存款用光。如果人情用盡了，你仍不知輕重的去透支的話，那麼隨著時間的推移，你就會慢慢變成一個不受歡迎的人。

人脈黃金法則，成功的 85% 取決於人際關係：
用良好的社交能力推動你的事業和生活

作　　者：	劉惠丞，姜得祺
發 行 人：	黃振庭
出 版 者：	沐燁文化事業有限公司
發 行 者：	沐燁文化事業有限公司
E - m a i l：	sonbookservice@gmail.com
粉 絲 頁：	https://www.facebook.com/sonbookss
網　　址：	https://sonbook.net/
地　　址：	台北市中正區重慶南路一段 61 號 8 樓
	8F., No.61, Sec. 1, Chongqing S. Rd., Zhongzheng Dist., Taipei City 100, Taiwan
電　　話：	(02)2370-3310
傳　　真：	(02)2388-1990
印　　刷：	京峯數位服務有限公司
律師顧問：	廣華律師事務所 張珮琦律師

-版權聲明

本書版權為源知文化出版社所有授權沐燁文化事業有限公司獨家發行電子書及繁體書繁體字版。若有其他相關權利及授權需求請與本公司聯繫。

未經書面許可，不得複製、發行。

定　　價：380 元
發行日期：2024 年 08 月第一版
◎本書以 POD 印製

國家圖書館出版品預行編目資料

人脈黃金法則，成功的 85% 取決於人際關係：用良好的社交能力推動你的事業和生活 / 劉惠丞，姜得祺著 . -- 第一版 . -- 臺北市：沐燁文化事業有限公司 , 2024.08
面；　公分
POD 版
ISBN 978-626-7372-98-2(平裝)
1.CST: 人際關係 2.CST: 社交技巧 3.CST: 成功法
177.3　　113011218

電子書購買

爽讀 APP　　臉書